AF736681

Craig MacAndrew
Robert B. Edgerton

BETRUNKENES BETRAGEN

Craig MacAndrew
Robert B. Edgerton

BETRUNKENES BETRAGEN

Eine ethnologische Weltreise

Wiederentdeckt und übersetzt von
Jakob Hein

Galiani Berlin

Inhalt

Vorwort des Übersetzers

(2024)

Warum um alles in der Welt sollte ein 50-jähriger Psychiater ein Fachbuch übersetzen, das älter ist als er selbst? Dazu möchte ich zunächst erzählen, wie dieses Buch und ich einander getroffen haben.

Medizinprofessoren (und auch die wenigen Professorinnen) müssen heute wirtschaftlich handeln und dies gegenüber ihren Universitäten transparent machen. Es ist genau festgelegt, wie viele Stunden Lehre sie erbringen, wieviel an Fördergeldern sie heranschaffen und wie viele Betten auf wie vielen Stationen sie möglichst voll belegen sollen.

Die aus meiner Sicht augenfälligste Lücke in diesem Erwartungshorizont ist dabei, dass keine Zeit für das Lesen oder gar das Schreiben von Büchern vorgesehen ist. Diese wundervollen (und ehemals als wichtig erachteten) Tätigkeiten können in der Freizeit erbracht werden, spielen aber in der Beurteilung von Qualität für Hochschullehrkräfte keine Rolle mehr. Umso glücklicher konnte ich mich schätzen, dass mein ehemaliger Chef des Lesens und Schreibens nicht nur kundig war, sondern dies auch gerne tat. Und doch wunderte ich mich, als mir Professor Heinz nach einem Treffen in seinem Büro plötzlich ein damals vierzig Jahre altes Buch in die Hand drückte: *Drunken Comportment*. Warum sollte ich mich mit vierzig Jahre alten Mutmaßungen über die Wirkung von Ethanol auseinandersetzen, wenn es schon kaum zu schaffen war, alle wichtigen wissenschaftlichen Artikel der letzten vier Jahre dazu zu lesen?

Wie Sie sehen, konnte ich meine Skepsis überwinden. Beim Lesen verstand ich immer besser, warum ich mich als Arzt, der sich mit Alkoholkrankheiten beschäftigt, nicht nur mit Veröffentlichungen zu Bildgebung und Neurotransmitterveränderungen bei Suchterkrankungen befassen, sondern auch dieses Werk studieren sollte. Die interessanten Erkenntnisse dieses Buches sind bis heute nicht Teil des allgemeinen oder auch nur des wissenschaftlichen Verständnisses der Wirkung von Alkohol auf unser Verhalten geworden. Und die 50 Jahre alten Fragen der Autoren an Wissenschaft, Forschung und Gesellschaft haben kaum etwas von ihrer Aktualität eingebüßt. Wie verhalten sich Menschen eigentlich, wenn sie betrunken sind? Was an ihrem Verhalten ist zwangsläufig, gewissermaßen *biologisch*, und was davon unterliegt weiterhin ihrer Steuerung?

Durch Studien an Mensch und Tier kann gezeigt werden, dass der Konsum von Alkohol zu einer Schädigung des Gleichgewichtssinns, von Grob- und Feinmotorik führt. Aber es gibt bis heute keine medizinischen Beweise dafür, dass er die Hemmungen unserer Psyche löst und uns zu reinen Spielbällen unserer Triebe werden lässt. Die von den Ethnologen MacAndrew und Edgerton aus aller Welt und vielen Jahrhunderten zusammengetragenen Fakten scheinen eher das Gegenteil zu beweisen! Wenn aber ein verändertes Verhalten unter Alkoholeinfluss tatsächlich nicht biologisch determiniert ist, dann stellt sich die Frage nach seiner zweifelsohne besonderen Stellung in unserer Gesellschaft noch einmal neu. Denn es ist schon bemerkenswert, dass wir schwere gesundheitliche Folgen, starke negative gesellschaftliche Konsequenzen und massive Regelverletzungen bis hin zu einer erhöhten Rate von Straftaten in Kauf nehmen, ohne nennenswerte Anstrengungen gegen deren Ursache zu unternehmen. Der Konsum von Alkohol wird von Millionen von Menschen als Freifahrtschein für bestimmte Verhaltensweisen genutzt und dies wird trotz der unbestritten negativen Folgen weithin toleriert. Offensichtlich wird genau diese Funktion als kultureller Freifahrtschein von der Gesellschaft als zu wertvoll erachtet.

Insofern war und ist es mir ein Anliegen, erneut auf diese wichtige und weiterhin eigentlich revolutionäre Perspektive der Autoren hinzuweisen. Denn an der von MacAndrew und Edgerton in ihrer einleitenden Bestandsaufnahme dargestellten »herkömmlichen Auffassung« über die psychologische, »enthemmende« Wirkung von Alkohol hat sich im Wesentlichen bis heute nichts geändert.

Nur das mit dem Übersetzen hatte ich mir nicht gut überlegt. Ich habe immer sehr viel Achtung für Übersetzerinnen und Übersetzer gehabt, ihre Arbeit ist ein schweres künstlerisches Handwerk, das zu wenig gewürdigt und im Allgemeinen zu schlecht bezahlt wird. Gleichzeitig dachte ich mir, dass ich als Psychiater und Schriftsteller ja wohl ein psychiatrisches Fachbuch aus dem Englischen in Deutsche übertragen können würde. Und irgendwie sind die vorliegenden Seiten ja auch der Beweis dafür, dass ich das kann.

Aber wie schwer es war! Rein fachlich ist es so, dass die Namen einiger der Kulturen, von denen die Autoren schreiben, im Deutschen völlig anders lauten. So würde man beispielsweise die *Vico* auf Deutsch im Wesentlichen den *Quechua* zurechnen – wie ich das zu lösen versuchte, dürfen Sie in Kapitel 2 lesen. Noch schwieriger war die Herausforderung, den Autoren *im Geist* gerecht zu werden. Sie schreiben häufig von *tribes, chiefs* und *indians,* wie es zu ihrer Zeit üblich war und als kultursensibel galt. Doch dem ist heute nicht mehr so, darum versucht der Text auf Deutsch den aktuelleren Gepflogenheiten zu entsprechen.

Die Geschwindigkeit sprachlicher Anpassung ist zwischen den verschiedenen Sprachen unterschiedlich. So ist der Begriff »Kreolen« für die meisten Deutschen nicht besonders problematisch, da sie nie wussten, was er bedeuten soll. Häufig sind im Deutschen damit große Ohrringe gemeint. In Südamerika sieht man diesen Begriff ganz anders. Andere Begrifflichkeiten wie die vom »Volk der Bantu« oder die Bezeichnung der *Lovedu* sind heute überholt, hier wurden die aktuell richtigen Begriffe verwendet. Wieder andere Worte klingen wunderschön, wie z. B. »Pazifizierung« *(pacification)*. Doch wenn damit gemeint ist, dass Gesellschaften durch das mächtigere herrschende System und systematische Gewalt unterdrückt wurden, kann dieser Begriff aus heutiger Sicht und nach meiner Auffassung nicht einfach Eingang in einen Text finden. Rassismus und Kolonialismus haben unsere Sprache so tief durchdrungen, dass es wohl noch einige Generationen brauchen wird, bis sie dereinst hoffentlich verschwunden sind.

Und dann gab es Fälle wie die aus den Quellen von 1950 übernommene Stadt »Shionasu«, die es in Japan gar nicht gibt – mit großen Mühen und dem Studieren der Originalquelle konnte ich die Präfekturhauptstadt Okayama als einzig richtige Möglichkeit recherchieren. Doch Okayama hieß nie »Shionasu«, womöglich nannten nur die Bewohner und Bewohnerinnen der kleinen Insel selbst, von der der Autor der Studie berichtete, die Stadt so? Wie soll es der Übersetzer hier richtig machen? Über dieses und viele andere meiner Probleme wie die Frage nach der richtigen Übersetzung des Gegensatzpaares *hard and soft sciences* oder der veränderten Bezeichnungen der verschiedensten indigenen Völker Nordamerikas in den vergangenen 50 Jahren werden richtige Übersetzerinnen und Übersetzer sicher nur müde lächeln können, mich hat es einigen Aufwand gekostet.

Überdies gibt es ein Grundproblem des ganzen Unterfangens: Die Beobachtung indigener Völker durch Personen aus dem Westen fußt in aller Regel auf einem ethnozentrischen Weltbild. *Wir* beobachten die *anderen* Völker und notieren unsere Beobachtungen. Und leider ist »gut gemeint« manchmal der Anfang von schlimmen Dingen. Auch fragt man sich angesichts mancher Berichte westlicher Forscher (und einiger weniger Forscherinnen), ob diese in der Lage waren, das Geschehene aus der Sicht der beschriebenen Menschen zu beurteilen, oder ob sie westliche Reaktionsmuster von Menschen gewissermaßen einfordern, die nicht durch diese Muster geprägt sind. So bedeutet die Abwesenheit von lautem Weinen und Wehklagen keineswegs die Abwesenheit von Trauer und ein souveräner Umgang mit Kindersterblichkeit kann ebenso dem beklagenswerten Umstand geschuldet sein, dass diese in einer Gesellschaft viel höher ist, als wir das im Westen seit über hundert Jahren kennen. Zudem fragt man sich, wie stark eine Inselgesellschaft mit nur 250 Bewohnerinnen und Bewohnern allein durch das Eintreffen eines Teams mehrerer westlicher Wissenschaftler verändert wird. Wenn nur eine deutsche Person aus einer anderen Gegend in Deutschland in ein Dorf zieht, führt das zu Reaktionen der Dorfgemeinschaft – wie stark muss ein solcher Einfluss durch Menschen von einem anderen Kontinent erst auf eine seit Jahrhunderten vom Einfluss anderer isolierte Gesellschaft wirken?

Hinzu kommen noch solche Dinge wie der in den 1960er-Jahren in der westlichen Welt völlig übliche Sexismus. So schreiben die Autoren im Original regelmäßig von *men,* wenn sie *Menschen* meinen; nicht nur an dieser Stelle habe ich mich bemüht, den Text geschlechtergerecht zu übertragen. Aber es bleiben Fragezeichen. In manchen der beschriebenen Gesellschaften konsumieren Männer *und* Frauen alkoholische Getränke, in anderen trinken nur die Männer Alkohol, was gerade im Zusammenhang mit der Thematik dieses Buches ein hochinteressanter, untersuchenswerter Umstand wäre. Doch bedauerlicherweise bemerken die Autoren, die im vorliegenden Buch einen blinden Fleck der westlichen Wahrnehmung von Alkoholeffekten untersuchen, diesen blinden Fleck nicht. Das ist für mich ein Lehrbeispiel dafür, dass selbst bei wohlmeinenden, klar kultursensiblen Menschen ihrer Zeit einige Jahrzehnte später doch Lücken und Ungerechtigkeiten in ihrer Sichtweise wahrnehmbar werden – eine Erinnerung daran, dass wir heute die Fehler machen, über die sich die Menschen in spätestens fünfzig Jahren wundern werden.

Einerseits. Andererseits bieten gerade die von den Autoren hier aufgeführten historischen Quellen, die zum Teil stark kolonialistische Sichtweisen offenbaren und die ich in meiner Übersetzung – im Unterschied zum Text von Edgerton und MacAndrews – nicht behutsam modernisiert habe, einen Schatz von Wissen über den Einfluss von Alkohol auf Menschen, der unbeeinflusst ist von Prägungen durch andere, vor allem auch westliche Kulturen. MacAndrew und Edgerton nutzen diese Berichte, um die allgemeine westliche Auffassung von der Wirkung des Alkohols auf das menschlichen Verhalten infrage zu stellen. Sie gehen dabei implizit davon aus, dass die Menschen und ihre Körper, ihre Gehirne gleich sind und nicht etwa, dass die unterschiedlichen Effekte der Substanz Ethanol auf die Verhalten verschiedener Gesellschaften auf biologische Merkmale oder gar »Rassen« zurückzuführen wären. Hinzu kommt, dass der Umgang mit Alkohol in vielen der beschriebenen Gesellschaften dem in unserer westlich geprägten Welt in sozialer Hinsicht deutlich überlegen scheint, und es wäre schade, nichts von diesem – im Grunde beispielgebenden – Verhalten zu erfahren. An vielen Stellen führen die Autoren außerdem die katastrophale Wirkung der westlichen Alkoholauffassung auf Gesellschaften aus, denen der Alkohol im Zuge des Kolonialismus massiv aufgedrängt wurde. Und nicht zuletzt zeigen sie auf der Grundlage dieser Berichte überzeugend auf, wie wenig die allgemeine (westliche) Auffassung von der Wirkung des Alkohols (die sich bis heute nicht wesentlich von biblischen Berichten unterscheidet) wissenschaftlichen Kriterien genügt.

Darum hat der Text aus meiner Sicht weiterhin eine Berechtigung. Die darin enthaltenen historischen Forschungsberichte werden heute zu Recht kritisch betrachtet, aber sie beruhen nicht auf Verbrechen und daher wäre es wenig sinnvoll, diese Arbeiten in den Orkus zu werfen. Wir lesen sie heute mit kritischer Distanz, aber wir sollten nicht die Augen vor den Erkenntnissen verschließen, die sie uns weiterhin liefern können. Denn diese Erkenntnisse sind höchst relevant!

Der Konsum von Alkohol und das daraus resultierende »betrunkene Betragen« ist ein riesiges Problem sehr vieler Gesellschaften und dieser Text stellt eine der Grundannahmen in unserem Umgang damit grundlegend infrage. Wegen dieser Grundannahme von der »enthemmenden« Wirkung des Alkohols werden Straftaten unter Alkoholeinfluss deutlich geringer bestraft, ja häufig sogar überhaupt nicht verfolgt. Regelmäßige großflächige Alkoholexzesse wie Karneval, Oktoberfest oder Silvesterfeiern werden nicht als Tatbestände gesehen, die es zu reduzieren gilt, wie beispielsweise Diebstahl, sondern als Teil unserer Kultur mit bedauerlichen, aber eben unvermeidlichen Nebenwirkungen. Doch die dem zugrunde liegende These ist nicht nur unbewiesen, sie kann mithilfe dieses Buches sogar als widerlegt angesehen werden.

Daher habe ich mit wachsender Demut und großer Freude dieses Buch übersetzt, alle Schwierigkeiten brav als Herausforderungen akzeptiert und bin durch das mit dieser Arbeit verbundene gründliche Studium des Textes noch viel klüger geworden, als ich es nach den ersten drei, vier Lesungen des Buchs war, was leider nicht heißt, dass ich auch nur ein bisschen klug wäre. Und ich hoffe, dass diesem Buch und seinen Thesen in unserer alkoholgetränkten Gesellschaft die gebührende Aufmerksamkeit zuteilwird!

Vorwort der Autoren

(1969)

Es gehört zu den Grundlagen wissenschaftlichen Arbeitens, dass alles, was den aktuellen Wissensstand ausmacht, stets überprüft und – sofern notwendig – verworfen werden kann. An einem bestimmten Punkt kann eine der Lehrmeinung widersprechende Faktenlage so viel Gewicht bekommen, dass die bislang gültigen Positionen durch Hypothesen ersetzt werden, die eher mit dem aktuellen Wissensstand übereinstimmen.

Doch leider entwickeln sich die Dinge nur im Idealfall so. Denn die Wissenschaft ist zugleich immer auch eine soziale Angelegenheit und ihre Ausführenden sind alles andere als makellose Verkörperungen purer Rationalität. Intellektuelle Verpflichtungen, Freundschaften, moralische und ethische Vorlieben und oftmals ganze berufliche Laufbahnen (um nur einige der »irrelevanten«, also praktischen Erwägungen zu erwähnen, die dazwischenkommen könnten) sind häufig eingewoben in den aktuellen *Stand der Wissenschaft*. Daher erfolgt der erwähnte wissenschaftliche Erneuerungsprozess nicht immer automatisch oder geräuschlos, selbst wenn das »Gewicht der Fakten« erdrückend scheint. Tatsächlich finden sich in der Geschichte jeder wissenschaftlichen Disziplin Beispiele, in denen die Diskrepanz zwischen belegbaren Fakten und der gängigen Theorie schon nahezu skandalös war, bevor der Widerstand überwunden werden konnte und das Alte dem Neuen Platz machen musste.

So weit zum Allgemeinen. Die hier vorliegende Arbeit schlägt die kritische Überprüfung einer konventionellen Betrachtungsweise der menschlichen Beziehung zum Alkohol vor: die Annahme, dass Alkohol durch seine toxische Wirkung auf das zentrale Nervensystem bei Menschen einen Kontrollverlust auslöst, sodass diese Dinge tun, die sie ohne Alkohol nicht tun würden. Wir behaupten, dass zwischen den üblichen Annahmen über die Alkoholeffekte auf betrunkenes Betragen und den verfügbaren Fakten darüber, was Menschen tatsächlich tun, wenn sie betrunken sind, bereits so skandalöse Widersprüche bestehen, dass diese die Grenzen des Tolerierbaren überschreiten.

Und es muss noch hinzugefügt werden, dass Aberglaube und Fehler und Fantasie aller Art Teil der gewöhnlichen Sprache werden und manches Mal sogar den Überlebenstest bestehen (nur, wenn sie es tun, warum sollten wir dies nicht aufspüren?).

John Langshaw Austin, *A Plea for Excuses. Proceedings of the Aristotelian Society*, 1956

1

Die herkömmliche Auffassung

Ganz gleich ob wir viel oder wenig trinken oder vollkommen abstinent sind – wir alle haben eine Menge »vernünftiger« Ansichten über die Wirkung von Alkohol auf Menschen. Die Puzzleteile der »Evidenz«, aus denen sich unser kollektives Verständnis zusammensetzt, stammen aus den verschiedensten Quellen: Eltern, Gleichaltrige, Schulen, Bücher, Zeitschriften, Radio und Fernsehen*, und natürlich unsere eigenen täglichen Erfahrungen. Diese verschiedenen »Beweisstücke« werden uns chronologisch und inhaltlich ungeordnet vorgelegt. In ihrer Gesamtheit wirken diese Puzzleteile wie ein unbedachtes Potpourri, in dem der Zufall die größte Rolle zu spielen scheint. Aber wie unterschiedlich unsere »Quellen« und wie zufällig unsere Kontakte zu ihnen auch scheinen mögen, sie schaffen doch einen hohen Grad an Übereinstimmung darüber, was wir für absolut gesichertes Wissen über die Effekte von Alkohol auf den Menschen halten.

So weiß man, dass »Alkohol am Steuer« nichts zu suchen hat. Selbst wenn es nicht unsere persönlichen Erfahrungen sind, die uns davon überzeugen, müssten wir

* Sowie heute natürlich das Internet.
(Alle Fußnoten sind Anmerkungen des Übersetzers; Anmerkungen und Quellenangaben der Autoren finden sich gesammelt am Ende des Buchs.)

nur die Lokalnachrichten lesen, denn es vergeht kaum ein Tag, an dem nicht von einem schweren Verkehrsunfall berichtet und die Alkoholintoxikation einer oder beider Unfallparteien als ursächlich genannt wird. Manchmal finden solche Unfälle sogar landesweite Beachtung, wenn der betrunkene Fahrer ein Eisenbahner und das betreffende Fahrzeug ein Zug ist. So stand es in folgender Meldung der Nachrichtenagentur UPI:

> Die Regierungsbehörde führte am Montag aus, dass Biertrinken die Fähigkeiten des Lokführers »erheblich beeinträchtigt« habe, dessen Zug an der Grenze zwischen Montana und Idaho am 10. Juni entgleist sei, was den Tod eines Kindes und die Verletzung von 272 anderen Personen zur Folge gehabt habe. ... Die übergeordnete Behörde geht davon aus, dass der Lokomotivführer fünf Minuten vor dem Entgleisen des Zuges nach den Gesetzen des Staates Montana unter dem Einfluss alkoholischer Getränke gestanden habe.

Angesichts des kontinuierlichen Stroms von Forschungsergebnissen, die mit immer größerer Genauigkeit die negativen Effekte von Alkohol auf die sensomotorischen Fertigkeiten belegen, die Voraussetzung zum Führen eines Fahrzeugs sind – Ergebnissen, die unter Überschriften wie »Fünf Bier sind genug, um Fahrtauglichkeit zu behindern« und »Können Sie trinken und fahren? Psychologische Tests sagen: Nein« populär geworden sind –, bezweifelt niemand ernsthaft die Richtigkeit der Aussage: »Wenn Sie trinken, fahren Sie nicht Auto, und wenn Sie Auto fahren, trinken Sie nicht!«

Aber unsere Einschätzung über die Wirkung von Alkohol auf das Verhalten beschränkt sich nicht auf die Erkenntnis, dass Alkohol eine Vielzahl unserer sensomotorischen Fertigkeiten beeinträchtigt. Wir wissen ebenfalls, dass er unser Betragen* beeinträchtigt, also die Art und Weise, wie wir uns gegenüber anderen Menschen benehmen. Wenn Ogden Nash schreibt: »Konfekt ist ganz nett, aber Wein geht schneller rein«**, dann kolportiert er den Gemeinplatz, dass der Widerstand einer Frau zwar durch Liebesbekundungen eines Mannes langsam erodieren kann, sich derselbe Effekt jedoch schneller mithilfe einiger Martinis einstellt. Und da die Richtigkeit dieses taktischen Ratschlags für Liebessuchende von Berichten betrunkenen Betragens noch aus den entferntesten Ecken der Welt regelmäßig bestätigt wird (beziehungsweise nehmen wir das an), halten wir eine kritische Überprüfung dieser Hypothese für überflüssig. Die »Beweise« finden sich schließlich überall, wie etwa im folgenden Bericht der *Gruppe für den Fortschritt der Psychiatrie* von 1966 über einen Forschungsassistenten und eine Studentin, der sich mit sexuellen Beziehungen an US-amerikanischen Universitäten beschäftigt:

> Auf einer kleinen Feier in der Wohnung des Assistenten war Betty, eine Erstsemesterstudentin, betrunken und der Dozent hatte nach der Party mit ihr Geschlechtsverkehr. Er dachte sich nichts weiter dabei und war überrascht und verstört, als er zwei Tage später ins Dekanat geladen wurde. Dort erfuhr er, dass sich die Studentin beim Dekanat über ihn beschwert hatte. Sie sagte, er habe sie angegriffen und zum Sex ge-

* Ich habe mich hier bewusst für die Vokabel »Betragen« entschieden. Im alltäglichen Gebrauch wird viel häufiger »Verhalten« gesagt, aber im Sinne der psychologischen Wissenschaft wäre der Begriff »Verhalten« an dieser Stelle zu ungenau. Auch im amerikanischen Original wird die ungewöhnliche Vokabel *comportment* verwendet, wobei auch dort *behavior* (Verhalten) das gebräuchlichere Wort ist.

** Im Original: »Candy is dandy, but liquor is quicker.«

zwungen, als sie durch ihren intoxikierten Zustand nicht effektiv dagegen habe protestieren können. Der Dozent gab an, dass er keinerlei Zwang angewandt und in der Überzeugung gehandelt habe, dass die Studentin eine aktive Teilnehmerin an der Begegnung gewesen sei.[1]

Viele werden ein solches Nachspiel eines »schönen Abends« aktuell* eher als Ausnahme denn als Regel ansehen, es besteht weitgehende Übereinkunft darüber, dass zwar Fahren und Trinken nicht zusammenpassen mögen, Feiern und Trinken aber ganz bestimmt. Wir glauben sogar zu wissen, *warum* das so ist. Wir alle wissen beispielsweise, dass die relativ lockere Atmosphäre auf einer Cocktailparty zu einem nicht kleinen Anteil auf die Wirkung der Cocktails selbst zurückzuführen ist. Wir alle wissen, dass in den meisten »Party«-Situationen das Trinken typischerweise mit einem Gefühl allgemeiner Entspanntheit einhergeht. Wir wissen ebenfalls, dass wir mit fortschreitender Stunde mehr Gelächter und mehr Witze – manche davon etwas unangemessen – hören und das Verhalten mit der Zeit immer »leichtsinniger« werden wird. Wenn es eine wirklich *gute* Party ist, kann man sogar davon ausgehen, dass einige der Teilnehmenden »betrunken genug« sein werden, um Dinge zu tun, die sie »normalerweise nie tun würden«.

Uns ist gleichzeitig klar, dass solche Phasen von Sorglosigkeit nicht von Dauer sein können. Denn wenn der Alkohol fließt, das weiß jeder, dann ist das Ergebnis nicht immer ein ungestört fröhliches Beisammensein. Wir alle wissen außerdem, dass sich die Wahrscheinlichkeit eines

* Das »aktuell« der Übersetzung entspricht dem Zeitpunkt der Veröffentlichung 1969. Ein solcher Vorfall würde heute noch kritischer gesehen.

unerfreulichen Ereignisses – ein nicht ganz so harmloser Flirt, ein Streit, eine Prügelei, was auch immer – erhöht, wenn Menschen trinken. Tatsächlich kennen wir alle solche Begebenheiten nur zu gut. Aber wir haben gelernt, beides zu akzeptieren und den bitteren Nachgeschmack des Süßen zu erwarten. Wir sind normalerweise weder besonders überrascht noch enttäuscht, wenn eine »trunkene Prügelei« vor unseren Augen passiert. Zwar ist das bedauerlich, aber solche Episoden haben nichts Mysteriöses an sich, schließlich »waren sie ja betrunken, nicht wahr?«

Wir haben keinerlei Verständnisprobleme für das weitverbreitete Phänomen betrunkener Auseinandersetzungen. Auch darüber finden sich täglich Presseberichte und wir lesen regelmäßig Geschichten wie die folgende, die sich in der wohlhabenden und normalerweise sehr ruhigen Stadt Santa Barbara in Kalifornien zutrug. Unter der Überschrift »Sechs Jugendliche verhaftet nach Prügelei auf Jugendtanz« wird berichtet:*

> Sechs Jugendliche wurden verhaftet, es wurden Autoscheiben zerschlagen und zahlreiche Personen erlitten leichte Verletzungen, als am Freitag um Mitternacht auf einem viel besuchten Tanzereignis im Freizeitzentrum die Schüler zweier rivalisierender Highschools aneinandergerieten. ... Die Aufsichtsperson wurde ins Gesicht geschlagen, als sie versuchte, das Saallicht anzuschalten, nachdem die Prügeleien begonnen hatten. ... Ein Dutzend Polizisten war vor Ort, um die Si-

* Tatsächlich kann man diesem Bericht bis heute mit minimalem Rechercheaufwand mindestens täglich einen weiteren hinzufügen, regional, national oder international. Daher mag dieser 70 Jahre alte Artikel weiterhin als Beispiel dienen, auch wenn es heute keinen *Jugendtanz* und auch das *Santa Barbara Freizeitzentrum* nicht mehr gibt.

tuation in dem Saal mit mehr als 1100 Schülern und Schülerinnen schließlich aufzulösen.

Weiterhin wird berichtet, dass, nachdem sich die Lage beruhigt hatte, der diensthabende Offizier zur Erklärung anführte, dass »ein paar der Jungs allem Anschein nach getrunken hatten«. Aus unserer Sicht ist an dieser Aussage bemerkenswert, dass weder der Polizist, der das gesagt haben soll, noch der Journalist, der es aufschrieb, noch die Agentur, die diese Nachricht verbreitete, es als notwendig erachtete, die Verbindung dieser »naheliegenden« Erklärung mit dem betreffenden Ereignis zu hinterfragen.

Aber woraus besteht dieses »Naheliegende«? Was genau wissen wir – oder glauben wir zu wissen – über das Phänomen der Betrunkenheit aus unserer Perspektive, Mitte des 20. Jahrhunderts in der westlichen Zivilisation?

Die herkömmliche Auffassung der Wirkung von Alkohol auf Menschen beruht seit Jahrhunderten bis heute auf einer als selbstverständlich angesehenen Grundannahme. Diese besagt, dass Alkohol im Körper eine doppelte Wirkung entfaltet (wir würden heute von pharmakologischen Effekten sprechen): Er beeinträchtigt eine Vielzahl sensomotorischer Fertigkeiten und er verändert die Art unseres sozialen Betragens. Diese Auffassung findet sich nicht nur in der Bevölkerung im Allgemeinen, sie ist auch tief in der wissenschaftlichen Vorstellungswelt verwurzelt. Es kann also mit einigem Recht behauptet werden, dass diese Grundannahme die Basis dessen ist, was *jeder* über diese Angelegenheit weiß.

Aber wie kann der Alkohol diese Veränderungen hervorrufen? Was die schädlichen Auswirkungen auf unsere sensomotorischen Fertigkeiten betrifft – diese Tätigkeiten, die wir in Grob- und Feinmotorik, visuelle Genauigkeit, Reaktionszeit und so weiter einteilen können –, so gibt es eine weitgehende, durch Studien gestützte Übereinstimmung, dass die unter Alkoholeinfluss beobachtbaren Einschränkungen auf die toxische Wirkung des Stoffs auf relevante Körperfunktionen zurückzuführen sind. Und obwohl die empirischen Details der toxischen Wirkung und solcher Dinge wie dem Zusammenhang zwischen Leistungseinbußen und verschiedenen Blutalkoholspiegeln usw. meist nur in groben Zügen vorliegen, denken alle (zu Recht, wie wir glauben), dass es nur eine Frage der Zeit ist, bis die ganze Geschichte vorliegt. In diesem Fall hat uns also die herkömmliche Auffassung von Alkoholwirkungen gute Dienste geleistet. Ähnlich scheint es bezüglich der Wirkungen des Alkohols auf unser Betragen zu sein. Zumindest schreiben die, die sich zu diesem Thema äußern, in der Regel so, als wären beide Arten der Veränderung im Wesentlichen ein und dasselbe und als gälte die herkömmliche Auffassung über die Wirkweise des Alkohols selbstverständlich für beide Gebiete. So werden wir in einer Stellungnahme zur Pharmakologie und Toxikologie des Alkohols vom Komitee für gerichtsmedizinische Probleme der Amerikanischen Medizinischen Vereinigung (aus dem Jahr 1959) darüber informiert, dass Alkohol Veränderungen im Betragen durch die Schädigung höherer Hirnfunktionen verursache und dass eine der Folgen einer solchen alkoholbedingten Schädigung eine »Enthemmung« sei. Dort heißt es:

> Inhibitionen oder Hemmungen sind unsere moralischen Bremsen. Der Hauptunterschied zwischen Mensch und niederen Tieren ist, dass Ersterer über viel mehr Bremsen ver-

fügt. Ohne diese könnten Menschen kaum ein zivilisiertes Leben führen. ... Alkoholkonzentrationen in Gehirn und Blut noch weit unter jenen, die messbare muskuläre Koordinationsstörungen auslösen, werden eine Abschwächung unserer Wachsamkeit und normaler Zurückhaltung zur Folge haben.[2] *

Leon Greenberg, langjähriger Direktor des Instituts für Angewandte Physiologie der Universität Yale und einer der Gründer der *Yale Alcohol Study*, sagt (1953) Ähnliches:

Eine Blutalkoholkonzentration von ungefähr 0,5 Promille, die bei einer Person durchschnittlicher Größe durch das Trinken von 60 bis 90 Milliliter Whisky hervorgerufen wird, unterdrückt die höchste Gehirnebene – das Zentrum von Inhibitionen, Zurückhaltung und Urteilsvermögen. In diesem Stadium fühlt sich der Trinker überglücklich, er ist ein »freies menschliches Wesen«, viele seiner normalen Hemmungen verschwinden, er nimmt sich persönliche und soziale Freiheiten nach Laune, er ist weitschweifig und kann es jedem auf der Welt so richtig zeigen. So ein Mensch erlebt eine offensichtliche Schwächung von Selbstkritik. ... Im Gegensatz zum alten und volkstümlichen Glauben stimuliert Alkohol nicht das Nervensystem. Die Illusion der Stimulation resultiert aus dem Wegfall der Inhibitionen und Zurückhaltungen.[3]

W. H. Neil stellt in seinem Aufsatz für eine medizinische Fachzeitschrift eine Quasipräzisierung des neurologischen Prozesses dar, auf den dieser »Wegfall der Inhibitionen« zurückzuführen ist:

Es ist wohlbekannt, dass Alkohol im Körper primär auf das Nervengewebe wirkt und dass diese Wirkung stets hemmend

* Auch wenn diese Veröffentlichung aus dem Jahr 1959 schon sehr alt ist, hat sich an der zugrunde liegenden Auffassung international wenig geändert. So gibt es im deutschen Strafgesetzbuch definierte Promillegrenzen für Schuldunfähigkeit.

ist. Doch sind nicht alle Nervengewebe gleich empfindlich gegenüber den Wirkungen des Alkohols. Die einfacheren Arten von Nervengewebe, also jene Gehirnregionen, die Menschen und Tieren gemeinsam sind, haben eine höhere Widerstandskraft gegenüber den Alkoholwirkungen als die spezialisierteren Arten des Nervengewebes, die sich vor allem bei Menschen, aber auch zu einem gewissen Grad bei höheren Tieren finden. Von früher Kindheit an entwickeln Menschen spezialisierte Gehirnzellen, die Handlungen antisozialen Charakters begrenzen oder verhindern. Wenn beispielsweise ein anderer Fahrer plötzlich auf Ihre Fahrspur zieht, haben Sie möglicherweise den Impuls, ihn zu rammen. Aber die Nervenzellen, die die soziale Zurückhaltung steuern, hindern Sie daran, weil dies unangenehme Folgen hätte. So werden Sie vor antisozialem Verhalten geschützt. Wenn diese Hemmniszellen aber durch Alkoholwirkung gelähmt sind, wird der Impuls zum Rammen ausgeführt. Manche haben gesagt, solche unsozialen Akte seien auf die Stimulation von Impulsen zurückzuführen, aber es ist keine Stimulation, sondern eine Lähmung der Hemmungen.[4]

Chafetz und Demone bieten die folgende, mit der herkömmlichen Auffassung übereinstimmende Erklärung dafür, wie Alkohol unser Betragen verändert:

Die scheinbare »Stimulation« durch Alkohol ist das Ergebnis der Befreiung niederer Hirnregionen von der Kontrolle durch höhere Hirnregionen. Dadurch werden Inhibitionen reduziert und ein Verhalten, das dem nüchternen Individuum unpassend erscheint, wird akzeptabel. Beispielsweise kann eine ordentliche, damenhafte Frau im berauschten Zustand obszön und promiskuitiv werden.[5]

Die Verbundenheit der medizinischen Wissenschaft mit der herkömmlichen Auffassung wird auch von Marvin

Block noch einmal belegt, der vielleicht führende Sprecher der Amerikanischen Medizinischen Gesellschaft zum Thema Alkohol:

> Da der Alkohol das Urteilsvermögen unterdrückt, kann das Trinken von Hemmungen befreien. ... Bezüglich sexuellen Verhaltens ist es wohlbekannt, dass Alkohol die Hemmungen des Individuums reduziert und die Kontrollmöglichkeiten schwächt. Das Individuum wird sorglos und tut unter Alkoholeinfluss oft Dinge, die es nicht tun würde, wenn das Urteilsvermögen nicht beeinträchtigt wäre. Insofern kann die Beeinträchtigung des Urteilsvermögens durch Alkohol zu sexuellem Verhalten führen, das nicht auftreten würde, unterläge es nicht dem Kontrollverlust, den der Alkohol mit sich bringt.[6]

Dass diese Vorstellung keineswegs auf die amerikanische Medizin beschränkt ist, belegt ein britischer Aufsatz über Alkoholismus von Kessel und Walton:

> Nach einigen Drinks ... wird zunächst die Fähigkeit zur Mäßigung unterdrückt. Die Inhibition unserer Handlungen oder unserer Wünsche, die wir alle annehmen, um uns mit unseren Mitmenschen zu vertragen, ist das Ergebnis der höchsten geistigen Prozesse und ebendiese werden zuerst geschädigt. Wenn die Beschränkung verschwindet, die wir unseren Urinstinkten normalerweise auferlegen, tritt leichtsinniges Verhalten in den Vordergrund und die befreiten Impulse werden energisch ausgelebt. ... Manchmal fördert das Trinken eine Gruppenstimmung von Niedergeschlagenheit oder von Ärger, und die Leidenschaften von Menschen sind vom Alkohol schon so entfacht worden, dass sie grausame, sinnlose, unwiderrufliche Handlungen verübten, vor denen jedes Individuum zurückschrecken würde, wenn die höchsten mentalen Funktionen intakt wären.[7]

Letztendlich ist diese Auffassung von der Wirkung des Alkohols auch nicht besonders modern*. Während Aristoteles' Beobachtung, dass Weintrinker eher auf dem Bauch und Biertrinker eher auf dem Rücken schlafen, längst in Vergessenheit geraten ist, ist hingegen Platos Ansicht, dass die Trunkenheit das in uns hervorbringt, was sonst ruht, ziemlich unreflektiert übernommen worden. Im alten Rom gab es beispielsweise ein strenges Trinkverbot für Frauen, damit »diese dadurch nicht in Schande fallen mögen«, wie es Valerius Maximus diskret auszudrücken versuchte. Und schon im ersten Jahrhundert unserer Zeit warnte Clemens von Rom vor der »tödlichen Verbindung von Wein und Weib«. Er kritisierte Frauen, die ihren Weinkonsum öffentlich zur Schau stellen und prahlerisch aufstoßen wie die Männer, und er empfahl Jungen und Mädchen, sich vom Wein fernzuhalten, der die Leidenschaften erregte.[8] Kaum anders liest sich die Warnung auf einem Poster der *Anti-Saloon League* von 1913, auf dem unter anderem steht:

> *Alkohol entflammt die Leidenschaften* und stärkt so die Neigung zum geschlechtlichen Verkehr auf außergewöhnliche Weise. *Alkohol vermindert die Kraft der Kontrolle* und macht so das Widerstehen gegen diese Neigungen besonders schwierig. … *Vermeidet jedes alkoholische Getränk in Gänze.* Die Kontrolle geschlechtlicher Impulse wird dann leicht gelingen und Krankheit, Schmach, Schande und Entehrung werden vermieden.

Oder nehmen wir die folgende, kaum verhohlene Warnung aus einem Exzerpt eines belehrenden Traktats einer britischen religiösen Gemeinschaft, der *Society of Friends* aus dem Jahr 1934:

* Oder besonders veraltet.

Urteilsvermögen, Bescheidenheit, Vernunft, Schamgefühl, Keuschheit – werden alle beschädigt von ein wenig Alkohol. Anders gesagt, der Alkohol betäubt als Erstes die Kräfte von Selbstkritik und Mäßigung, mit denen wir normalerweise unser Gebaren kontrollieren, und wenn diese Kontrolle gelockert wird, werden die körperlichen Impulse eines Menschen, schon in besten Zeiten gebieterisch genug, ihn zu Taten hinreißen, die seiner besseren Natur unwürdig sind. ... Das Abrutschen eines Jungen oder Mädchen beginnt oft genug in einem Moment freudiger Erregung oder Sorglosigkeit, wenn der Alkohol die Kräfte der Selbstkontrolle eingeschläfert hat.[9]

Auch wenn die meisten der erwähnten Zitate sich auf sexuelle Fragestellungen beziehen, ging man nicht davon aus, dass die Wirkung von Alkohol auf das Betragen sich auf dieses Gebiet beschränkt. Ein Beleg dafür ist beispielsweise »Der Trunkenheyt acht Arten«, die Thomas Nash im Jahr 1592 notierte, ein Zeitgenosse von Shakespeare und persönlicher Freund von Marlowe:

Keinesfalls haben wir nur eine oder zwei Arten von Trunkenbolden, sondern acht. Der erste ist affentrunken und er springt und singt und brüllt und tanzt zum Himmel; der zweite ist löwentrunken und er wirft seinen Krug durch die Schänke, ruft seine Wirtin Dirne, zerschlägt Scheiben mit seinem Dolche und freut sich über Raufhändel mit jedem Mann, der nur mit ihm spricht; der dritte ist schweinetrunken, schwer, klumpig und schläfrig und schreit nach noch ein paar mehr Gläsern und ein paar mehr Kleidern; der vierte ist schaftrunken [sic], weise auf seine eigene Art, obwohl er nicht ein einziges Wort mehr sprechen kann, der fünfte ist magdalenatrunken, ein Kerl, der mitten in seinem Bier vor Rührung zu weinen anfängt, dich küsst und sagt: Mein Gott, Kapitän, ich liebe Sie, gehen Sie Ihrer Wege und gedenken Sie meiner nicht so oft wie ich Ihrer, und dann seinen Finger ins Auge steckt und zu weinen anhebt; der sechste ist martinstruken, wenn ein Mann betrunken ist und sich selbst nüchtern trinkt und dabei vor sich hinstarrt; der siebte ist ziegentrunken, wenn er in seinem Rausch nichts im Sinn hat als Wollust; der achte ist fuchstrunken, wenn er kunstvoll betrunken ist, wie es viele der Holländer sind, die niemals ins Geschäft kommen, wenn sie nicht betrunken sind. All diese *Arten* und mehr habe ich bei einer Gesellschaft in einer einzigen Zecherei in Aktion sehen können, als ich nüchtern unter ihnen war, nur um ihre verschiedenen Temperamente zu notieren.[10]

Ähnlich äußerte sich der US-amerikanische Arzt Benjamin Rush 1811 in seiner Diskussion verschiedener »Symptome« der Trunkenheit, die er beobachtet hatte:

Manch extravagantes Benehmen signalisiert zeitweisen Irrsinn. Dazu zählen Singen, Gegrüße, Gebrülle, Geräuschimitationen wilder Tiere, Hüpfen, Kleider-vom-Leib-Reißen, Nackttanzen, das Zerschlagen von Glas und Porzellan sowie das Werfen anderer Haushaltsgegenstände auf den Boden.[11]

Diesen fügte Rush (in der Reihenfolge ansteigender Schwere der Vergehen) hinzu: »Müßiggang, Spielsucht, Verdrossenheit, Streitsucht, Rauflust, Pferdewetten, Lügen und Fluchen, Diebstahl und Betrug, Meineid, Raub und Mord.«

Es war lange bekannt, dass Alkohol alle möglichen zerstörerischen Veränderungen zur Folge haben kann, aber selten wurde dies ernster genommen als während der Zeit der Prohibition. Und nirgendwo war die Alkoholgegnerschaft fanatischer als in den Südstaaten. Mindestens ein wichtiger Grund dafür war die ständige Sorge der weißen Südstaatler, dass »das Böse des Alkohols« den häuslichen Frieden bedrohte, und zwar vor allem durch betrunkene schwarze Menschen. In seiner Rede vor dem Repräsentantenhaus über einen Änderungsantrag zur Prohibition führte der Kongressabgeordnete Hobson aus Alabama folgende Gründe für diese Annahme auf:

> Alkohol macht einen Rohling aus dem schwarzen Mann und bringt ihn dazu, unnatürliche Verbrechen zu begehen. Denselben Effekt hat er auch auf den weißen Mann, wobei es beim weißen Mann, der weiter entwickelt ist, länger dauert, ihn auf dasselbe Niveau zu reduzieren.[12]

Die meisten Prohibitionisten lehnten jedoch einen Zusammenhang zwischen der alkoholbedingten Primitivisierung und der Hautfarbe ab. Booker T. Washington äußerte im Sinne eines großzügigen Egalitarismus: »Zwei Drittel der Mobs, Lynchmorde und Verbrennungen auf Scheiterhaufen sind das Ergebnis von schlechtem Whisky, getrunken von schlechten schwarzen Männern und schlechten weißen Männern.«[13]

Zurück zur Gegenwart: Aus heutiger Sicht behaupten wir, dass es keine *fundamentalen* Unterschiede gibt zwischen der Theorie, die den Warnungen des Apostolischen Vaters Clemens oder der Anti-Saloon League zugrunde liegt, und zwischen der zeitgenössischen Äußerung von C. Nelson Davis, Direktor des Malvern Instituts für die Untersuchung psychiatrischer und alkoholbedingter Erkrankungen:

> Beim Alkoholismus lautet die Gleichung, vereinfacht ausgedrückt: Mensch plus Alkohol ist gleich psychopathisches Verhalten. Mensch minus Alkohol ist gleich eine disziplinierte Person. Mit Alkohol ändert man das Verhaltensmuster. ... Es besteht der Mythos, dass eine Person plus Alkohol die wahre Person zum Vorschein bringt. Nichts könnte weiter von der Wahrheit entfernt sein. Um dein wahres Selbst zu sein, musst

du die Kontrolle über all deine Fähigkeiten besitzen. Der Alkohol entzieht die Macht der Kontrolle über das Verhalten.[14]

Warum noch mehr Belege anführen? Die grundlegende Kraft der herkömmlichen Auffassung ist durch die Jahrhunderte hindurch klar und konstant. Wenn wir betrunken sind, machen wir manchmal Dinge, die wir »nie« tun würden, wenn wir nüchtern sind. Und ob wir diese Tatsache mit einer neurologischen oder quasineurologischen Version einer alkoholinduzierten »kortikalen Enthemmung« erklären oder, wie es die Psychoanalytiker tun, mit einer alkoholinduzierten Lähmung, Auflösung, Kastration (Sie dürfen wählen) des Über-Ich, so wählen wir doch nur verschiedene Worte, um eine im Wesentlichen gleiche Vorstellung davon zu vermitteln, wie der augenscheinliche Kontrollverlust entsteht. Die generelle Position lautet stets: *So wie die Effektivität unserer sensomotorischen Fertigkeiten durch Alkoholeinwirkung beeinflusst wird, so verändert sich auch die Art, wie wir uns gegenüber anderen betragen.*

Aber konnte der Einfluss von Alkohol auf unser Betragen tatsächlich ebenso bewiesen werden, wie das (zumindest in einem Maß, das die Richtigkeit der Vermutung nahelegt) im Fall verschiedener psychomotorischer Fertigkeiten geschehen ist? In aller Offenheit müssen wir diese Frage verneinen, wenn wir nur mal bedenken, was man für eine solche Beweisführung brauchen würde. Denn immerhin wird ein kausaler Zusammenhang zwischen Ereignissen in zwei miteinander verbundenen Sphären behauptet – die Sphäre des menschlichen Inneren und die Sphäre des menschlichen Betragens in der alltäglichen Welt. Um es überhaupt *möglich* zu machen zu beweisen, dass die Ereignisse in der einen Sphäre in einem kausalen Zusammenhang mit den Ereignissen in der anderen Sphäre stehen, ist eine präzise Beschreibung der Ereignisse in beiden Sphären vonnöten. Nicht einmal der überzeugteste Fürsprecher für den ursächlichen Einfluss des Alkohols auf das Betragen hat jemals behauptet, dass dies getan worden wäre. Tatsächlich stehen wir, was die Sphäre des Betragens betrifft, noch ganz am Anfang der deskriptiven Aufgabe.[15] Aber ohne das Vorliegen solcher Beschreibungen ist es elementar logisch, dass, selbst wenn – sagen wir – die Gehirnphysiologie die Alkoholeffekte auf das menschliche Gehirn genauestens und bis ins letzte Detail abschließend darstellen könnte, wir immer noch nicht mehr als heute wüssten über die Beziehung zwischen dieser nun vollständig aufgeklärten Sphäre und den angeblich daraus resultierenden Veränderungen im menschlichen Betragen.

Ohne eine solche Beweisführung kann man über die angeblich selbstverständliche Wirkung des Alkohols auf das menschliche Verhalten höchstens sagen, dass dies eine *mögliche*, aber bis heute unbewiesene Erklärung dafür ist, warum sich das Verhalten der Menschen so oft ändert, wenn sie ihre Körper alkoholisiert haben. Formal bleibt diese Behauptung aber bestenfalls eine *Hypothese*.

In den nächsten drei Kapiteln wollen wir Beweise anführen, um zu belegen, dass diese Hypothese zwar eine mögliche Erklärung dafür ist, warum sich Menschen anders betragen, wenn sie betrunken sind, dass diese Erklärung jedoch alles andere als erwiesen ist.

2

»Manche Menschen vertragen wirklich viel Alkohol.«

In Kapitel 1 haben wir zu zeigen versucht, dass nach der herkömmlichen Auffassung der Alkohol, wenn er sich einmal in uns befindet, Veränderungen in zwei fundamental unterschiedlichen Bereichen hervorruft. Zunächst führt er in unserem Inneren zu einer deutlichen Beeinträchtigung der Leistungsfähigkeit zumindest bestimmter sensomotorischer Fertigkeiten. Und mit diesem Teil der herkömmlichen Auffassung haben wir Autoren auch kein Problem. Angesichts der verfügbaren evidenten Beweise erscheint es unvorstellbar, dass jemand ernsthaft bezweifeln könnte, dass die Anwesenheit von Alkohol im Körper in der Tat diverse sensomotorische Leistungseinbußen verursacht. Unbestreitbar ist auch die Tatsache, dass Alkohol in ausreichend hohen Konzentrationen schwere und sogar tödliche Körperfunktionsstörungen bewirkt. In dieser Hinsicht hat Alkohol fraglos die Wirkungsmacht, die ihm allgemein zugesprochen wird. Darüber hinaus besteht die herkömmliche Auffassung aber auch darauf, dass Alkohol die Funktionen »höherer Hirnzentren« unterdrückt und dadurch eine Situation erzeugt, in der weder menschliche Vernunft noch Gewissen ihre richtungsweisenden und hemmenden Funktionen ausüben können. Mit diesem Aspekt der herkömmlichen Auffassung wollen wir uns im Folgenden kritisch auseinandersetzen.

Wir haben bereits angemerkt, dass trotz ihrer einhelligen Akzeptanz der formale Status der Annahme, dass Alkohol ebenso ein »moralischer« wie ein sensomotorischer Störenfried ist, bestenfalls der einer Hypothese ist. Denn wo findet sich der empirische Beleg für die These, dass Alkohol den Menschen auf den Status eines bloßen Geschöpfs seiner eigenen, nun unbeherrschten Triebe reduziert? Nun, so lautet das Argument, man müsse doch nur die Augen öffnen und um sich schauen, Beweise dafür gebe es überall. Hätten wir nicht alle schon Leute im Alkoholrausch Dinge tun sehen, an die sie im nüchternen Zustand nicht einmal *denken* (also nicht *ernsthaft* denken) würden? Darauf würden wir antworten: Natürlich haben wir das. Aber wir würden rasch hinzufügen, dass das nicht *alles* ist, was wir gesehen haben; und dass wir – wie der Begründer des Konsequentialismus John Dewey nie müde wurde, uns zu erinnern – Schlussfolgerungen unvoreingenommen ziehen müssen.

Tatsächlich sind einige Veränderungen im Betragen, die wir gewöhnlich als Zeichen der Enthemmung wahrnehmen, häufig die Folge von Trunkenheit, doch sind sie nicht *zwangsläufig* die Folge davon. Unterschiede zwischen »nüchternem« und »betrunkenem« Betragen gibt es fraglos, doch sind diese Unterschiede geradezu unglaublich uneinheitlich. Im Vergleich zu unserem nüchternen Betragen können wir beispielsweise ungestüm oder feierlich, depressiv oder euphorisch, unerträglich gesellig oder vollkommen zurückgezogen, bösartig oder lammfromm, unverhohlen oder unverbindlich, energetisch oder schlaff, amourös oder feindselig werden ... und diese Liste könnte noch seitenlang fortgesetzt werden. Der Punkt ist, dass wir uns unter Alkoholeinfluss in einer wundersamen Vielzahl von Arten verändern können. Und ebendiese Vielzahl stellt genau das Problem dar. Denn wie lässt sich mit der herkömmlichen Überzeugung, dass Alkohol enthemmend wirkt, der Umstand erklären, dass selbst innerhalb unserer eigenen Kultur Menschen, die ihre Körper alkoholisiert haben, sich so drastisch untereinander und auch in Bezug auf das eigene Verhalten in ihrem Handeln unterscheiden? Wir wissen alle um die Verbindung zwischen Trunkenheit und solchen Dingen wie Promiskuität und Gewaltverbrechen, aber wir wissen auch, dass nicht jeder, der betrunken wird, *ipso facto* promiskuitiv oder gewalttätig wird. Wir wissen sogar, dass diejenigen, die es werden, sich nicht *jedes Mal* so betragen, wenn sie ein paar Gläser intus haben. Wie kann es sein, möchten wir fragen (und nicht als rhetorische Frage), dass derselbe Mann in derselben Bar drei Abende hintereinander augenscheinlich dieselbe Alkoholmenge trinkt und im Ergebnis am ersten Abend missmutig und streitlustig, am zweiten liebenswürdig und am dritten mürrisch und zurückgezogen ist? Sind unsere Triebe – angeblich die Quelle unseres Verhaltens – tatsächlich so wechselhaft? Und was ist schließlich mit der Person, von der wir sagen: »Sie kann wirklich viel Alkohol vertragen«? Sollen wir, wenn bei ihr keine wahrnehmbaren Veränderungen im alkoholisierten Zustand auftreten, ernsthaft annehmen, dass bei ihr keine Hemmungen vorliegen?

Aber es bringt nichts, weiter auf diesem Punkt herumzureiten, weil jeder – einschließlich der lautstärksten Fürsprecher der herkömmlichen Auffassung – mit diesem Rätsel, das das betrunkene Betragen in unserer eigenen

Gesellschaft betrifft, nur allzu vertraut ist. Diese Vertrautheit hat jedoch zu nichts geführt, denn trotz seiner offensichtlichen Relevanz für die Beurteilung der allgemeinen Ansicht wurde und wird dieses Phänomen fleißig ignoriert.

Aber wie soll man dann vorgehen? Vielleicht, indem man sich von diesem gesehenen, aber unbemerkt gebliebenen Phänomen der vielfältigen Erscheinungsformen von betrunkenem Betragen in unserem Alltag abwendet und sich stattdessen »demselben« Phänomen im Kontext fremder Kulturen zuwendet: Auf diese Weise kann man den notwendigen »Schock der Wiedererkennung« auslösen, den es offenbar erst geben muss, bevor wir bereit sind, Phänomene unseres Alltags infrage zu stellen. Das jedenfalls ist unsere Hoffnung. Denn wie auch immer das abschließende Urteil über die Vorteile einer alternativen Erklärung lauten wird, die wir in späteren Kapiteln formulieren möchten: Die herkömmliche Auffassung erklärt keineswegs, was tatsächlich passiert.

Alkohol wurde und wird seit Langem in der überwiegenden Mehrzahl der Weltgesellschaften in der ein oder anderen Form konsumiert. Zwar fehlen für gewöhnlich in den Veröffentlichungen über diese Hunderte von Gesellschaften spezifische Beschreibungen davon, wie sich die Menschen verhalten, wenn sie betrunken sind – wenn es Erwähnung findet, dann in der Regel als Nebenbemerkung –, doch dokumentiert die ethnografische Literatur hinreichend folgende allgemeine Beobachtung: Wenn Menschen betrunken sind, sind nicht nur einige ihrer sensomotorischen Fertigkeiten gestört (in dieser Hinsicht gibt es keine Ausnahmen), ihr Betragen verändert sich oft ebenfalls. Wir möchten dem hinzufügen, dass Berichte über veränderte Handlungsweisen diese meist als »Veränderungen zum Schlechteren« beschreiben.

Die Abiponen sind ein gutes Beispiel für eine Ethnie, deren Betragen eine solche Metamorphose durchmacht, wenn ihre Mitglieder Alkohol konsumieren. In den ersten Beschreibungen dieses Volks vom Anfang des 18. Jahrhunderts waren die Abiponen reitende, nomadisch lebende Jäger, die in der Region *Gran Chaco* im Inneren Südamerikas leben. Der Jesuit Martin Dobrizhoffer, der einige Jahre dort verbrachte und ein dreibändiges Werk über die Abiponen veröffentlichte, beschrieb ihr Wesen im Alltag folgendermaßen:

> Die Abiponen haben sich in ihrem gesamten Benehmen eine Würde erhalten, die bei Europäern kaum zu finden ist. Ihre Contenance und ihr Gang drücken eine bescheidene Heiterkeit aus sowie eine männliche Ernsthaftigkeit, gemischt mit Freundlichkeit und Herzlichkeit. Nichts Zügelloses, Würdeloses oder Unerfreuliches lässt sich in ihren Handlungen entdecken. In ihren täglichen Treffen geht es ruhig und ordentlich zu. Verwirrtes Geschrei, Streit oder scharfe Worte haben dort keinen Platz. Sie lieben Scherze in Konversationen, verabscheuen aber Unanständigkeit und Böswilligkeit. Wenn ein Konflikt entsteht, so erläutert ein jeder seine Meinung mit gelassener Haltung und ruhiger Sprache: Sie geraten nie in Geschrei, Drohungen oder Vorwürfe, wie das manchen Völkern in Europa zu eigen ist. Dieses Lob gebührt den Abiponen zu Recht, solange sie nüchtern sind; sind sie hingegen berauscht, schütteln sie das Zaumzeug der Vernunft ab, werden abgelenkt und sind nicht ganz sie selbst.[16]

Was unter »nicht ganz sie selbst« zu verstehen ist, illustriert Dobrizhoffers Beschreibung vom Betragen der Abiponen auf einem Trinkgelage anschaulich:

> Streitereien über die Überlegenheit im Heldenmut sind häufig, was oft verwirrtes Geschrei, Raufereien, Wunden und Metzelei verursacht. ... Es geschieht nicht selten, dass eine Auseinandersetzung zwischen zweien sie alle aufwiegelt und zu den Waffen greifen lässt, manche für den einen, manche für den anderen, und sie aufgebracht aufeinander losgehen und einschlagen. Dies geschieht nicht selten auf Trinkgelagen und wird mitunter über viele Stunden ausgetragen mit viel Geschrei der Streitgegner und nicht weniger Blutvergießen.

Diese Transformation des Verhaltens der Abiponen von schweigsamer Zuvorkommenheit zu offener Barbarei passt wunderbar zu dem, was man erwarten würde, wenn Alkohol tatsächlich die enthemmende Substanz wäre, die sie nach allgemeiner Auffassung sein soll.[17] Und es ist auch nicht besonders schwierig, ähnliche Beispiele anzuführen: Gesellschaften, in denen solche Jekyll-zu-Hyde-Transformationen vorkommen, lassen sich in praktisch allen Gegenden der Welt finden.

Aber – und jetzt kommt der Punkt – das ist nicht *immer* so. Betrachten wir beispielsweise den Bericht des Anthropologen Curt Nimuendajú über die Yuruna, ein kriegerisches, streitbares Volk aus der Xingdu-Region des südamerikanischen Regenwaldes. Obwohl die Yuruna erhebliche Mengen von *Malicha* trinken (ein alkoholisches Getränk aus vergorener Maniokwurzel), werden sie nicht nur nicht »enthemmt«, sondern sie ziehen sich vollständig in sich selbst zurück und verhalten sich, als gäbe es niemand sonst auf der Welt.[18] Man kann auch nicht behaupten, die Yuruna bildeten die Ausnahme, die »die Regel bestätigt« (was auch immer das bedeutet). Die Yuruna sind nur eine von vielen Gesellschaften, deren Mitglieder beträchtliche, in manchen Fällen ungeheuerliche Mengen

Alkohol konsumieren, ohne die von den Abiponen im Alkoholrausch gezeigten »Veränderungen zum Schlechteren« erkennen zu lassen. Im Verlauf dieses Kapitels werden wir einige Gesellschaften anschauen, die in letzter Zeit Gegenstand genauerer Forschung geworden sind.

In der Tat finden wir, wenn wir das Phänomen der Trunkenheit untersuchen, wie es sich auf der ganzen Welt präsentiert, unendliche Abstufungen im Grad der »Enthemmung«, die sich bei betrunkenem Betragen manifestiert. Deswegen scheint es lohnenswert, einen näheren Blick auf eine Gesellschaft zu werfen, deren alkoholisiertes Betragen irgendwo zwischen dem der Abiponen und der Yuruna liegt. Dafür begeben wir uns in die Peruanischen Anden zur Gruppe der Vicosinos, einer *Quechua* sprechenden Gesellschaft in den nördlichen Anden. Diese leben in einer weitgehend eigenständigen Gemeinschaft von ungefähr 1800 Menschen, die, sowohl geografisch als auch kulturell weitgehend vom »Leben der Nation« isoliert, viel von ihrer traditionellen Lebensweise bewahrt haben. Was aber ist mit dem Trinken und der Trunkenheit in Vicos? Zeremonielles Trinken gab es in Peru schon vor der Kolonialisierung und es ist bis heute integraler Bestandteil des formellen und informellen gesellschaftlichen Lebens. Der Anthopologe William Mangin beschreibt das Trinkverhalten (im Jahr 1957) folgendermaßen:

> In Vicos bekommen die kleinen Kinder Maisbier und jeder über 16 trinkt Spirituosen. Erwachsene, die trinken, sind anschließend meist betrunken, in vielen Fällen kann ein Mann oder eine Frau einige Tage hintereinander betrunken sein. Das Auftreten und die Häufigkeit der Trinkanlässe sowie die Trinkmenge scheinen sehr hoch zu sein. Allerdings ist das Trinken eine soziale Aktivität und die Trinkbräuche sind Teil

> der grundlegenden und mächtigsten Institutionen der Gemeinschaft. Trinken und Trunkenheit scheinen nicht zum Bruch interpersoneller Beziehungen oder zu Störungen bei der Wahrnehmung der sozialen Rolle von Individuen zu führen.[19]

Nach Mangins Einschätzung hat Alkohol für die Vicosinos eine »vorwiegend integrative« Funktion. Zwar geht er davon aus, dass die Häufigkeit von Gewalt zunimmt, wenn die Menschen betrunken sind, doch fügt er dieser Feststellung hinzu: »Betrunken oder nüchtern – es gibt tatsächlich sehr wenig Gewalt in Vicos. Im Beobachtungszeitraum wurden wenige Auseinandersetzungen vermerkt. Und diejenigen, die vermerkt wurden, schienen meist immer dieselben zwei Männer zu betreffen.« In Bezug auf andere Manifestationen von dem, was wir für gewöhnlich als »alkoholisierte Impulsivität« betrachten, schreibt er:

> Voreheliche sexuelle Aktivität scheint während der Fiestas zuzunehmen, aber das muss nichts mit dem Trinken zu tun haben. Einige männliche Informanten erklärten dem Autor, dass sie während der Fiestas oft absichtlich nüchtern blieben, damit sie mit einem Mädchen »entfliehen« könnten. Außereheliche sexuelle Aktivität, die eine zerstörerische Kraft in der Kultur der Vico darstellt, scheint meistens zu erfolgen, wenn die Individuen recht nüchtern sind. ... Die meisten Verbrechen während des Beobachtungszeitraums wurden in nüchternem Zustand verübt. Nur in zwei Fällen der [21 Monate andauernden] Studie, von denen einer vor Studienbeginn und der andere im Untersuchungszeitraum auftrat, konnte eine Verbindung von Trunkenheit und kriminellem Verhalten dokumentiert werden.

Während es also durchaus sein kann, dass die ein oder andere »enthemmte« Handlung erfolgt, wenn die Vico betrunken sind, so steht doch die beschriebene Seltenheit spezifischer trunkener Grenzüberschreitungen in scharfem Kontrast zum betrunkenen Betragen der Abiponen.

Wir wenden uns nun der Beobachtung von fünf Gesellschaften zu, in denen nicht einmal *dieser* Grad von trunkener »Enthemmung« auftritt. Als erstes Beispiel wählen wir den Bericht des Anthropologen Dwight Heath über die Camba im östlichen Bolivien (aus dem Jahr 1958). Diese Gesellschaft im bolivianischen Tiefland von ungefähr 80 000 Menschen sind Nachfahren von Spaniern und indigenen Völkern. Die traditionellen indigenen Lebensformen haben sie verlassen und leben teilweise von der Bewirtschaftung eigenen oder besetzten Landes, die meisten aber als Bewohnerinnen und Bewohner einer der großen *haciendas*, in die die Gegend aufgeteilt ist. Von den Besitzern oder Verwaltern dieser *haciendas* erhalten sie Nahrung, Unterkunft und einen geringen Lohn für ihre Arbeit. Wegen der schwachen Infrastruktur im Land und der natürlichen Barrieren, die auch den nicht mechanisierten Transport erschweren, werden die Camba, die Heath untersuchte, effektiv an umfänglichem Kontakt mit anderen Bevölkerungszentren gehindert. Dadurch hat sich ihre Lebensweise seit der spanischen Kolonialzeit kaum verändert. Was das Trinken betrifft, so konsumieren die Camba ein Destillat aus Zuckerrohr, das sie mit gutem Grund *alcohol* nennen. Eine chemische Analyse hat gezeigt, dass das Getränk 89 Prozent Ethanol enthält – also ungefähr doppelt so viel wie die meisten westlichen Spirituosen. Und die Camba trinken dieses Getränk *unverdünnt!* Bis auf einige wenige, die sich einer fundamentalistischen evangelikalen Sekte angeschlossen haben, trinken alle Camba und »die meisten von ihnen sind mindestens zweimal pro Monat betrunken«.[20] Da Heaths Bericht ungewöhnlich detailgenau ist, soll er im Folgenden ausführlich zitiert werden:

> Die Trinkverhaltensmuster sind so formalisiert, dass sie ein säkulares Ritual darstellen. Die Mitglieder der Gruppe werden ungefähr in Kreisform auf Stühlen in einem Hof oder gelegentlich auch in einer Hütte platziert. Eine Flasche *alcohol* und ein einzelnes Wasserglas stehen auf einem winzigen Tisch, der Teil des Kreises ist. Der »Gönner« der Zusammenkunft schenkt ein Glas voll (ca. 300 ml) auf dem Tisch ein, dreht sich um, geht zu einer beliebigen Person, nickt und hebt das Glas leicht an. Diese Person lächelt und nickt noch im Sitzen, der »Gönner« prostet ihr mit *»salud«* (Gesundheit) oder *»A su salud«* (auf Ihre Gesundheit) zu, trinkt die Hälfte des Glases in einem einzigen raschen Zug und überreicht es der Person, der er zugeprostet hat, die dann den Trinkspruch wiederholt und das Glas in einem Schluck austrinkt. Während der »Gönner« zu seinem Stuhl zurückkehrt, geht der Empfänger des Trinkspruchs zu dem Tischchen, um das Glas wieder zu füllen und das Ritual zu wiederholen. Es gibt keine ersichtliche Regel, wer wem zuprostet, und in diesem Sinne erfolgen die Trinksprüche in keiner erkennbaren Reihenfolge. Ein Neuankömmling bekommt mit hoher Wahrscheinlichkeit eine Vielzahl von Trinksprüchen, wenn er das erste Mal einer Trinkgruppe beiwohnt, und eine attraktive Frau kann auch häufiger angesprochen werden, aber im Ganzen scheint es eine recht ausgewogene Verteilung von Trinksprüchen im Verlauf der Stunden zu geben. Einen Trinkspruch abzulehnen ist undenkbar für die Camba, auch wenn die Anwesenden im Verlauf der Zusammenkünfte zu immer mehr Tricks greifen, um nicht das ganze Glas *alcohol* austrinken zu müssen, da durch die Reizung von Mund und Speiseröhre das Trinken zunehmend

schmerzhaft wird. Diese Tricks sind recht offensichtlich (so drehen manche schlicht den Kopf zur Seite und spucken eine ordentliche Portion aus) und werden von freundlichen Protesten wie »Alles trinken!« begleitet. Ein solches Verhalten ist keine Beleidigung des Trinkspruchgebers und die anderen Gruppenmitglieder necken mehr, als dass sie das Verhalten des Abweichlers ernsthaft tadeln. Nach den ersten drei oder vier Stunden »betrügt« praktisch jeder auf diese Art und nahezu ebenso viel *alcohol* wird vergeudet wie konsumiert. Auch verringert sich im Lauf des Festes die Zahl der Trinksprüche erheblich: Während der ersten Stunde ist ein Zuprosten in weniger als zwei Minuten vollendet; während der dritten Stunde dauert es fünf oder mehr Minuten. Eine Art Kreislauf von Aktivitäten kann beobachtet werden, in dem die Trinkgesellschaft ungefähr alle sechs Stunden wieder auflebt. Ist eine Flasche leer, nimmt ein anwesendes Kind diese still vom Tisch und bringt eine neue aus der Hütte. Sind die Vorräte geleert, legen die Gruppenmitglieder zusammen, um mehr zu kaufen; sie schicken ein Kind, es vom nächstgelegenen Verkäufer zu holen.

Dieses oben stehende Ritual ist die einzige Art, wie die Camba trinken, außer auf Beerdigungen, wo eine andere, aber ebenso formalisierte Verhaltensweise befolgt wird.

Heath liefert auch einen stundengenauen Bericht des ersten dieser sich wiederholenden Zyklen, in die die Trinkgelage eingeteilt sind:

Die Camba beginnen normalerweise kurz nach dem Frühstück zu trinken. ... Im Verlauf der Zusammenkunft werden die Wirkungen der Trunkenheit offensichtlich. Nach zwei oder drei Stunden recht redseliger und warmer sozialer Interaktion werden die Menschen schweigsamer und die Intervalle von Stille länger. In der vierten Stunde gibt es kaum Gesprä-

> che; viele Menschen starren stumpf auf den Boden, außer wenn ihnen zugeprostet wird, und einige, die eventuell eingeschlafen oder bewusstlos sind, werden in Ruhe gelassen. Wenn eine Band oder ein Gitarrist zu spielen anfängt, ist die Musik endlos, und wenn einzelne Musiker das Bewusstsein verlieren, übernehmen andere. In der sechsten Stunde kommt es zu erneuter Munterkeit, wenn die Schlafenden aufwachen und der Feier »frischen Schwung« geben. Dieser Kreislauf wird alle fünf, sechs oder sieben Stunden wiederholt, Tag und Nacht, bis der *alcohol* aufgebraucht ist oder zur Arbeit gerufen wird.

Eindeutig kann es keine Frage geben, dass die Camba sehr betrunken werden; eine schwere sensomotorische Beeinträchtigung könnte kaum offensichtlicher sein. Aber was ist mit ihrem Betragen und speziell mit der trunkenen »Enthemmung«?

> Bei den Camba führt das Trinken nicht zu Äußerungen von Aggression in verbaler oder physischer Form. ... Auch gibt es keine vermehrte sexuelle Aktivität: Obszöne Witze und sexuelle Andeutungen treten selten in Verbindung mit dem Trinken auf. Auch im Rausch neigen die Camba nicht zu rührseliger Sentimentalität, Hanswurstiaden, Prahlereien oder »Seelenstriptease«.

Im Grunde bemerkt Heath einen Unterschied zwischen dem betrunkenen und nüchternen Betragen der Camba nur in der Zunahme von Redseligkeit und Selbstbewusstsein. Und selbst diese beobachtet er nicht in den akuten Phasen der Trunkenheit, sondern nur in der Anfangsphase und beim Wiedererlangen des Bewusstseins. Zusammengefasst trinken die Camba oft und bis zu einem Alkoholpegel, der nach jedem Maßstab als extrem gelten kann, und doch sind Äußerungen von Impulsivität davon ziemlich unbeeinflusst. So viel also zu den »enthemmenden« Alkoholwirkungen bei den Camba.

Ein zweites Beispiel für eine Gesellschaft, in der sich durch Trunkenheit keine Enthemmung zeigt, finden wir in den Berichten von Gerardo und Alicia Reichel-Dolmatoff über das kleine Tucano-Dorf Aritama in Nordwest-Amazonien (Kolumbien). Aritama liegt in den tropischen Vorläufern der Sierra Nevada de Santa Marta, in einer Region, die sich sowohl geografisch als auch kulturell zwischen den recht hoch entwickelten Gesellschaften der städtischen und ländlichen Tiefebenen und den autonomen indigenen Gesellschaften der Bergregionen befindet.

Während die Bewohnerinnen und Bewohner der Tiefebene Aritama als ein hinterwäldlerisches Indiodorf ansehen, hat die Mehrzahl der Dorfbevölkerung weiße, indigene und afrikanische Wurzeln. Zwar ist ihre Kultur nicht so unberührt wie die der indigenen Gesellschaften, sie ist aber auch nicht so stark durch die Zivilisation beeinflusst wie jene der Tiefebene, sondern befindet sich eher auf einer Entwicklungsstufe dazwischen. Durch die zunehmenden Kontakte mit den Bewohnern der Städte im Tiefland wird den Menschen in Aritama immer stärker bewusst, dass viele ihrer Traditionen »rückschrittlich« sind, und Veränderungen sind überall zu beobachten.

Um die Lebensweise in Aritama zu beschreiben, ist zunächst zu bemerken, dass die Menschen ungewöhnlich verlegen und gehemmt sind. Ob mit Nachbarinnen oder Fremden – »sie haben stets die Sorge, sich irgendwie zu blamieren, für die Dinge, die sie sagen, verhöhnt zu werden oder von Autoritäten übervorteilt zu werden«. Sie vermeiden nicht nur von sich aus soziale Kontakte, sondern werden von ihrer Gesellschaft in dieser Vermeidung vehement bestärkt. Schon »persönliche Fragen zu stellen und Interesse am Leben anderer Menschen zu bekunden verstößt nach den örtlichen Standards gravierend gegen die Regeln für angemessenes Verhalten«.[21] Während sie hinter einer Maske förmlicher Höflichkeit leben, ist Feindseligkeit endemisch in Aritama – wie beispielsweise durch den Umstand demonstriert wird, dass Unsterblichkeit nur »insofern als erstrebenswert gilt, als diese der Seele die Möglichkeit bietet, Rache für all das zu nehmen, was sie zeit ihres Lebens nicht rächen konnte«. Die männlichen Erwachsenen sind so kontrolliert, dass sie nur bei Hahnenkämpfen – die, interessant genug, der einzige Sport sind, an dem irgendein Interesse besteht – ihre tief sitzende Reserviertheit ablegen konnten und in freudiger Erregung wahrhaft spontan agierten.

Was die Beziehungen zwischen den Geschlechtern angeht, so betrachten die Frauen der Aritama diese Verbindungen (ob sie nun Ehen, Beziehungen oder Affären sind) unter dem Gesichtspunkt ökonomischer Sicherheit, während die Männer in ihnen vor allem eine Chance sehen, ihre Männlichkeit durch die Zeugung von möglichst vielen Kindern unter Beweis zu stellen. Diesen Beziehungen fehlt nicht nur gegenseitiges Vertrauen, die Reichel-Dolmatoffs sagen klar, dass in allen Familien, ob sie nun durch eine katholische Eheschließung legitimiert sind oder nicht, »der vorherrschende Zustand der offener Feindseligkeit« sei.[22] Auch versuche niemand, diesen Umstand zu verschleiern. Im Gegenteil: Zwar äußere sich Streit meist in verbalen Beleidigungen und drohenden Gesten, doch gebe es auch körperliche Übergriffe. Herrsche relative Ruhe zwischen Partnern, sei dies ein Anlass für Gespött; Nachbarn und Freunde würden »auf jede erdenkliche Art versuchen, diese scheinbare Harmonie durch Klatsch, falsche Verdächtigungen und offene Beschuldigungen von Hexerei zu stören«.[23] Die Feindseligkeit zwischen den Geschlechtern sei ein so wesentlicher Teil der Normalität, dass die Aritama es kaum akzeptieren könnten, dass anderenorts Paare in Friede und Harmonie zusammenlebten.

Die Kinder aus diesen Verbindungen würden nicht um ihrer selbst willen geliebt, sondern lediglich mit Blick auf ihren ökonomischen Wert. Sogar ganz kleine Kinder würden selten, wenn überhaupt, liebkost. Der Umgang mit ihnen sei rau – »wie mit einer Last«. Die Mütter betrachteten das Stillen als lästig und schwächend. Das Abstillen werde abrupt bewerkstelligt, indem sich die Mütter ihre Brüste mit Zitronensaft oder Chilischoten einrieben. Das Ganze werde als ein Spaß angesehen und niemand sorge sich übermäßig wegen des daraus resultierenden Wutanfalls des Säuglings. Die Väter kümmerten sich, wenn überhaupt, noch weniger, im besten Fall scherten sie sich nicht um das Neugeborene und im schlimmeren äußerten sie tiefe Abscheu. Die gesamte Kindheit über berühre ein Vater sein Kind kaum, außer um es körperlich zu züchtigen. Nicht einmal der Tod eines Kindes führe zu tief empfundener Trauer. Die Reichel-Dolmatoffs beschreiben vier Fälle, in denen Säuglinge starben, »einfach, weil ihre Mütter nicht bereit waren, Anstrengungen zu ihrer ausreichenden Ernährung zu unternehmen ...«.[24] Sie berichten, dass die öffentliche Meinung kaum Kenntnis von diesen Toden genommen hätte.

Kindererziehung in Aritama geht von der Annahme aus, dass »gute« und »schlechte« Charaktereigenschaften erblich sind; deswegen kann das »schlechte« Verhalten eines Kindes niemals auf die *Taten* der Eltern zurückgeführt werden. Jedes Elternteil weist, oft im Beisein des anderen Elternteils, das Kind auf die unerfreulichen Eigenschaften des anderen Elternteils als Beispiel dafür hin, wie man sich *nicht* verhalten soll. Im Ergebnis ist aller Respekt des Kindes für seine Eltern praktisch nicht mehr vorhanden, wenn es die Vielzahl von Vorwürfen erst verstanden hat. Und obwohl Folgsamkeit und Respekt von Anfang an gelehrt werden, ist Feindseligkeit zwischen den Generationen die Regel: »Sowohl Jungs als auch Mädchen werfen mit Steinen auf Erwachsene, schlagen diese, wenn sie wütend sind, oder beleidigen sie mit obszönen Worten. Erwachsene mit Handicaps oder ältere Menschen werden verspottet und beleidigt, Tiere oft gnadenlos geschlagen ...« Es gibt auch keine Zuneigung unter Geschwistern: »Die Älteren nehmen den Jüngeren das Essen oder Spielsachen weg, schlagen und schubsen sie bei jeder Gelegenheit und versuchen, sie zum Weinen zu bringen.«[25]

In der Adoleszenz ändert sich all dies jedoch schlagartig:

> Die frühere Lebhaftigkeit in Gesichtsausdruck und Gesten ist vollkommen verändert. Das Gesicht wird zu einer rigiden Maske der »Seriosität«, die keinerlei Emotion verrät. Die Spontaneität des Spiels wird verdrängt von stiller Bedächtigkeit. Jegliches Gespräch ist von dem Gedanken beherrscht, nur ja keine inneren Gefühle preiszugeben. Routinefragen zu Gesundheit, Familie oder Arbeit werden mit monotonen Floskeln erwidert und alle anderen Nachfragen mit einem stereotypen »Ich weiß nicht, vielleicht« *(no sé, quizás)* beantwortet. ... Ein enormer Mechanismus wird in Gang gesetzt, der das Individuum vollständig hinter einer Mauer von Kontrolle und Formalität verbirgt. Zu lächeln, zu lachen, zu spre-

chen, Fragen zu stellen, Witze zu machen über Menschen und Dinge – all das ist jetzt unangemessen. Alle früheren Manifestationen von Aggressivität sind nun verschwunden, man erlaubt sich keinen Ärger, keinen Wutanfall, keine obszöne Sprache. An ihre Stelle treten Reserviertheit und scheinbare Gleichgültigkeit. Aber man nimmt auch eine bestimmte unruhige Wachsamkeit in kurzen, verstohlenen Blicken wahr, im nervösen Händezucken, im stockenden Gang. Das übertriebene Selbstbewusstsein lässt die Jugendlichen wirken, als würden sie ständig beobachtet, kritisiert oder – noch schlimmer – verspottet. Diese innere Anspannung charakterisiert den Jugendlichen, setzt sich im Erwachsenenleben fort und nie wird eine Balance erreicht.[26]

Was geschieht nun in einer solchen Gesellschaft mit dieser »rigiden Maske der Seriosität«, wenn die Bewohnerinnen und Bewohner betrunken sind? In der Gegend gibt es dreißig bis vierzig illegale Destillerien, deren Rum über die Region hinaus einen guten Ruf genießt. Wo, wenn nicht in Aritama, so würden wir erwarten, sollten die Menschen diesen Rum in großen Mengen konsumieren und dann alle Fassaden formaler Höflichkeit und kontrollierter »Ernsthaftigkeit«, mit denen sie der Welt entgegentreten, schön zur Hölle fahren lassen? Doch das geschieht nicht. Die Reichel-Dolmatoffs berichten, dass ungestüme Trunkenheit zwar im Tiefland sehr verbreitet ist, sich in Aritama aber ein anderes Bild bietet: »Sogar während der *Fiesta*-Saison, auf Hochzeiten, Taufen oder Beerdigungen sieht man kaum einmal eine betrunkene Person und diejenigen, *die man sieht, sind unaufdringlich und still«* (Hervorhebung der Autoren).[27] Auch wenn die Einwohnerinnen und Einwohner Aritamas im Vergleich zu anderen ländlichen Gesellschaften in Lateinamerika weder starke noch regelmäßige Trinker sind, kommt Alkoholkonsum bis zur Trunkenheit durchaus vor. Aber das daraus resultierende Betragen entspricht kaum dem, was man von den Mitgliedern einer so kontrollierten Gesellschaft erwarten würde:

> Die verschiedenen Stufen der Trunkenheit sind durchaus charakteristisch. Nach einer ersten Euphorie, begleitet von Geplauder und Witzeleien, gibt es manchmal ein wenig Gesang und jemand holt vielleicht eine Trommel und spielt sie für ein Weilchen, aber bald enden alle Gespräche und die Düsterkeit beginnt. Es gibt nie nennenswerte körperliche Aggressionen, aber auch keine fröhliche Kontaktpflege, Obszönitäten, kein romantisches Gesülze und keine politischen Diskussionen jedweder Natur. Eine Person singt eventuell, eine andere spielt Trommel oder Rassel, während die anderen sitzen, schweigend trinken und nur selten einander körperlich berühren oder ein Gespräch versuchen.[28]

Ebenso wenig sind die Trinkgelage Gelegenheiten für die Jugend von Aritama, über die Stränge zu schlagen:

> Fünfzehn- oder sechzehnjährige Jungs verbringen gelegentlich eine Nacht mit Gesang, Trinken und Musizieren in Gesellschaft älterer Männer, die sie zu solchen Gelagen einladen. Aber die Jugendlichen scheinen das Trinken selten zu genießen und nehmen an solchen Anlässen nur teil, um ihre neue Männlichkeit unter Beweis zu stellen. Aber sobald sie diesen Status erreicht, also das Haus verlassen haben, werden solche Gelage selten und sind zunehmend von Ernst geprägt. Eine Person kann eine ganze Nacht lang trinken und trommeln, ohne ein einziges Mal ihre Fassung zu verlieren, ohne aggressiv, sentimental, geschwätzig oder amourös zu werden.

Sogar unter den Totengräbern, bei denen das Trinken in

Aritama zum Berufsbild gehört, wird die Trunkenheit nicht als Annehmlichkeit, sondern als Berufsrisiko aufgefasst:

> Sie arbeiten und trinken in Stille mit harten, geplagten Gesichtern, graben, tragen Steine, trinken wieder und wieder, bis sie zu Boden gehen. Manche liegen starr im Gras, das die Gräber von Fremden bedeckt, andere stolpern zwischen den Grabhügeln umher und bieten einander die Flaschen an. Aber es werden keine Scherze oder Geschichten erzählt. Ab und zu sagt jemand: »Also graben wir ein Grab! Machen das ganz gut. Arbeiten hart, trinken hart. Jetzt sind wir betrunken und die Arbeit ist erledigt.«

Es ist deutlich, dass die Menschen von Aritama, unabhängig von Anlass und Trinkmenge, die »rigide Maske der Seriosität« nie absetzen. Wie schon bei den Camba fehlt dem Alkohol hier die Kraft der »Enthemmung«.

Für unser drittes Beispiel wenden wir uns nach Mikronesien, genauer gesagt nach Ifalik, einem kleinen Atoll zwischen Yap und Chuuk in den Karolinen-Inseln. Dieser Quadratkilometer von Korallenstein und Sand mit einer Bevölkerungszahl von ungefähr 250 wurde von den Anthropologen Burrows und Spiro und von einem Team von Naturwissenschaftlern um Bates untersucht.

Abgesehen von gelegentlichen Handelsschiffen gab es bis zur Mitte des 20. Jahrhunderts praktisch keinen Kontakt von Ifalik mit dem Westen. Die Karolinen befanden sich unter nomineller Herrschaft zunächst Spaniens, dann Deutschlands, bevor 1914 schließlich Japan übernahm, dem sie nach dem Ende des Ersten Weltkriegs vom Völkerbund zuerkannt wurden. Nach dem Zweiten Weltkrieg wurden die Inseln US-amerikanisches Treuhandgebiet. Von alledem wurde der Alltag auf dem Atoll nur sehr wenig beeinflusst. Vielleicht war es sogar ein Glück, dass Ifalik weder die Bevölkerung noch die strategische Position noch die Rohstoffe besaß, um mehr als nur ein paar halbherzige Versuche der »Zivilisierung« durch eine ihrer Kontrollmächte erdulden zu müssen.

Die Menschen von Ifalik sagen, dass ihre Bevölkerung einst viel größer als heute war, und es gibt einige Beweise, die dies stützen. So gab es zum Untersuchungszeitpunkt 60 verheiratete Paare, aber nur 81 Bewohnerinnen und Bewohner unter 20 Jahren. Da sich die verheiratete Population nicht reproduziert, wundert es nicht, dass Kinder ein völlig anderes Ansehen genießen, als dies in Aritama der Fall ist. Kinder werden hier hoch geschätzt und üppig mit Aufmerksamkeit bedacht und verwöhnt. Spiro schreibt:

> Kinder werden idealisiert und in einem Maße verwöhnt, das nach westlichen Standards undenkbar scheint. ... Kein Kind wird allein gelassen, Tag und Nacht, schlafend oder wach, bis es laufen kann. Ein Kind zu isolieren würde bedeuten, eine Gräueltat zu begehen, denn wenn ein Baby alleingelassen wird, »stirbt es Stück für Stück, keine Menschen mehr«.[29]

An anderer Stelle heißt es:

> Babys werden ständig auf den Arm genommen, geküsst, umarmt und es wird mit ihnen gespielt. Die Menschen haben ein unbeherrschbares Verlangen, Babys zu liebkosen, und Babys stehen immer im Mittelpunkt der Aufmerksamkeit in jedem Haushalt und bei jeder Zusammenkunft. ... Ein Baby kennt nur lächelnde und lachende Gesichter, weiche Arme und freundliche Worte. Kein Baby wird je grob behandelt, kein Baby wird böse angesehen oder verbittert angesprochen.

Wahrlich, auf Ifalik ist das Baby König! Aber im Alter von vier oder fünf geht die Unschuld verloren und mit ihr dieses emotionale Paradies. Zuneigungsbekundungen werden schlagartig beendet und das junge Kind wird im Wesentlichen sich selbst überlassen. Spiro beschreibt diesen ausgeprägten Kontrast zwischen den Altersstufen so: »Der kleinsten Frustration des Kleinkindes wendet man sich sofort zu, während die größeren Frustrationen des Kindes oftmals nicht nur ignoriert werden, sondern sogar Heiterkeit hervorrufen.«[30] Man muss nicht mit hellseherischen Fähigkeiten gesegnet sein, um die Konsequenzen dieses abrupten Übergangs zu ahnen: Wutanfälle, Kampf um die Aufmerksamkeit von Erwachsenen, genereller Negativismus, Prügeleien usw.

Aber auf so einem kleinen Atoll kann Aggression nicht gebilligt werden. Die Menschen auf Ifalik betrachten Kooperation vernünftigerweise als vorrangigen sozialen Wert und Aggression als »das abscheulichste aller Vergehen«. Daher ist die Erziehung der Kinder, sobald diese sprechen können, mit beeindruckender Zielstrebigkeit und nicht wenig Härte darauf ausgerichtet, jegliche Manifestation von Zwietracht auszumerzen. Und »trotz der hohen Inzidenz von Aggression bei den Kindern wird dieses Sozialisationsziel mit uneingeschränktem Erfolg erreicht, denn es gibt keinen offenen Ausdruck von Feindseligkeit in den interpersonellen Beziehungen Erwachsener auf Ifalik«.

Dass die resultierende Harmonie nicht ganz perfekt ist, kann man an ihrer Behandlung von Hunden erkennen, denn auf Ifalik ein Hund zu sein, bedeutet wirklich »ein Hundeleben« zu haben. Spiro notiert: »Kinder ebenso wie Erwachsene misshandeln die Hunde ... Kinder treten sie oft, ziehen sie am Schwanz und misshandeln sie auf andere Weise.« Kurzum, ebenso wie Aritama stellt Ifalik das

Musterbeispiel einer Gesellschaft da, in der sich die unter normalen Bedingungen unterdrückte Aggressivität im Falle des Alkoholrauschs mit Macht Bahn brechen sollte.

Doch wiederum ist es nicht das, was wir sehen. Das Leben auf Ifalik basiert auf dem reichen Vorkommen von Kokospalmen; ihre Früchte sind sowohl Hauptnahrungsquelle wie auch Grundlage ihres alkoholischen Getränks. Unfiltriertes Kokoswasser wird vier Tage fermentiert und so zu einem alkoholischen Getränk, das, wie Bates und Abbott schreiben, »ungefähr die Stärke eines guten Biers« hat.[31] Dass der Genuss dieses Rauschmittels oft von dramatischen Veränderungen zum Schlechteren begleitet wird, belegen Berichte aus vielen Teilen Mikronesiens. Mit Blick auf die möglichen Folgen seines Konsum nennt es Robert Louis Stevenson in seinem Bericht von der kleinen Insel Butaritari in den Nördlichen Gilbertinseln: »ein teuflisches Rauschmittel, den Advokat des Verbrechens«.[32] Dass diese Anmerkung mehr als nur ein Beispiel seines poetischen Könnens war, zeigt sich in vielen anderen Berichten vom Leben in dieser Gegend. Betrachten wir beispielsweise Christians sarkastische Schilderung der Nachwirkungen eines Palmwein-Trinkfestes auf den Gilberts:

> Diese fröhlichen Treffen endeten unweigerlich mit heftigen Schlägereien, Tumulten, an denen Männer und Frauen mit Eisenholzstäben und Holzschwertern teilnahmen, die reich mit Haizähnen besetzt waren, mit denen sie grauenvolle Fleischwunden verursachten.[33]

Und von den sogar noch näher an Ifalik gelegenen Inseln gibt es viele Schilderungen, die zahlreich Gewalt und Zwietracht als Folge des Palmweintrinkens belegen.[34] Tatsächlich überlegten die Vorsteher von Ifalik, nachdem sie die schädlichen Folgen des Trinkens auf einigen der (stärker westlich geprägten) Nachbaratollen beobachtet hatten, ob es nicht »für den Frieden und die Sicherheit der Insel besser wäre, wenn allein schon die Fermentation verboten wäre«.[35] Allerdings »funktionierte ihre Prohibition ungefähr so gut wie die, die einige Jahre lang in den Vereinigten Staaten versucht wurde. Soll heißen, diejenigen, die gern fermentierten Palmwein trinken ... machen ihn heimlich und trinken ihn ungestört.«[36]

Und was passiert mit ihrem Betragen, wenn sie dies tun? Burrows und Spiro zufolge im Wesentlichen nichts: »Manche Männer trinken Glas um Glas im Verlauf eines Abends. Ein leicht getrübter Blick und eine Tendenz zur Jovialität und sentimentalen Freundlichkeit waren alles, was uns auffiel.«[37] An anderer Stelle schreibt Burrows, dass »ein hingebungsvoller Genuss von Kokosnuss-Palmwein einen besänftigenden Effekt zu haben scheint. *Wir sahen oder hörten nie von einem streitlustigen Trinker*« (Hervorhebung der Autoren).[38] Zur Bestätigung dieser Beobachtungen können wir den Bericht von Bates und Abbots von den Feiern zu Ehren ihres Abschieds heranziehen, die eine organisiert von der Jugend auf Ifalik, die andere von den Vorstehern der Insel. Von der ersten Feier berichten sie, dass der Palmwein »ein warmes Gefühl guter Kameradschaft unter allen verbreitete ... die Realität verlor all ihre scharfen Ecken und alle Menschen wurden Brüder und die Welt zum Paradies«.

Von der zweiten Party berichten sie nur: »Wir waren alle sehr fröhlich, da wir einander so sehr mochten, und sehr traurig, weil wir bald voneinander Abschied nehmen mussten.«[39] Wie bei den Camba und Aritama stellt sich erneut die Frage: Wie kommt es, dass auf Ifalik, wo wir erwarten würden, dass der Alkohol einen Heidenspaß dabei hat, all die aufgestaute Feindseligkeit freizusetzen, er auf mysteriöse Weise all seine Macht verloren hat?

Ein viertes Beispiel für eine Gesellschaft, in der sich der Alkohol merkwürdig unfähig darin zeigt, die Menschen zu enthemmen, ist die ländlich geprägte japanische Fischfangkommune Takashima, von der uns Berichte des Anthropologen Edward Norbeck aus den Jahren 1950–1951 vorliegen. Takashima ist eine kleine Insel zwischen Kojimasee und Seto-Binnenmeer, sie liegt knapp einen halben Kilometer vor der japanischen Küste, praktisch direkt gegenüber der Präfektur-Hauptstadt Okayama auf dem Festland, wo die Kinder von Takashima zur Schule und die Erwachsenen auf den Markt gehen, an Treffen der örtlichen Fischer-Kooperative teilnehmen usw. Abgesehen von solchen Kontakten nach Okayama haben die meisten Bewohnerinnen und Bewohner von Takashima wenig mit Gemeinden außerhalb zu tun, da ihre Aufmerksamkeit sich vornehmlich auf das eigene wirtschaftliche Überleben richtet. Obwohl fast alle Männer der Insel Fischer sind, haben die meisten Haushalte kleine Grundstücke, die von den Frauen intensiv bewirtschaftet werden. Landwirtschaftlich nutzbarer Boden ist jedoch sehr knapp auf Takashima, und da er niemals zum Verkauf angeboten wird, kommt man dazu nur durch Vererbung. Trotzdem ernährt sich der typische Haushalt der Insel bis auf gekauften Reis vor allem von dem, was die Mitglieder des Haushalts besorgen können. Durch den Verkauf von Fisch nehmen sie aber auch an der Geldwirtschaft teil, und die Geldmenge, über die ein Haushalt verfügt, ist ausschlaggebend für sein Sozialprestige.

Die Grundeinheit der Gesellschaft auf Takashima ist der Haushalt, der gewöhnlich mindestens drei, meist vier Generationen einschließt. Kindererziehung, wirtschaftliche Angelegenheiten, Unterhaltung und religiöse Traditionen drehen sich alle um diesen Haushalt. Wie kommen dessen Mitglieder miteinander zurecht? Norbeck behauptet, zwar gäbe es ein starkes Gefühl der Verbundenheit zwischen den meisten Paaren, dennoch werde Streit – wenn auch schambesetzt – als normaler Teil des Familienlebens angesehen: »Im üblichen Verlauf eines solchen Streits gibt die Frau am Ende nach, doch nicht, bevor sie nicht das gesagt hat, was sie zu sagen hatte.«[40] In einer so isolierten Gemeinde wie Takashima geschieht kaum etwas, das nicht sofort die Runde macht. Nicht nur, dass die häuslichen Umstände aller ein offenes Buch sind, auch »die Gewohnheiten, Reaktionen, Fähigkeiten und Mängel jeder Person sind allen anderen wohlbekannt«.[41]

Da die Bewohnerinnen und Bewohner Takashimas unvermeidlich in ständigem Kontakt miteinander stehen, überrascht es nicht, dass diejenige Person als ideal angesehen wird, mit der alle Beziehungen geschmeidig sind. Zwar sollte diese Person nicht bis zur völligen Selbstaufgabe zugänglich sein, andererseits aber auch nicht »drängend«.

> [Der ideale Mensch] scheint niemals anderen zu widersprechen oder offen abweichende Meinungen zu äußern. Er passt sein Handeln dem Status derer an, mit denen er Umgang hat; Ältere sind zu respektieren und alle Stufen von Alter und Geschlechterunterschieden und die dazugehörigen Verhaltensmuster werden berücksichtigt. ... Gänzlich neue, vorher unbekannte Aktionen oder Transaktionen machen die meisten Menschen ratlos und werden möglichst vermieden.

Dennoch gibt es Reibungen, und Situationen, die in Uneinigkeit münden könnten, werden zu vermeiden versucht. Ist eine Vermeidung unmöglich (was nicht selten der Fall ist), verlässt man sich auf die Selbstkontrolle, um Ruhe und Frieden in der Gemeinschaft zu bewahren. Und das funktioniert, denn »bis auf die anfängliche Situation, in der Gemüter und Stimmen sich kurz erheben können, werden Ablehnung und Ärger gegenüber Personen außerhalb des eigenen Haushalts nicht zum Ausdruck gebracht«.[42]

So viel also zum Ausdruck – oder besser: zur Unterdrückung – von Aggression auf Takashima. Auf dem Gebiet der Sexualität werden die Dinge ebenfalls »unter der Decke« gehalten.

> Die Regeln sexueller Moral sind für Frauen sehr streng und ein uneheliches Kind ist ein Unheil, das dem gesamten Haushalt Schande bringt und das arme Mädchen nahezu ruiniert. Die meisten Männer fordern eine jungfräuliche Braut und in dem seltenen Fall, in dem ein Mann dies als weniger wichtig erachtet, fordern es seine Eltern. Auch das eigenwilligste Mädchen weiß genau Bescheid über die herausragende Bedeutung von Keuschheit und dass auch nur ein Ausrutscher, wenn er bekannt wird, sicher einer standesgemäßen Ehe im Weg stehen wird.

Wie bei der Aggression verhält es sich auch bei sexuellen Dingen: Die Erwartungshaltung bestimmt die Realität. Norbeck schreibt: »Eine junge Frau auf Takashima ist heute praktisch ausnahmslos Jungfrau zum Zeitpunkt ihrer Hochzeit.«[43] Des Weiteren hat es in den letzten 20 Jahren nicht ein einziges uneheliches Kind im *buraku* Takashima gegeben und im gleichen Zeitraum gab es auch nur einen einzigen Verdachtsfall von Ehebruch. Diese puritanische Orientierung beschränkt sich nicht nur auf die Sexualität, auch offene Obszönität wird als *yaban* (unzivilisiert) angesehen. Sogar eine nüchterne Diskussion sexueller Dinge wird als *hazukashī toro* (»eine Gelegenheit zum Schämen«) angesehen und das Thema gewöhnlich vermieden. Sogar die Sitte romantischer Treffen, die den Bewohnerinnen und Bewohnern Takashimas wohlbekannt ist, wird als »zu direkt und verwegen« betrachtet, und westliche Tänze, in denen sich manche versuchen, werden als »ein bisschen zu neu und direkt für unseren *buraku*« angesehen.

So weit also zu den Restriktionen des täglichen Lebens auf Takashima. Auch diese Inselgemeinschaft scheint daher ein Idealbeispiel für eine Gesellschaft zu sein, in der die angebliche Fähigkeit des Alkohols zur Enthemmung wahre Flutwellen hervorrufen müsste. Werfen wir einen Blick auf das, was tatsächlich geschieht. Norbeck beschreibt einen gewöhnlichen Trinkanlass wie folgt:

> Feiern, und besonders Hochzeitsfeiern, sind die vergnüglichsten sozialen Anlässe des Lebens, auch in schwierigen Zeiten werden große Anstrengungen unternommen, damit Essen und Alkoholika in reichlicher Menge vorhanden sind. … Wenn die Mägen vom Büfett gut gefüllt sind und der Schnaps begonnen hat, Wirkung zu zeigen, wird das Zusammensein hochgradig informell. … Eine typische Form der Geselligkeit ist es beispielsweise, alle zum Singen eines Liedes aufzufordern. Anfangs gibt es ein Zögern, bis ein ungewöhnlich kühner Mensch ein Lied gesungen hat. Von da an gibt es keine Schwierigkeiten mehr und auch die unvollkommensten Sänger sind dabei. Nach jeder Runde gibt es Beifall, und während die Partylaune steigt, steht jemand auf und tanzt zu seinem eigenen Gesang oder dem eines anderen. Die Feier hat jetzt

ihren Höhepunkt erreicht und verschiedene Tänzer und Tänzerinnen treten gleichzeitig auf. Männer, die normalerweise Körperkontakt vermeiden, werfen ihre Arme liebevoll umeinander in einem Überschwang der Freundlichkeit.[44]

Solche Feierlichkeiten beginnen vor Sonnenuntergang und gehen bis Mitternacht oder später. Dass die Teilnehmenden tatsächlich ziemlich betrunken sind, wird durch Norbecks Beobachtung unterstrichen, dass betrunkene Gäste, die aufs Festland zurückmüssen, »vorsichtig von ihren Frauen und den noch etwas klareren Männern [gestützt werden], damit sie nicht von den kleinen Booten fallen und bei der Überfahrt aus Shionasu ertrinken«.

Oder schauen wir auf Norbecks Beschreibung des »Krach-Bumm-Trinkens« *(slambang drunk)*, das während des Herbstfestivals stattfindet:

Es ist die eine Gelegenheit des Jahres, bei der junge, unverheiratete Männer ab 16 sich kritiklos völlig betrinken können. ...

Viele der Jugendlichen sind bereits betrunken, wenn der *sendairoku* (ein tragbarer Schrein) aufgestellt wird, obwohl traditionell erst später ernsthaft getrunken wird. Üblicherweise wird der Schrein für einen Zeitraum von ungefähr einer Stunde schwankend und taumelnd vor und zurück entlang der Hauptwege um den Gemeindesaal herum getragen, während Kinder und Erwachsene zusehen. ... Danach versammeln sich die jungen Männer, von denen manche schon vom Trinken schwanken und stark schwitzen, in jemandes Haus, wo sie weitertrinken, bis aller *Sake* ausgetrunken ist.[45]

Obwohl heute mehr Teilnehmer als früher nüchtern bleiben, bieten das Herbstfestival und seine Nachwirkungen weiterhin einen Anlass für ungestümes Trinken. Die Teilnehmer werden jedoch nicht streitlustig, denn der Festivaltag ist festgelegt als ein Tag, an dem persönliche Feindseligkeiten vergessen sind.

Allerdings beschränkt sich das Trinken auf Takashima nicht allein auf solche förmlichen oder quasiförmlichen Gelegenheiten. Norbeck schreibt, dass beispielsweise im Nachklang einer Runde Glücksspiel – und Glücksspiel ist, wenn auch konjunkturabhängig, endemisch unter den Männern auf Takashima – Folgendes geschieht: Es »wird von den Gewinnern erwartet, großzügig mit ihrem leicht verdienten Geld umzugehen, und sie werden unverblümt von ihren Gegnern zum Spendieren aufgefordert, wenn sie nicht freigiebig sind beim Kauf von *Shōchū* (Branntwein) und *Sake*«.[46] Angesichts der Tatsache, dass »Geld das Hauptgesprächsthema für die meisten Männer ist und dass ihre Gedanken kontinuierlich um die Kosten materieller Dinge kreisen sowie um die Menge Geld, die andere (und reichere) Individuen besitzen«, könnte man erwarten, dass die daraus resultierende Trunkenheit besonders bitter ist. Das ist aber nicht der Fall, wie Norbeck in seiner folgenden Zusammenfassung der Wirkungen des Alkohols auf einen Trinker auf Takashima schildert:

> Die Reaktionen auf den Alkohol setzen gewöhnlich rasch ein. Bei vielen Personen ist dies zunächst eine Rötung des Gesichts; oft produzieren schon ein paar Tassen *Sake* oder *Shōchū* ein lebhaftes Leuchten. Dieses kurze und intensive Erröten wird als peinlich und hässlich angesehen, aber es ist auch die Quelle von Amüsement und freundlichen Witzeleien. Weiteres Trinken führt dann zu gut gelaunter Trunkenheit, Kameradschaftlichkeit, Lachen, Witzen und Tänzen, die als das unweigerliche Ergebnis, wenn nicht sogar als Ziel anhaltenden Trinkens angesehen werden.[47]

Zusammengefasst scheint Takashima – mit seinem Bestehen auf zwischenmenschlicher Harmonie und seinem rigoros durchgesetzten Puritanismus bezüglich aller sexuellen Angelegenheiten – ein weiteres Idealbeispiel für eine Gesellschaft zu sein, die anfällig sein müsste für die toxischen Wirkungen des Alkohols. Aber nicht nur, dass der Alkohol keine Flutwellen von Aggression und Sexualität auslöst, er verursacht nicht mal ein Plätschern. Also kommt auch Takashima auf die Liste der Gesellschaften, in denen der Alkohol irgendwie seinen Stachel verloren hat.

Wenden wir uns nun einem fünften und letzten Beispiel einer Gesellschaft zu, wo trunkene »Enthemmung« passieren *sollte*, aber nicht geschieht. Diesmal untersuchen wir die Gemeinde Santiago Juxtlahuaca im Bundesstaat Oaxaca im Südwesten Mexikos, wie sie 1963 von den Anthropologen Kimball und Romaine Romney beschrieben wurde. Juxtlahuaca hatte zum Berichtszeitpunkt eine Bevölkerung von ungefähr 3600 Menschen, von denen 3000 ethnisch gemischt spanisch und indigen sind, Spanisch sprechen, in dem zentralen Städtchen leben und sich wenig von den sonstigen Bewohnerinnen und Bewohnern Hunderter Städte unterscheiden, die das ländliche Mexiko ausmachen. Unser Interesse gilt nicht diesen, sondern den übrigen Einwohnern – ungefähr 600 Mixteken, die als Landwirte im *barrio* Santo Domingo leben, einer »Nachbarschaft«, die vom Rest der Gemeinde durch eine tiefe Schlucht getrennt ist. Diese Indigenen (alle, die im *barrio* leben, sind Mixteken) sprechen Mixtekisch als erste und Spanisch, wenn überhaupt, als zweite Sprache, denn ihre Kultur fußt nicht auf der des ländlichen Mexiko, sondern auf ihrer indigenen Kultur, die es in der Gegend seit mindestens 2000 Jahren gibt.

Juxtlahuaca ist also eine geteilte Stadt. Während die meisten seiner Bewohnerinnen und Bewohner – die Spanisch sprechenden Städter – so leben und arbeiten wie die meisten ländlich lebenden Menschen in ganz Mexiko, hat die mixtekische Minderheitsbevölkerung eine eigene Sprache und Kultur innerhalb ihres recht abgelegenen *barrios* bewahrt. Doch sie sind nicht nur getrennt, sondern auch ungleich, denn die Stadtbevölkerung schaut auf die Mixteken herab und vermeidet jegliche Interaktion mit ihnen, soweit es geht. Die Romneys berichten, dass im Fall von Interaktion »eine Abwertung der Mixteken seitens der Städter und eine Ehrerbietung gegenüber den Städtern seitens der Mixteken das akzeptierte Verhaltensmuster zu sein scheinen«.[48] Auch geht es den Mixteken ökonomisch nicht besonders gut: Eine Industrie existiert nicht, Tierhaltung spielt nur eine geringe Rolle, das Land ist rar und das Preisniveau – sowohl das der Dinge, die die Indigenen kaufen, wie auch das der landwirtschaftlichen Produkte, die sie verkaufen müssen – wird von den Bewohnerinnen und Bewohnern der Stadt bestimmt. Kurzum, »es ist sehr schwierig, im *barrio* wirtschaftlich zurechtzukommen, und praktisch unmöglich, reich zu werden«.

In Anbetracht dessen verwundert es nicht, dass das Zentrum der Identifikation für die Mixteken vor allem das *barrio* selbst darstellt und sich »niemand besonders mit der Stadt Juxtlahuaca oder gar dem umgebenden Bundesstaat identifiziert«. Da sie aufgrund ihrer Erfahrung wenig Anlass dazu haben, richten sie ihre Anstrengungen auf die Wahrung ihres guten Rufs innerhalb des *barrios* aus. Welche Art von Verhalten ist damit verbunden? Die Romneys fassen den Charakter der mixtekischen Interaktion wie folgt zusammen:

> Was die Beziehungen zu anderen Menschen im *barrio* betrifft, so ist das indigene Verhaltensmuster anpassungsfähig und tolerant, während in der Stadt das spanische Verhaltensmuster bestimmend und herrisch ist. Ein Führungsstatus wird im *barrio* eher als eine Verpflichtung denn als etwas Erstrebenswertes angesehen. ... Neid und Konkurrenzdenken werden als Vergehen betrachtet. Ein Mixteke in einer Machtposition wird seinen Gefährten niemals Befehle geben. Er weist vielleicht auf eine übliche Vorgehensweise in einem Ritual hin oder macht praktische Handlungsvorschläge, aber im Sinne einer Wissensvermittlung, nicht, um die anderen durch persönliche Macht oder die Autorität der eigenen Stellung zu dominieren. ... Gruppenentscheidungen werden konsensuell getroffen und nicht als Mehrheitsentscheidung oder diktatorische Anweisungen. ... In einem Wort, Anpassung ohne Reibung ist das Ziel, und wenn sich das als unmöglich erweist, ist die Antwort eher Rückzug als Dominanz.[49]

Also legen die Mixteken großen Wert auf Ruhe; und trotz der vielen Gründe, die dagegensprächen, ist ihr Alltag tatsächlich bemerkenswert gelassen. Neben der drohenden Ächtung vom Gemeinschaftsleben im *barrio* nennen die Romneys zwei weitere Faktoren, die für die Beschaulichkeit des Alltagslebens sorgen. Erstens legen die Eltern bei der Erziehung die gesamte Kindheit über großen Wert auf die Kontrolle von Aggressionen. Zum Beispiel (und es gibt zahlreiche Beispiele) berichten die meisten Mütter, der einzige Grund, aus dem sie ihr Kind körperlich züchtigen würden, wäre, dieses daran zu hindern, zurückzuschlagen. Zweitens teilen die Mixteken tief verwurzelte Glaubensmuster bezüglich der kausalen Rolle von Eifersucht, Ärger und Aggression bei der Verursachung von Krankheiten, was als starke Abschreckung auch in Situationen wirkt, die solche Emotionen hervorrufen *könnten*. Das Ergebnis dieses Dreifachangriffs scheint hochgradig erfolgreich zu sein, denn auch wenn die indigenen Auskunftspersonen sich an aggressive Handlungen erinnern konnten, die sich in ihrer Lebenszeit zugetragen hatten, waren sich alle darin einig, dass solche Ereignisse extrem selten vorkamen. Die Romneys erlebten in ihrem Jahr im *barrio* weder selbst einen Vorfall von Aggression, noch hörten sie davon. Offensichtlich ist ein nüchterner Mixteke selten oder nie offen aggressiv. Aber was passiert, wenn der Alkohol die höheren Zentren eines mixtekischen Gehirns angreift? Erneut haben wir berechtigten Grund zu der Annahme, dass dann die Hölle losbricht. Doch obwohl diese Menschen wahrhaft ungeheuerliche Mengen von Alkohol trinken – oft bis zur Bewusstlosigkeit –, *geschieht nichts in der Art*. Während das betrunkene Betragen der spanischsprachigen Städterinnen und Städter einem Muster folgt, das gut zur Enthemmungstheorie passt (bei ihnen ist Gewalt unter Alkoholeinfluss gang und gäbe), und obwohl die Indigenen des *barrios* diese Veränderungen zum Schlechteren gut kennen, verneinen die Mixteken ganz explizit, dass Alkohol bei ihnen Aggressionen auslösen könnte. Und tatsächlich: Obwohl die Romneys zahlreiche Anlässe miterlebten, bei denen sich die Mixteken in den Zustand grober Trunkenheit tranken, wurden sie sogar auf *fiestas*, auf denen »die Männer im Allgemeinen viel tranken, ... nie dabei beobachtet, wie sie laut oder aggressiv wurden«.[50]

Die Romneys verzeichnen einen Fall von mixtekischer Aggression während ihrer einjährigen Studie. Als sie nach der Ursache des Ausbruchs fragten, erklärte man ihnen, dass Pedro zwar zu dem Zeitpunkt betrunken gewesen sei, er aber auch »früher zum Arbeiten in die Stadt gegangen war und sich dort das Rauchen von Marihuana angewöhnt hatte. ... [Vor dem Ausbruch] hatte er Marihuana geraucht; und es war die Meinung der Mixteken, dass nur die Kombination von Marihuana und Trinken zu solch aggressivem Verhalten führen kann«.[51] Die Romneys berichten auch von einem zweiten Fall – dem eines erwachsenen Mixteken, dessen Trinkverhalten und Aggressivität unter Alkoholeinfluss denen der Städter entsprachen. Aber diese Person war in entscheidenden Aspekten anders. Seine Frau war Mexikanerin, keine Mixtekin, er war der einzige erwachsene Mann im *barrio*, der sein Einkommen nicht durch landwirtschaftliche Arbeit verdiente (er arbeitete als Sekretär im Büro des Bürgermeisters als einer von nur drei Erwachsenen aus dem *barrio*, die als lese- und schreibkundig galten), und nahm an keiner der Zeremonien im *barrio* teil, da er sich vor allem mit den Städtern identifizierte. Ob nüchtern oder betrunken, er war sowohl in seinen Ansichten wie auch in seinem Verhalten sehr unmixtekisch. So viel also zur Trunkenheit in Juxtlahuaca.

Wir haben nun fünf Gesellschaften gezeigt – die Camba, die Gesellschaften in Aritama, Ifalik, Takashima und die Mixteken im *barrio* –, bei denen die »enthemmenden« Wirkungen des Alkohols nirgends zu sehen sind. Auch in Phasen extremer Betrunkenheit *bleiben* die normalen Hemmungen in Kraft. Betrunkene Personen in diesen Gesellschaften (und in ähnlichen, die wir stattdessen hätten auswählen können) mögen stolpern, verwaschen sprechen und bewusstlos werden – ohne dass damit »Veränderungen zum Schlechten« einhergehen würden. Alkohol *kann* (und wird) in vielen Gesellschaften in großen Mengen getrunken werden, ohne erkennbare Veränderungen im Betragen hervorzurufen, abgesehen von der zunehmenden Beeinträchtigung bestimmter sensomotorischer Fertigkeiten. Tatsächlich sind eine größere Redseligkeit und Geselligkeit die einzige signifikante Veränderung des Betragens, die von diesen Gesellschaften berichtet wird. Aber es ist schwer, selbst dies auf die direkte Alkoholeinwirkung zurückzuführen, da diese Veränderungen oft schon recht früh im Trinkprozess auftreten – sie beginnen also oft, bevor eine nennenswerte Alkoholwirkung eingesetzt haben kann.

Die Existenz solcher Gesellschaften wirft ein bezeichnendes Licht auf die weithin akzeptierte Annahme, Alkohol sei eine Substanz, die die normalerweise funktionierende Steuerung der Menschen so beeinträchtige, dass diese zu reinen Opfern ihrer Triebe werden und unweigerlich Dinge tun, die sie unter normalen Bedingungen nicht tun würden. Kurzum: Wäre Alkohol aufgrund seiner toxischen Eigenschaften gewissermaßen ein lösendes Mittel für das Über-Ich einer Gruppe von Menschen, dann *sollte* derselbe enthemmende Effekt bei *allen* Menschen auftreten. Tatsächlich ist es aber *nicht* so. Dies ist der erste Widerspruch, mit dem wir unsere herkömmliche Auffassung konfrontieren wollen.

3

»Ich sehe was, was du nicht siehst.« Der Einfluss von Zeit und Umständen auf betrunkenes Betragen

In einem kargen Landstrich der unteren Sonora-Wüste – teils im Süden des US-Bundesstaats Arizona und teils im Norden des mexikanischen Bundesstaats Sonora – leben die *Tohono O'Odham* (»Volk der Wüste«). Sie bewohnen eine unwirtliche, für Ackerbau und Viehzucht wenig geeignete Region bar jeder ökonomischen Ressource und waren in ihrer ganzen Geschichte immer ungeschützt gegenüber den Angriffen von Apachen, sodass sich ihre Kontakte mit Vertretern und Institutionen der zivilisierten Welt bis vor Kurzem* auf eine bemerkenswert geringe Anzahl beschränkten. Da ihre Ländereien außerdem praktisch nichts enthalten, das für andere erstrebenswert wäre, waren die Kontakte, die es gab, bemerkenswert konfliktfrei. Als beispielsweise die amerikanische Kavallerie dort einritt, wie sie es in jeder Gegend des Südwestens irgendwann zu tun pflegte, geschah das nicht, um die Tohono O'Odham zu unterdrücken, sondern deren traditionelle Widersacher, die Apachen; und so wurde das »Volk der Wüste« zu emsigen Unterstützern der Kavallerie.

Historisch gesehen lebten die Tohono O'Odham von

* D. h. bis in die 1960er-Jahre.

der Landwirtschaft. Aber Landwirtschaft zu betreiben in einem Wüstengebiet, das sich eines jährlichen Regenfalls von ungefähr 120 Litern pro Quadratkilometer rühmt, bedeutet, in einem Maß von den Launen des Regens abhängig zu sein, das wir uns kaum vorstellen können. Angesichts ihrer Abhängigkeit vom Regen blieben sie jedoch nicht abwartend-passiv. Einmal jährlich praktizierten sie ein Ritual, das sie für hilfreich zum *Machen* von Regen hielten; und vieles von dem, was ihre traditionelle Lebensweises so interessant macht, steht in Verbindung mit dieser jährlichen Unternehmung. Den Grund dafür erklärt einer ihrer wichtigeren Mythen. Es scheint, dass eines Tages der Älteste Bruder, ihre Gottheit, die Trockenheit des Bodens bemerkte und sich entschied, etwas dagegen zu unternehmen. Er ließ Tropfen seines Schweißes auf die Erde fallen und umschritt die Stelle feierlich vier Tage lang, bis ein Saguaro-Kaktus, aus dem Boden gesprossen, zu voller Größe herangewachsen war und sogar Früchte trug. Der Älteste Bruder nahm diese Frucht, mischte ihren Saft mit Wasser und sagte: »Lasst mich sehen, ob wir damit nicht Regen machen können, um den Boden zu erfrischen.« Dadurch (so der Mythos weiter) wurde aus der Mixtur Wein und es begann zu regnen. So sollen die Tohono O'Odham gelernt haben, aus den Früchten des Saguaro-Kaktus Wein zu machen, und so lernten sie, dass sie durch das Trinken dieses Weins in einer religiösen Zeremonie die Kraft erhielten, um »die Wolken herunterzuziehen« und auf diese Weise ihr Überleben für ein weiteres Jahr zu sichern.

Und so wurde es zum Brauch, dass die Tohono O'Odham zu der Zeit, wenn die feigenähnliche Saguaro-Frucht reif war (was praktischerweise am Ende der Trockenzeit der Fall ist), aus ihren Dörfern gingen und diese Früchte in großer Menge ernteten, einen Teil für die Allgemeinheit und einen Teil für ihre privaten Vorräte. Wenn ausreichend Früchte geerntet waren, wurde der Wein gemacht – der zeremonielle Wein in einer großen Menge und der Rest in zahlreichen kleineren Familienchargen.

Da die Tohono O'Odham nur eine lose Konföderation von abgelegenen Dörfern sind, über die Weite ihrer kargen Wüstenheimat verstreut, unterschieden sich die formalen Besonderheiten ihrer Trinkzeremonie von einem Dorf zum anderen. Die Anthropologin Ruth Underhill gibt (1938) die folgende Beschreibung einer Version der Zeremonie: Wenn der Wein trinkfertig war, versammelten sich die Menschen in einem großen Kreis um das heilige Regenhaus. Heraus traten vier Schenke, jeder mit einem weingefüllten Korbgefäß*. Diese Gefäße wurden vier Medizinleuten gebracht, die jeweils an einem von vier, wie auf einem Kompass liegenden Punkten saßen. Die Medizinleute reinigten den Wein auf rituelle Weise, indem sie das Korbgefäß mit ihren Händen rieben. Danach wurde eine Ermahnungsrede gehalten, in der Werte wie Friedfertigkeit und Harmonie betont wurden. Danach wurden die Korbgefäße entgegen dem Uhrzeigersinn herumgereicht, wobei ein Schenk jedem Teilnehmenden eine Portion einschenkte und dabei sprach: »Trink, Freund. Werde schön betrunken.« Der Empfänger trank und sang dann von der Herrlichkeit des Taumels, den Wolken und vom kommenden Regen. Und so setzte sich die Zeremonie fort, bei der ein jeder sich pflichtgemäß betrank, bis er oder sie nicht mehr trinken konnte, so, »wie auch die regennasse

* Für diese speziellen Gefäße werden Weide und Teufelskralle über Grasbüschel geflochten.

Erde gesättigt ist«. Die Korbgefäße wurden wieder und wieder aus dem allgemeinen Vorrat aufgefüllt; als dieser endlich aufgebraucht war, endete die formelle Zeremonie. An diesem Zeitpunkt zogen sich die Teilnehmenden in ihre Häuser zurück, wo sie die ganze Nacht über von ihrem privaten Vorrat tranken.[52]

Dass die Tohono O'Odham bei solchen Zeremonien tatsächlich betrunken waren – oft »zum Hinfallen betrunken« –, wird von allen Beobachtern bestätigt. Edward Davis beschreibt eine andere Version der Weinzeremonie im Dorf Quitovaquita im Sommer 1920 wie folgt: »Einige der jungen Männer, die noch laufen konnten, gingen zu jedem Haus und berührten jeden dort mit einem Stab aus Saguaro-Holz – eine Aufforderung, zum Kaktuswein-Haus zu gehen und sich zu betrinken. Diese Aufforderung durfte nicht ignoriert werden. ... Oftmals übergaben sich die Männer und tranken dann weiter, dies passierte mehrmals in einer Nacht. Alle tranken, Männer und Jungen*, bis niemand mehr im Dorf nüchtern war.«[53] Underhill berichtet ganz Ähnliches. Im Bericht über ihre Erfahrungen bei den Wein-Zeremonien in den frühen 1930er-Jahren schreibt sie: »Die jungen Gecken färbten ihre Fußsohlen rot ein, damit man, wenn sie im Rausch umfielen, die schöne Farbe sehen könnte.«[54]

Wie aber verhält es sich mit dem Betragen der Tohono O'Odham während dieses traditionellen Festes? Carl Lumholtz, der an einer solchen Zeremonie 1909 oder 1910 teilgenommen hatte, berichtet, ihm sei zwar erzählt worden, dass in früheren Zeiten bei der Zeremonie langjäh-

* Anscheinend waren es doch nicht »alle«, sondern nur die männlichen Bevölkerungsteile.

rige Streitigkeiten beigelegt worden seien; dies sei aber nicht mehr der Fall, und es sei »ein gut gelaunter Haufen« von Trinkern gewesen, den er beobachtet habe.[55] Davis bestätigt den friedlichen Charakter der Teilnehmer und sagt rundheraus, dass er während der Weinzeremonie »weder Streit noch Rauferei« beobachten konnte.[56] Und Underhill fasst ihre Beobachtungen einiger solcher Zeremonien so zusammen: »Ich habe sie oft gesehen und nie beobachtet, dass die Trunkenheit je zu etwas Gewaltsamerem als einem Lied geführt hat.«[57]

Andererseits bemerkt Underhill, dass die Tohono O'Odham auch unter normalen Umständen ein großes Maß an sexueller Freiheit hatten. Und während der Weinzeremonie seien »Männer und Frauen freigesprochen von ehelichen Bindungen und die leichten und ›verspielten‹ Frauen wurden gefeiert«. Aber eine solche Freistellung habe es auch während des Skalp-Tanzes und beim Pubertäts-Tanz der Mädchen gegeben, bei denen Alkohol überhaupt keine Rolle spielte.[58]

Es steht völlig im Einklang mit der vermeintlichen Funktion des Trinkens der traditionellen Kultur der Tohono O'Odham, dass die »Worte, die ›betrunken‹ und ›schwindlig‹ bedeuten, in ihrer Sprache heilig und poetisch sind, denn die Trance der Trunkenheit sei der Trance der Vision ähnlich«.[59] So viel zu *traditioneller* Betrunkenheit dort. Aus den voneinander unabhängigen Berichten von Lumholtz, Davis und Underhill wird deutlich, dass die Tohono O'Odham in ihrem traditionellen Kontext ähnlich wie die Mitglieder der Gesellschaften, die wir im vorhergehenden Kapitel untersucht haben, »wirklich viel Alkohol vertragen«.

Aber es gibt Fusel und es gibt Fusel. So stellte ein älterer

Mann der Tohono O'Odham in einem Gespräch über den Kaktuswein fest: »Wir haben guten Alkohol. Unserer lässt Sie nicht streiten und unglückliche Gedanken denken. Er bringt Sie nur zum Singen.« Nicht so das Gebräu des weißen Mannes. Derselbe Auskunftsgeber erinnert sich wie folgt an dessen Einführung:

> Es gab weiße Männer hier und dort auf unserem Land ... wie es sie nie gegeben hatte. Also lernten unsere Männer, diesen Whiskey zu trinken. Das war keine Sache, die du nur einmal im Jahr trinken darfst wie unseren Kaktuswein. Du kannst ihn jederzeit trinken, ohne Singen oder Reden, und er bringt keinen Regen. Die Männer wurden verrückt, wenn sie diesen Whiskey tranken.[60]

Viele Jahre existierten diese »zwei Arten des Trinkens« nebeneinander, während die amerikanische Bundesregierung erfolglos versuchte, beide zu verbieten. Aber in ihrem zeremoniellen Brauchtum waren die Tohono O'Odham passiv ungehorsam: Wenn der Druck zum Unterlassen der Weinzeremonie auf eine Gemeinde zu hoch wurde, besuchten die Bewohnerinnen und Bewohner einfach die in einem anderen Dorf. »Verstehen die Weißen nicht, dass wir kein Wasser außer dem haben, was vom Himmel kommt? Wir haben kein Essen in Büchsen, also brauchen wir Mais, um unsere Kinder zu ernähren. Wir haben keine Automobile, also brauchen wir Heu für unsere Pferde. Warum sagen sie dann, wir sollen keinen Kaktuswein trinken?«[61] Alle Bemühungen, die Weinzeremonie zu verbieten, waren so erfolglos wie unbeholfen und so wurden, um es kurz zu machen, alle dahingehenden Versuche der Regierung 1933 endgültig beendet.

Aber im selben Jahr wurde das *Civilian Conservation Corps* gegründet,[62] was erstmals junge Männer der Tonoho O'Odham in Lohnarbeitsverhältnisse brachte – eine Entwicklung, die die Dorfvorsteher mit der Begründung ablehnten, mit Geld in der Tasche würden die Jungen ihre Bindung an die alten Bräuche verlieren und »elterliche Autorität missachten, zu trinken anfangen und in Schwierigkeiten geraten«.[63] Und genau so kam es. Joseph, Spicer und Chesky, die über die Situation in den Gebieten der Tonoho O'Odham in der Mitte der 1940er-Jahre berichten, bemerken unter anderem, dass »viel von der alten Religion verschwunden ist. In den meisten Teilen des Gebiets sagen die Leute, dass die alten Männer, die die althergebrachten Zeremonien noch kannten, langsam wegsterben, und niemand sonst gelernt hat, wie man sie durchführt ...«[64] Gleichzeitig nahm die säkulare Trunkenheit enorm zu. Einige Hinweise auf daraus resultierende Veränderungen im bis dahin friedlichen betrunkenen Betragen der Tohono O'Odham finden sich in der folgenden Zusammenfassung der Reaktionen von Ehefrauen auf säkulares Trinken:

> Den Frauen macht das Trinken selbst nichts aus; was sie beunruhigt, ist, dass es im falschen Geist getan wird. Trinken sollte Glück und Gesang hervorbringen wie bei den Weinzeremonien, nicht Grausamkeiten und Kämpfe. Die Frauen sagen, dass sie manchmal mit ihren Ehemännern sprechen, aber die »hören nicht auf sie«. Andere verlassen einfach das gemeinsame Zuhause, bis die Ehemänner wieder nüchtern sind.

In früheren Zeiten hatten sich alle und vielleicht am meisten die Kinder auf die Weinzeremonie gefreut: »Alle sangen. Wir fühlten uns, als ob eine wunderschönes Sache ihren Anfang nähme. Denn der Regen würde kommen und das Tanzen und die Lieder.«[65] Mitte der 1940er-Jahre war es nicht mehr so:

Während der Fiesta lernen die kleinen Kinder neue Gefahren kennen. Sie finden heraus, dass sich Männer, vielleicht ihre eigenen Väter und Onkel, manchmal komisch verhalten. Ihre weiblichen Verwandten ziehen sie da heraus und flüstern ihnen im gleichen Tonfall »Betrunken!« zu, in dem sie auch vor Geistern warnen. Sie lernen wegzulaufen, wenn die Betrunkenen in ihre Richtung taumeln, und sie vollständig zu ignorieren, wenn sie aufdringlich werden; manchmal erleben sie Schlägereien oder andere Gewalt mit. Spätestens im Alter von fünf Jahren haben sie eine starke Angst vor Betrunkenheit entwickelt, aber betrachten sie als etwas, das bei einer Fiesta zu erwarten ist.[66]

In den 1950er-Jahren wurde der Verkauf von Alkohol an die indigene Bevölkerung endlich legalisiert – mit dem vollkommen vorhersehbaren Ergebnis, dass der Alkoholkonsum bei den Tohono O'Odham stark zunahm und dass »viele Männer und auch Frauen jetzt richtiggehende ›Säufer und Penner‹ sind«.[67] Bei den Tohono O'Odham scheinen wir auf ein Beispiel für eine historische Veränderung sowohl der Bedeutung der Trunkenheit wie auch des sie begleitenden Betragens gestoßen zu sein. Plötzlich wurden sie in den Augen der kolonialen Beobachter, wie so viele indigene Gesellschaften vor ihnen, zu »noch einem Haufen betrunkener Indianer«, bei denen die üblichen »Veränderungen zum Schlechten« beschrieben wurden. Darüber haben wir in Kapitel 6 noch etwas mehr zu sagen.

Auf den Gesellschaftsinseln finden wir ein zweites Beispiel für eine Kultur, in der das betrunkene Betragen im Laufe der Geschichte einem bemerkenswerten Wandel unterlag. Als Captain Samuel Wallis, Kommandant der *H.M.S. Dolphin,* erstmals im Juni 1767 Tahiti (die größte und bevölkerungsreichste Insel des Archipels) sah, machte ihn das zum ersten Europäer, der diese sagenumwobene Insel der Liebe und der Schönheit erblickte.[68] Bald schon sollte ganz Europa von diesem tropischen Paradies lesen, wo jede Landschaft schön war und wo die Frauen angeblich ebenso liebreizend wie erpicht darauf waren, den europäischen Besuchern jeden erdenklichen Gefallen zu erweisen. Als Graf Louis de Bougainville, unabhängig davon, nicht einmal ein Jahr später zufällig nach Tahiti kam, »bestätigte« sein Bericht, dass der *edle Wilde* tatsächlich existierte; und die westliche Vorstellungswelt sollte danach nie wieder dieselbe sein. Für Rousseau und alle nachfolgenden Romantiker würde das Echo der berühmten Worte von Bougainville nie verklingen: »Es schien mir der Garten Eden zu sein.«

Mit der Ankunft von mehr und mehr europäischen Schiffen in Tahiti begann sich jedoch das Leben auf dem Archipel zu verändern. Zwar litt Tahiti weniger unter den aufdringlichen Belohnungen der »Zivilisation« als andere pazifische Inseln, aber dennoch war die Ankunft der Europäer ein alles andere als ungetrübter Segen. Unter den vielen »Geschenken« dieser europäischen Eindringlinge waren Neuerungen von zweifelhaftem Vorteil wie Musketen, Flöhe, Geschlechtskrankheiten und Alkohol. Wir wollen nun die Reaktion Tahitis auf diese letzte Gabe betrachten. Genauer, wir wollen versuchen zu dokumentieren, dass das Betragen der Tahitianer unter Alkoholeinfluss im Laufe der Jahre alles andere als einheitlich war.

Vor dem Besuch von Captain Wallis gab es auf Tahiti, wie auf anderen polynesischen Inseln, keinen Alkohol. Die Menschen dort tranken, wie andere Polynesier, *Kava*, ein Aufgussgetränk aus den Wurzeln des Kava-Kava-Strauchs *(piper methysticum)*. Obwohl Kava im Großen und Ganzen von den Ältesten und Priestern monopolisiert wurde, war es allgemein gefragt und wurde von jedem* getrunken, der es sich beschaffen konnte. Die Wirkungen von Kava sollten sehr angenehm sein – die Trinkenden wurden angenehm entspannt und duselig, und wenn sie einschliefen, wie sie es normalerweise nach einem tüchtigen Gelage taten, hatten sie angenehme Träume. Niemand – weder die Indigenen noch die Europäer, die, nachdem sie das Kavatrinken gesehen hatten, es selbst probieren wollten – hielt es für mehr als ein mildes Beruhigungsmittel. Mit Sicherheit galt es nie als »Enthemmer«.[69] Im Gegensatz dazu wurde Alkohol vom ersten Moment seiner Einführung an so gesehen.

Die Besatzungen europäischer Segelschiffe des späten 19. Jahrhunderts waren alles andere als Vorbilder in puncto Mäßigung. Solche Schiffe führten riesige Mengen Alkohol mit sich, doch egal, wie viel sie mitführten, auch der letzte Tropfen schien verlässlich konsumiert worden zu sein, wenn sie wieder in den Hafen zurückkehrten. Die *Dolphin* hatte beispielsweise Rum, Brandy, Bier und Wein an Bord; zu dieser Zeit war die offizielle Alkoholration auf Schiffen der *Royal Navy* eine Gallone (also ungefähr 4,5 Liter) Bier pro Mann und Tag. Als die *Dolphin* Tahiti erreichte, waren die Alkoholvorräte noch gut gefüllt, und während ihres Aufenthalts erhielten Matrosen und Offiziere weiterhin ihre täglichen Alkoholrationen. Aus Berichten über Wallis' Aufenthalt auf Tahiti geht klar hervor, dass die Inselbewohnerinnen und -bewohner reichlich Gelegenheit hatten, die Wirkungen des Alkohols auf mehr als nur einen britischen Seemann zu beobach-

* Im Original: »*every man*«. Ob hier Männer *und* Frauen oder nur die Männer gemeint sind, bleibt unklar.

ten. Außerdem – wie es oft der Fall war, wenn die frühen sogenannten Entdecker auf die indigene Bevölkerung fremder Länder trafen – boten die britischen Offiziere einigen der einflussreicheren Vertreter der Indigenen auch Alkohol an. Einer von Wallis' Offizieren, George Robertson, beschreibt ein solches Ereignis bei einem Dinner, zu dem der oberste Prediger von Tahiti, ein gewisser Tupaia, eingeladen war. Auf dem immens reich gedeckten Tisch befand sich eine Vielzahl von Alkoholika, wie Bordeaux, Madeira, Port, Rum, Brandy, Grog und Londoner Porter, von denen alle etwas abbekamen. Doch während die Briten ihre üblichen großen Mengen tranken, kostete Tupaia nur den Wein und den Grog, entschied, dass er beide nicht mochte, und blieb beim Wasser.[70]

Dass es sich dabei nicht um eine einzigartige Reaktion handelte, beweist die Tatsache, dass bei späteren Besuchen von Schiffen auf Tahiti die Einwohnerinnen und Einwohner der Insel weiterhin eine entschiedene Abneigung gegen Alkohol zeigten. Bougainville erwähnt Alkohol in seiner Chronik nicht, aber der dritte Europäer, der Tahiti erreichte, Kapitän James Cook, hatte Sir Joseph Banks dabei und der beschrieb eine äußerst wichtige Entwicklung. Cooks Expedition kam 1769 in Tahiti an, zwei Jahre nach Wallis' Entdeckung, und wieder wurde Tupaia, diesmal in Begleitung von anderen Priestern und Ältesten, an Bord eingeladen. Anlass war diesmal der königliche Geburtstag Georgs III. und die Tahitianer wurden als Zeichen ihrer Loyalität und Zuneigung zur Krone aufgefordert, auf die Gesundheit des Königs zu trinken. In kurzer Zeit waren alle Feiernden, Tahitianer wie Engländer, sternhagelvoll. Obwohl Banks nicht das daraus resultierende Betragen beschreibt, macht er doch deutlich, dass die anwesenden

Tahitianer diese Erfahrung nicht wertschätzten und keine Wiederholung wünschten. Banks fasst die allgemeine Reaktion der Tahitianer auf Alkohol während seines Aufenthaltes auf der Insel wie folgt zusammen:

> Einige gab es da, die recht freizügig von unseren Spirituosen tranken und einige Male sehr betrunken wurden, doch sie schienen alles andere als angetan von ihrem Rausch zu sein, die Personen vermieden eine Wiederholung, anstatt sie gierig herbeizusehnen, wie dies angeblich die meisten Indianer tun.[71]

Weitere drei Jahre später, 1772, kamen die ersten spanischen Entdecker unter Kapitän Don Domingo de Boenechea auf Tahiti an und auch sie boten den Indigenen alkoholische Getränke an. Wieder tranken die Tahitianer wenig oder lehnten es ganz ab. Bruder Joseph Amich, der Boenechea begleitete, notierte, dass die Tahitianer zwar ihr lokales Kava mochten, »der Wein an Bord der Fregatte sie jedoch nicht ansprach«.[72]

Obwohl uns keine ununterbrochene Chronik der folgenden Jahre vorliegt, deuten spanische Quellen darauf hin, dass diese Abneigung gegen Alkohol zumindest in den folgenden Jahren anhielt.[73] Aber sie hielt nicht sehr viel länger an, denn als Kapitän George Vancouver 1791 nach Tahiti kam, berichtete er, dass der damals regierende Älteste Pomare und seine Anhänger »abhängig von europäischen Alkoholika geworden waren«.[74] So schreibt Vancouver, dass Pomare einmal an Bord seines Schiffes *Discovery* kam, eine Flasche Brandy trank und »so gewalttätig wurde, dass es vier starke Männer brauchte, ihn festzuhalten«.[75]

Und als John Turnbull, ein englischer Abenteurer-Chronist, 1802 nach Tahiti kam, empfand er Vancouvers Beschreibungen als eher untertrieben. Turnbull schrieb, dass Pomare Alkoholika von jedem europäischen Schiff schnorrte, das auf Tahiti landete, und dass er so »abhängig vom Trinken solcher Spirituosen« war, dass er »einfach alles tun würde, um sie sich zu beschaffen«[76]. Turnbull beschrieb die Wirkungen dieser Getränke auf Pomare und seine Umgebung als »fürchterlich«: Die Männer würden wütend und gewalttätig und die Frauen dumm und kindisch. Er bemerkte auch, dass die Frauen, die normalerweise freundlich behandelt wurden, von ihren betrunkenen Ehemännern oft geschlagen wurden und dass die Mitglieder der tahitianischen Königsfamilie in der Regel »im Rausch unverschämt und brutal« wurden.

> Die Auswirkungen ihrer Trunkenheit waren wirklich schrecklich. Otoo, der junge König, wurde so rasend in seinen Trunkenheitsanfällen, dass ich überzeugt bin, er hätte seine Untertanen aus reiner Wildheit skrupellos getötet.

Es steht außer Frage, dass die Tahitianerinnen und Tahitianer zu Turnbulls Zeiten reichlich Gelegenheit gehabt hatten, zu sehen, was der Alkohol mit den Besatzungen der europäischen Handelsschiffe und Walfänger anrichtete, die Tahiti in immer größerer Zahl besuchten. James Morrison, ehemaliger Bootsmannsmaat auf der *Bounty*, berichtet von einem solchen europäischen »Vorbild« betrunkener Wohlanständigkeit. Als er mit einer Gruppe von Meuterern der *Bounty* nach Tahiti zurückkehrte – die andere Gruppe Meuterer fuhr weiter zu den Pitcairninseln, wo ihre trunkenen Ausschweifungen praktisch zum Aussterben der indigenen Bevölkerung führten[77] –, fand er einen bereits auf der Insel lebenden Europäer vor. Dieser Mann, ein englischer Matrose namens Brown, war von einem vorhergehenden Schiff verjagt worden, da er als hoffnungslos unbelehrbar angesehen worden war.

Morrison führte eine genaue Chronik über seinen Aufenthalt auf Tahiti und darin hielt er fest, dass nach seinem ersten Treffen mit Brown einer der lokalen Ältesten einen von dessen früherem Kapitän T. H. Cox unterzeichneten Brief hervorholte, der diesen Brown als »genial geschickten Mann, wenn nüchtern, aber gefährlichen Kerl, wenn betrunken« auswies.[78] Morrison berichtet weiterhin, dass seine Gruppe Meuterer mehrere Brennereien auf der Insel errichtete, so wie dies Brown sehr wahrscheinlich schon vorher getan hatte. Ebenso wie [später] Turnbull, auch wenn es zum Zeitpunkt seiner Ankunft bereits weit verbreitet war. Morrison berichtet weiter, dass einmal das Verlangen der Tahitianer nach Alkohol so dringend geworden war, dass einige Männer die noch grünen Weintrauben von den Reben rissen und in Erwartung eines sofortigen Rausches aßen. Als die Trauben diesen Effekt nicht hervorriefen, rissen die empörten Menschen alle Weintrauben von den Reben.

Auch wenn die ersten Missionare Tahiti bereits 1797 erreichten, intensivierten sie ihre Bemühungen in den ersten zwanzig Jahren nicht; erst in den 1830er-Jahren erlangten sie die Kontrolle über die Insel. In der Zeit vor dieser Machtstabilisierung scheint die tahitianische Trunkenheit ihre gewalttätigsten Seiten entfaltet zu haben. Als William Elllis, einer der gelehrteren unter den Missionaren, 1817 auf Tahiti eintraf, fasste er die Berichte seiner unmittelbaren Vorgänger wie folgt zusammen:

> Die Zügellosigkeit regierte zu jener Zeit in einem grauenvollen und beispiellosen Maße. ... [Die Indigenen] wiesen in diesem Sinne alle demoralisierenden und entwürdigenden Zeichen von Trunkenheit auf. ... Ganze Landstriche vereinigten sich wieder und wieder, um so etwas wie eine öffentliche Destille

> zu errichten. ... Wenn das Material vorhanden war, versammelten sich die Männer und Knaben der Gegend in einer Art notdürftigem Haus, das über der Destille errichtet war. ... Mit dieser Tätigkeit waren sie manchmal tagelang gemeinsam beschäftigt, sie tranken den Sprit, wie er aus der Destille kam, fielen in einen Zustand unbeschreiblichen Elends und praktizierten dabei die wildesten Grausamkeiten. ... Unter dem schrankenlosen Einfluss ihres berauschenden Gesöffs erinnerten sie in ihrem Tun eher an Dämonen denn an menschliche Wesen. Manchmal sieht man in einem verlassenen Destillenhaus die Fragmente des einfachen Kessels und anderer Utensilien einer Destille, wild zerstreut auf dem Boden; und dazwischen die toten und entstellten Körper derer, die mit Äxten oder Holzknüppeln in den Prügeleien ermordet wurden, die ihre Ausschweifungen beendet hatten.[79]

Der belgische Händler Jacques-Antoine Moerenhout beschreibt 1830 in seinem Bericht über die Hafenstadt Papeete die beklagenswerten Auswirkungen von Alkohol auf die Einwohnerinnen und Einwohner Tahitis, die, wie er sagt, »viel zu leicht der Trunkenheit zuneigen; das heißt, man sah überall nur Betrunkene, zu jeder Zeit, auf allen Seiten, Frauen und Männer«.[80] Und ein Missionar der *London Missionary Society* notiert über seinen Besuch auf den Inseln 1832, dass er »völlig erstaunt war, die alles beherrschenden Szenen der Trunkenheit zu erblicken«.[81]

Auch Frederick Bennett, Kapitän eines Walfängers, der 1834 in Tahiti anlegte, konnte nichts Besseres über die Tahitianer sagen, als dass »nichts als vollständige Trunkenheit sie zu befriedigen weiß«.[82] Er fügte hinzu, dass es ein gewöhnlicher Anblick war, »ausschweifende Inselbewohner [zu sehen], die im Rausch durch die Siedlung zogen ... und wie Dämonen schrien, bis sie, unfähig weiter voranzukommen, ihren letzten Funken Vernunft aufbrachten, um die nächstgelegene Hütte für ein animalisches Ausruhen aufzusuchen«. Und in seinen Berichten über die »Arbeit der ersten Missionare in der Südsee« klagt Thomas Mortimer, dass viele Seeleute, die die Insel zu jener Zeit besuchten, erfolgreich Schnaps gegen einheimische Waren handelten und dass man im Ergebnis »oft Trunkene besinnungslos am Strand liegen oder miteinander streiten und raufen sieht, bis Blut fließt«.[83]

Auch in den Folgejahren wurde die Gewalt von vielen europäischen Besuchern zur Sprache gebracht. Als beispielsweise Kapitän Sir Edward Belcher 1841 nach einem fast einjährigen Aufenthalt die Inseln verlassen wollte, drängte ihn die dortige Königin zu ihrem eigenen Schutz vor dem König zum Bleiben, der kürzlich in einem »Trunkenheitsanfall« versucht habe, sie »mit einem Stein zu töten«.[84]

Diese Berichte machen überdeutlich, dass in einer verhältnismäßig kurzen Periode die Abneigung der Tahitianer gegen das Trinken von Alkohol und den dadurch hervorgerufenen Zustand der Betrunkenheit hin zu einem bekannteren Bild verändert wurde – zu dem einer weiteren indigenen Bevölkerung mit einem unersättlichen Verlangen nach Alkohol. Wenn sie diesem Verlangen erlag, war die resultierende Trunkenheit begleitet von Veränderungen zum Schlechteren, ähnlich wie in so vielen anderen [sogenannten] »primitiven« Gesellschaften.

Aber heute ist es *anders*. Barnaby Conrad schreibt beispielsweise 1962 in seinem Bericht über Trinkgewohnheiten auf den Inseln, dass sich zwar viele Tahitianer am Wochenende betrinken, ihr Betragen dadurch aber bemerkenswert liebenswürdig wird.[85] Die heutige Lage [d.h. in den 1960er-Jahren] wurde ebenfalls vom Soziologen Edwin Lemert und dem Psychiater Robert Levy untersucht, die beide darin übereinstimmen, dass das betrunkene Betragen auf Tahiti im Wesentlichen gewaltfrei ist. Lemert bemerkt, dass betrunkene Aggressionen ungewöhnlich seien, und wenn sie vorkämen, wären es recht harmlose Angelegenheiten, »vor allem verbaler Art oder zufälliges Schubsen und Haue; Steine oder Waffen werden niemals verwendet«.[86] Levy verbrachte drei Jahre mit ethnografischer Forschung auf den Gesellschaftsinseln, die meiste Zeit davon in einer relativ isolierten Gemeinschaft auf der Insel Huahine, und bestätigt Lemerts Beobachtungen in allen wesentlichen Aspekten. Die Bewohnerinnen und Bewohner von Huahine trinken Bier, algerischen Rotwein und illegal gebrautes Orangenbier in erheblichen Mengen, manchmal über einen Zeitraum von mehreren Tagen. Über ihr betrunkenes Betragen berichtet Levy, dass »öffentliches aggressives Verhalten selten ist, auch in Gruppen von Menschen, die über zwei oder drei Tage getrunken haben«. Und weiter: »Da es schon unter normalen Umständen wenig Gewalt gab, schien es diese auch nicht unter den Bedingungen eines persönlichen Zusammenbruchs, einschließlich Trunkenheit, zu geben. Alkoholkonsum war weit verbreitet, vor allem bei den beiden jährlichen Festen. Aber mit Ausnahme einiger weniger Zwischenfälle waren die Menschen betrunken genauso friedfertig wie im nüchternen Zustand.«[87] Es kommt einem so vor, als könnte der derzeitige Stand der Dinge kaum schärfer mit den Beschreibungen aus dem 19. Jahrhundert kontrastieren, als tahitianische Trunkenheit stets von allen möglichen Formen der Gewalt begleitet war, denn heute gilt, wie es eine von

Levys Quellen formuliert: »Wenn du dich geärgert hast, trinkst du und der Ärger verschwindet. Du willst dich einfach nur amüsieren und dem keine Beachtung mehr schenken.«

Wir haben nun die Entwicklung der tahitianischen Reaktion auf Alkohol über drei aufeinanderfolgende Epochen hinweg verfolgt. In der ersten lehnten die Tahitianer Alkohol ab, indem sie ihn gänzlich verschmähten oder ihn nach einmaligem Konsum bei nachfolgenden Gelegenheiten ablehnten. In der zweiten tranken die Inselbewohner viel und eifrig und waren bemerkenswert gewalttätig im betrunkenen Zustand, in dem selbst Blutvergießen keine Seltenheit war. Aktuell trinken sie weiterhin, oft recht viel, aber ihr betrunkenes Betragen ist nahezu pazifistisch.

Was könnte da geschehen sein? Obwohl wir in jeder dieser Phasen über die Wirkung des Alkohols sprechen, haben sich dessen Wirkungen auf das tahitianische Betragen verändert – und zwar dramatisch – von einem Zeitabschnitt zum nächsten. Und wenn wir das tahitianische Beispiel neben das der Tohono O'Odham stellen, wird es doppelt so rätselhaft. Denn während sich die historische Entwicklung auf Tahiti von offener Gewalt und Aggressivität in Richtung Umgänglichkeit vollzog, verlief sie bei den Tohono O'Odham genau umgekehrt. Kurz gesagt, scheint die »enthemmende« Eigenschaft des Alkohols manchmal so unvorhersehbar wie der Lauf der Geschichte selbst zu sein.

Rätsel dieser Art finden sich ohne Ende. Für ein weiteres Beispiel, in dem Zeit und Umstände die Art des betrunkenen Betragens einer Gesellschaft bestimmt haben, wollen wir uns nun einer im *Highveld* Südafrikas lebenden Gesellschaft von Viehzüchtern zuwenden. Diese Menschen tranken ein einheimisches Bier, das nicht nur unabdingbar bei all ihren weltlichen Festen war, sondern auch bei den meisten ihrer religiösen Rituale eine wichtige Rolle spielte. Bei diesen Menschen hatte Bier eine Vielzahl von Funktionen – sie tranken es, um soziale Zusammenkünfte zu beleben, um eine Geburt oder eine Beerdigung feierlich zu begehen, um übernatürliche Wesen zu besänftigen usw. Und in Abhängigkeit vom Anlass des Trinkens veränderte sich die Art ihres betrunkenen Betragens. So herrschte bei religiösen Zeremonien eine ehrwürdige Stille, unbeschwerte Geselligkeit während alltäglicher Umtrünke, ausgelassene Heiterkeit und größere sexuelle Freizügigkeit bei weltlichen Zeremonien. Aber im Kontext ihrer traditionellen Praktiken – und das ist der Punkt – entsprachen ihre Handlungen immer dem, was der Anlass erforderte.

Eine Darstellung dieses »dem Anlass angemessenen« betrunkenen Betragens findet sich in den Arbeiten des Anthropologen Hugh Ashton über eine dieser Gesellschaften, die Basotho im heutigen Lesotho. Die Basotho sind eifrige Biertrinker, deren wichtigster sozialer Anlass Festmahle sind. Selbst wenn diese Festmahle in Verbindung mit religiösen oder weltlichen Zeremonien gegeben werden, werden sie auch um ihrer selbst willen, in ihren Worten: »nur für die Party«, veranstaltet. Das Trinken ist die Hauptattraktion jedes Festmahls, und die Einheit, in der der Erfolg jedes beliebigen Festes gemessen wird, ist die Menge und Stärke des angebotenen Biers. In der Regel trinken alle aus einem gemeinsamen Trinkgefäß, das von Person zu Person weitergereicht wird. Die Männer trinken schnell, die Frauen etwas langsamer und bei den meisten Festmahlen werden auf diese Weise erhebliche Mengen von Bier konsumiert.[88]

An all dem ist sicherlich nichts Einmaliges oder Besonderes. Doch es wird interessant, was Ashton über das Betragen der Teilnehmerinnen und Teilnehmer bei diesen verschiedenen Festmahlen berichtet. Denn obwohl er dieselben Menschen beschreibt, die dasselbe einheimische Bier trinken, betont er die Tatsache, dass sich diese Menschen nach dem Trinken in hohem Maße unterschiedlich verhalten und dass diese Unterschiede exakt mit den Anforderungen des jeweiligen Anlasses übereinstimmen:

> Die Menschen verhalten sich auf Festmahlen und anderen sozialen Zusammenkünften für gewöhnlich ruhig und würdevoll. Sie sprechen viel miteinander, normalerweise über lokale Belanglosigkeiten, mehr oder weniger lebhaft, je nach Anlass. Bei formellen Anlässen sind die Menschen zurückhaltend und gesetzt, hier ist ihr Verhalten je nach Art der Veranstaltung sehr unterschiedlich. So wird bei den Einweihungsfeiern für Jungen und Mädchen den Männern und Frauen ein besonders großer Spielraum gewährt, und vor allem die Ersteren neigen dazu, sich dann völlig hemmungslos zu verhalten; Hochzeiten und Zeremonien bei Medizinmännern sind ... fröhlich, Leichenschmäuse sind ruhig, manchmal fast schon düster zu nennen. Festmahle, die zu Familienfeiern wie Hochzeiten, der Rückkehr der Braut oder anderen kleiner Gesellschaften gegeben werden ... sind mehr oder weniger informell, in Abhängigkeit von der Wichtigkeit des Anlasses und der Stellung der Gastgeber, wo die Gäste lachen, scherzen und sich in einer freundlichen und freizügigen (nicht aber zügellosen) Art vergnügen.

Bei all diesen Festen ist das Betragen der Basuto frei von Groll. Es gibt jedoch einige Bierrunden (wie sie beispielsweise zum Feierabend nach gemeinschaftlicher Arbeit stattfinden), in denen die Teilnehmer mit einer gewissen Wahrscheinlichkeit laut und streitsüchtig werden. Aber Ashton berichtet, dass selbst bei solchen Gelegenheiten die Streitereien praktisch nie in physische Gewalt umschlagen.

Eine zweite Quelle über das traditionelle einheimische Biertrinken in dieser Gegend sind die Berichte des Anthropologenehepaars Krige über die Gesellschaft der Lobedu im südlichen Afrika:

> Wir sehen die typische Szenerie einer Bierrunde. In der Mitte des Bildes befindet sich ein großer Topf Bier in einer dafür vorgesehenen rundlichen Vertiefung in der Mitte des Hofes. Daneben steht eine flache Worfel, in der Trinkgefäße aus Flaschenkürbissen mit langen Griffen stehen, aus denen das Bier getrunken wird. ... Die Gäste haben sich zu beiden Seiten des Bieres versammelt, die Frauen auf der einen, die Männer auf der anderen Seite. ... Es besteht keine Eile. Jeder trinkt in aller Ruhe, und die Konversation fließt frei dahin. ... Es sind angenehme soziale Zusammenkünfte, bei denen der neueste Klatsch diskutiert wird. Kleine Kinder wuseln herum zwischen den Trinkenden und bekommen vielleicht sogar ein wenig vom Bier ab.[89]

Die Kriges fügen hinzu, dass solche Bierrunden zwar zu »Erregungszuständen« führen, die Bierfeste der Lobedu jedoch vom Beginn bis zu ihrem Ende recht geordnete Zusammenkünfte sind und alle Teilnehmenden die gesamte Zeit über ein gesundes Maß an Anstand bewahren. Wenn allerdings dieses traditionelle Trinkmuster der Lobedu nur wenig verändert wird, beispielsweise dadurch, dass sie ein paar Kilometer wegziehen, um auf einer der großen Farmen von Europäern zu arbeiten, wo

»Bier nie in seinem vollen kulturellen Kontext getrunken wird«, dann, so berichten die Kriges, werde das betrunkene Betragen der Lobedu »pathologisch«. Dass es in solchen Situationen oft zu »Exzessen« komme, zeige die häufig geäußerte Klage der örtlichen weißen Farmer über »die demoralisierende Wirkung des Biers« auf die Einheimischen.[90]

Im Laufe der Zeit zogen die Städte und Farmen der weißen, europäischstämmigen Einwohner immer mehr indigene Afrikanerinnen und Afrikaner an, die mit dem Verlassen ihrer Heimatorte auch ihre traditionellen Trinkgewohnheiten aufgaben. Wir wollen diese Veränderungen nun genauer betrachten, indem wir uns mit der Art von betrunkenem Betragen befassen, das man bei den Angehörigen dieser Gesellschaften im urbanen Südafrika antrifft. Besonders wollen wir unseren Blick auf Rooiyard richten, ein Armenviertel bei Johannesburg, in dem die Soziologin Ellen Hellmann geforscht hat. Solche *slum yards,* wie sie in Südafrika genannt werden, sind unter anderem Zentren illegalen Bierbrauens und -handels und somit zugleich der Brennpunkt damit einhergehender schwerer sozialer Verwerfungen. Rooiyard ist dabei nur eine von vielen kleinen, dicht bevölkerten Elendssiedlungen, in denen Indigene leben, die in Johannesburg arbeiten. Krankheiten sind in Rooiyard weitverbreitet, Verbrechen aller Art an der Tagesordnung. Biertrinken ist die häufigste Art der Freizeitgestaltung, und obwohl Bierbrauen in ganz Johannesburg verboten ist, braut und verkauft dort praktisch jede Frau regelmäßig ihr eigenes Bier. Während sich dieses verbotene Gebräu in seinem Alkoholgehalt kaum von dem in den indigenen Gebieten hergestellten unterscheidet (er liegt in beiden Fällen bei etwa 4 bis 5 Prozent), ist die Situation, in der es konsumiert wird, jedoch grundlegend verschieden:

> Die möglichen Beschränkungen von Bierrunden in den Herkunftsgesellschaften – die Beziehung zwischen Gast und Gastgeber, die Verpflichtung zur Wahrung der Würde, die Zurückweisungen, die sich aus unangemessenem Verhalten ergeben würden, die häufige Trennung der Geschlechter – können nicht unter Umständen aufrechterhalten werden, in denen Bier einfach gekauft wird und sich die Beziehung zwischen Gast und Gastgeber in eine zwischen Käufer und Verkäufer gewandelt hat. Von der traditionell vorgeschriebenen Etikette und den Prozeduren des Biertrinkens in den einheimischen Gebieten findet sich in Rooiyard nichts mehr.[91]

Hellmann berichtet, wie diese veränderten Umstände zu Änderungen im Betragen führen:

> Die Rauschzustände führen häufig zu Amokläufen und Messerstechereien, die in den Bierausschänken von Rooiyard nichts Ungewöhnliches sind. Am Wochenende, wenn die Bierverkäufe am größten sind, gibt es fast immer irgendwelche Opfer durch Auseinandersetzungen, in denen die Bewohner schnell das Messer ziehen. ... Praktisch ausnahmslos geht es bei diesen Kämpfen um Frauen. Normalerweise ist der Kampf um die Gunst einer Frau eine Sache zwischen zwei Männern. Es kann jedoch passieren, dass Angehörige einer Ethnie einander unterstützen, was die Gefahr eines langwierigen und organisierten Kampfes birgt. ... Abgesehen von solchen Konflikten ist es außerdem vorgekommen, dass besinnungslos betrunkene Männer im Viertel Amok gelaufen sind und dabei blind auf andere eingestochen haben.

Doch selbst in Rooiyard ist es nicht immer so. Hellmann berichtet weiterhin, dass die Bewohnerinnen und Bewohner zu bestimmten Anlässen rituelle Tänze, Konzerte und

Festivitäten organisieren und dass es bei diesen Gelegenheiten keine Gewalt gibt, obwohl das Biertrinken dort zentraler Bestandteil des Festes ist. Stattdessen hören wir nur von »geselligem Trinken«, von »Singen und Tanzen«, von »Heiterkeit und Vergnügen«.[92] Es ist evident, dass bei diesen formelleren Zusammenkünften die sonst scheinbar vergessenen Traditionen wieder eingehalten werden. So beschreibt Hellmann, wie die Pubertätsfeier für ein junges Mädchen »in einer Atmosphäre von Wohlwollen und Fröhlichkeit bis zum Morgengrauen« verlief, obwohl die Gastgeberfamilie für ihre Gäste Bier im Überfluss bereitgestellt hatte.

Solche Beschreibungen von betrunkener Beschaulichkeit sind jedoch äußerst selten, während sich Berichte und Reportagen häufen, die sich mit dem Problem der Trunkenheit in Südafrika befassen und dem Umstand, dass Gewaltausbrüche das typische Ergebnis von Trunkenheit bei Arbeitsmigranten aus dem ländlichen Umland sind. Das betrunkene Betragen dieser Gruppen hat zu einer Serie von immer strengeren Gesetzen geführt, die den Konsum alkoholischer Getränke verbieten sollten. Doch trotz dieser Gesetze wird der Alkoholkonsum in Südafrika nicht als ein »Problem« betrachtet, sondern als »nationale Gefahr«. Tatsächlich hat diese Gefahr zu ungefähr allem geführt, was sich der glühendste Prohibitionsanhänger nur ausdenken könnte: Krankheit, Armut, Prostitution, Auflösung familiärer Bindungen und zügelloser Gewalt. Auch wenn allein im Jahr 1950 mehr als zweihundertfünfzigtausend alkoholbedingte Vergehen bloß in Johannesburg zur Anklage gebracht wurden, nimmt man an, dass dies die nationale Gefahr kaum eingedämmt hat. Daher empfiehlt die Anthropologin Laura Longmore, die Regierung müsse schnell handeln, um diese Migrantengruppen »vor ihrem übermäßigen Durst [zu schützen], der sie entwürdigt und ihre Familien in Armut stürzt«.[93]

Wir haben hier also ein Beispiel für die Bevölkerung eines riesigen Gebietes, die über Jahrhunderte hinweg völlig problemlos alkoholische Getränke in ihren von Traditionen geprägten Gesellschaften konsumiert hat und die, sobald sie diese in Richtung einer westlich geprägten Gesellschaft verlassen hat, plötzlich nicht mehr in der Lage zu einem gemäßigten Umgang mit Alkohol zu sein scheint. Während sich das konsumierte alkoholische Getränk für diese Menschen praktisch nicht verändert hat, haben es die Umstände seines Konsums in markanter Weise getan. Und mit diesen Umständen hat sich das betrunkene Betragen verändert.

Was Menschen tun, wenn sie betrunken sind, hängt praktisch überall von der Situation ab, und das oft in dramatischem Ausmaß. Und weil es eine Vielzahl von Beispielen gibt, die wir zur Veranschaulichung dieses Punktes heranziehen könnten, vertrauen wir darauf, dass es genügt, einige kurze Berichte anzuführen, in denen die situative Variabilität des betrunkenen Betragens selbst bei oberflächlicher Betrachtung offensichtlich ist. Ein erstes Beispiel liefert James Ritchies Beschreibung einer kleinen Maori-Gemeinschaft im zentralen Teil der neuseeländischen Nordinsel *Te Ika-a-Māui*. Dort unterteilt sich das Trinken, so Ritchie, in die zwei Kategorien »*sessions*« und »*partys*«. Bei den *sessions* trifft sich beispielsweise eine Gruppe von Freunden an einem Samstagnachmittag und trinkt langsam, aber stetig Spirituosen über einen Zeitraum von vier bis fünf Stunden. »Die Männer sitzen in der Sonne, reden, schlafen, hören Radio, besonders die aktuellen Ergebnisse der Pferderennen, und trinken dabei.« Die vorherrschende Atmosphäre dieser *sessions* sei alles andere als euphorisch, sondern eher »schläfrig, entspannt und vielleicht ein bisschen depressiv«.[94]

Die Trinkpartys der Maori stehen in starkem Kontrast dazu – sie sind »laut und fröhlich« und dauern normalerweise die ganze Nacht. Und das ist noch lange nicht alles, was die *Party* von der *Session* unterscheidet. Ritchie berichtet, dass sich auch das Betragen der Teilnehmenden in beiden Situationen voneinander unterscheidet. »In späteren Stadien der Partys ist das Auftreten gewalttätiger Auseinandersetzungen nicht ungewöhnlich (von sechs Partys eines Wochenendes endeten vier mit einer Schlägerei). Und es gibt einen sexuellen Unterton auf Partys, der auf den *sessions* praktisch unbekannt ist.« Ritchie vermutet, dass die Trinksessions zu einer »friedlichen (wenngleich oft depressiv anmutenden) Isolation« führen, während das Betragen der Maori auf den Partys »oft aggressiv, üblicherweise egozentrisch und selbstgefällig« ist.

Wenden wir nun unsere Aufmerksamkeit den Berichten der Anthropologen Thomas und Hatsumi Maretzki zu, die über das Dörfchen Taira an der Nordostküste Okinawas geschrieben haben. Die ungefähr 700 Bewohnerinnen und Bewohner des Dorfes leben seit Generationen von den Feldern, dem Wald und dem Ozean. Das Leben in Taira ist so friedlich, dass die Dienste des örtlichen Polizisten nur selten benötigt werden. Die Maretzkis schreiben: »Die polizeiliche Arbeit im Dorf ist keine schwere Aufgabe. Die Abwesenheit von Verbrechen und das seltene Auftreten von Streitigkeiten, Auseinandersetzungen und Schlägereien lassen eine Polizeipräsenz unnötig scheinen.«[95] Sie berichten weiterhin, dass die gelegentlichen Auseinandersetzungen, die vorkommen, entweder mit häuslichen finanziellen Problemen zu tun haben oder entstehen, wenn die Teilnehmenden getrunken haben. Wie in so vielen Gesellschaften wird auch in Taira die alltägliche Gelassenheit durch Trunkenheit gestört. Dies aber nur manchmal, denn wie bei den Maori gibt es auch in Taira »zwei Arten des Trinkens«.

Vor allem die männlichen Bewohner von Taira finden viele Anlässe für das Trinken von Sake. Dieser wird auf Partys und Zeremonien von Männern und Frauen konsumiert, jedoch ausschließlich von Männern am Feierabend oder auf Männern vorbehaltenen Zusammenkünften. Wenn Männer, vor allem jüngere, miteinander trinken, verändert sich die freundschaftlich-entspannte Atmosphäre zwischen ihnen oft hin zu Streit und manchmal sogar zu körperlichen Auseinandersetzungen. Die Maretzkis stellen bei diesen ausschließlich männlichen Zusammenkünften fest: »Wenn es genügend Sake gibt, werden die Feiern oft laut. Später am Abend kommt es dann gelegentlich zu Streitereien oder Schlägereien, nachdem alle kontinuierlich getrunken haben.«[96]

Die Dinge liegen aber völlig anders, wenn Männer und Frauen gemeinsam trinken, wie dies auf den vielen Dorffestivitäten geschieht. Die Maretzkis beschreiben diese Feste so: »Wenn die Männer – und etwas später die Frauen – Essen und Trinken in erheblicher Menge konsumiert haben, verschwindet alles Schwerfällige im Raum. Mit jeder Tasse Sake steigen Lebendigkeit und Lautstärke an.« Die übliche Zurückhaltung zwischen den Geschlechtern schwindet, Männer und Frauen machen anzügliche Witze und äffen sich gegenseitig nach. Um dies zu illustrieren, beschreiben die Maretzkis das Betragen auf einer solcher Feier wie folgt:

> Während sie mehr und mehr Sake trinken, werden sie fröhlicher und immer weitere Talente offenbaren sich. Witzige Sketche aus dem Eheleben, in denen auch Aggression und Sexualität auf spielerische Weise dargestellt werden, werden vom Publikum begeistert aufgenommen. Wird eine solche Darstellung von einer älteren Frau und einem jüngeren Mann geboten, scheint dies für das Publikum noch lustiger zu sein.

Trotz der offenbar »enthemmten« Possen von Jung und Alt auf diesen Feiern, trotz der sexualisierten Atmosphäre sind diese Festivitäten gänzlich frei von trunkener Aggression. Die Maretzkis führen aus:

> Nicht ein einziges dieser Feste war durch ernsthafte Unannehmlichkeiten beeinträchtigt. Kein Gast musste sich jemals übergeben, obwohl sich einige Männer in einen schweren Rausch getrunken hatten. Hier und dort riss mal eine Papierwand als Ergebnis eines schwankenden Körpers oder ein harter Schlag gegen eine dünne Wand brachte das Haus zum Zittern. Aber am Ende solcher Feste gab es nie etwas Aufregenderes als eine Gruppe singender Feiergäste, die noch von Haus zu Haus zog, um weiter feiern zu können.

Zusammenfassend stellen sie fest, dass niemals Aggressionen auftraten, wenn Frauen und Männer gemeinsam tranken; diese gab es nur, wenn Männer unter sich tranken.

Ein etwas anderes Beispiel für situative Veränderungen in der Art und Weise betrunkenen Betragens finden wir in den Beschreibungen des Anthropologen William Madsen, der das Dorf San Francisco Tecospa untersucht hat, eines von vielen nahuatlsprachigen indigenen Dörfern im

Unterbezirk Milpa Alta des Großraums Mexiko City. Obwohl die mexikanische Regierung einiges dafür getan hat, die indigene Bevölkerung in den nationalen Mainstream zu integrieren, wollen die indigenen Gesellschaften in Milpa Alta, wie in anderen Gebieten des Landes, ihre Traditionen nicht einfach aufgeben. Die Einwohnerinnen und Einwohner des Dorfes sehen sich zuerst als Mitglied der Tecospa-Gesellschaft, in zweiter Linie als Indigene und erst in dritter Linie, wenn überhaupt, als mexikanische Staatsbürger. Auch wenn sie gern technologische Entwicklungen nutzen, die ihre materielle Situation verbessern, haben sie »keinerlei Interesse an Bemühungen, ihre Identität, ihre primären Loyalitäten oder ihren ›Geist‹ zu ändern«.[97] Kern dieser indigenen Identität ist der Respekt für die Traditionen der Vorfahren, die primäre Loyalität gilt der Familie und der Dorfgemeinschaft; und der Geist ist der einer friedlichen Zusammenarbeit in einem Netzwerk von im Grunde gleichwertigen, von gegenseitigem Respekt geprägten Beziehungen. In Tecospa wird jedem Respekt gezollt, der den Pflichten nachkommt, die mit seiner oder ihrer jeweiligen Position im Leben verbunden sind. Ein Mann soll ein guter Farmer sein, eine Frau eine gute Hausfrau; und jeder Versuch, seine Mitmenschen in den Schatten zu stellen oder sie zu bedrängen, gilt als höchst unangemessen.

Die Indigenen von Tecospa sind also Traditionalisten und sie sind mit dem Land tief verbunden. Auf diesem wachsen nicht nur Mais, Bohnen und Kürbisse, sondern auch die Agaven, aus denen sie *Pulque* herstellen, ihr einheimisches Rauschmittel. Schon vor den Eroberern und bis in die heutige Zeit wurde und wird *Pulque* als heiliges Getränk angesehen – als »die Milch unserer Mutter«

(nach heutiger Lesart: Maria) – und war ein integraler Begleiter eines Lebens in Tecospa von der Empfängnis bis zum Tod. Madsen berichtet, dass schwangere Mütter oft eine Extraportion *Pulque* für »den da drinnen« zu sich nehmen und dass die Toten mit Tortillas und *Pulque* beerdigt werden, um ausreichend Nahrung für ihre Reise in die nächste Welt zu haben, wo sie, direkt nach ihrer Ankunft im Himmel, mit dem Säen und Pflanzen beginnen und dabei sicher auch an den Anbau der Agave denken. Da der *Pulque* der Menschen aus Tecospa ein Produkt ihres Landes ist – in dessen Erde ihre Vorfahren beerdigt sind und sie auch einst ruhen werden –, halten sie ihn für erkennbar verschieden und überlegen gegenüber dem *Pulque,* der anderswo hergestellt wurde. Während sie das Trinken von Wasser »wie die Pest« vermeiden, so Madsen, betrachten sie *Pulque* als gesundes Getränk. Sie glauben nicht nur, dass sein Genuss Zufriedenheit und Harmonie befördert, sie glauben ebenfalls, dass er Ärger und anderen Emotionen entgegenwirkt, die bei ungehinderter Entfaltung ihr spirituelles und körperliches Wohlbefinden stören könnten und sie unsozial machen würden.

Da Alleintrinken als Zeichen von Degeneriertheit angesehen wird (und de facto nicht vorkommt), ist das Trinken in Tecospa praktisch immer eine Gruppenaktivität. Auch wenn diese Trinkanlässe gewöhnlich mit rituellen Trinksprüchen und Erwiderungen beginnen, werden die formellen Elemente im Laufe des Abends weniger und die Mitglieder trinken dann bis zum Kollaps. Über ihr Betragen auf einer solchen Zusammenkunft sagt Madsen das Folgende:

> Bei diesen Trinkgruppen wird jegliche Art von Aggression oder Feindseligkeit gegenüber einem Mittrinker als völlig undenk-

> bar betrachtet. Man trinkt ein heiliges Getränk, das im Ort vom Gastgeber hergestellt wurde, und daher ist es eine Zeit für den Austausch von Gemeinsamkeiten und nicht für das Aussprechen von Differenzen oder Unstimmigkeiten. In einer ausschließlich aus Tecospanern bestehenden Trinkgruppe habe ich niemals Menschen streiten gehört oder irgendeine Art von Ärger oder gar körperliche Gewalt beobachten können. Der gemeinsame Rausch intensiviert vielmehr das Gefühl von Gemeinschaft und Verbundenheit. ... Je mehr *Pulque* miteinander geteilt wird, desto größer ist das Gefühl von Eintracht.

Mit einem Wort: Wenn die Tescopaner unter sich trinken, symbolisiert das Teilen von *Pulque* soziale und spirituelle Verbundenheit, und trotz der starken Alkoholintoxikation, die erreicht wird, ist Gewalt auf diesen Zusammentreffen praktisch unbekannt.

Aber die Tescopaner beschränken ihren Alkoholkonsum nicht auf solche Zusammenkünfte. Und bei anderen Anlässen treten Konflikte und Gewalt sehr wohl auf. Auf einem Dorffest können sich beispielsweise Indigene aus verschiedenen umliegenden Gemeinden versammeln und dann geraten die Tescopaner oft in trunkene Konflikte mit Außenstehenden. Und obwohl solche Konflikte meist geklärt werden, bevor sie zu Gewalt führen, kommt es gelegentlich zu Handgreiflichkeiten zwischen den Bewohnern verschiedener Dörfer. Noch häufiger treten Konflikte auf, wenn die Tescopaner Jahrmärkte und Feste in den umliegenden Marktstädten aufsuchen. Bei solchen Anlässen werden sie häufig von den Bewohnern der Städte verspottet, und wenn die Tescopaner betrunken genug sind, um ihnen in gleicher Weise zu antworten, kommt es nicht selten zu Schlägereien.

Die Tescopaner sind somit ein Beispiel für eine Gesellschaft, deren Mitglieder in der Regel ausschließlich Gefühle von Harmonie und Zufriedenheit verspüren, wenn sie untereinander trinken. Aber wenn sie in der Gegenwart von Außenstehenden trinken – ob diese nun ebenfalls Indigene oder Menschen anderer Ethnien sind –, passiert oft das genaue Gegenteil.

Als letztes und dramatisches Beispiel für den Einfluss der Situation auf das betrunkene Betragen mag der Bericht des Anthropologen Francis Huxley dienen, der 1957 über eine Tupi-Gesellschaft in einem abgelegenen Regenwaldgebiet zwischen den Flüssen Grupi und Turi in Nordbrasilien schreibt. Die Indigenen nennen sich selbst *caápor* oder »Waldbewohner«, aber andere kennen sie als *Urubu* (wörtlich übersetzt: »Geier«). Der letztere Name ist offensichtlich vom Kriegsruf dieser Gruppe abgeleitet: »Urubu ne u!« (»Geier fressen euch!«). Tatsächlich sollen die Kaápor bis ins 20. Jahrhundert rituellen Kannibalismus an ihren Feinden verübt haben. Ihre kriegerische Vergangenheit ist keineswegs völlig vorbei, denn auch wenn die Kaápor keinen Kannibalismus mehr praktizieren, beschreibt Huxley, dass bis heute »einige verfeindete Indigene in der Nähe wohnen und dass, sollte ein Urubu auf einen von ihnen treffen, sicher Pfeile fliegen«.[98]

Die Kaápor trinken Maniokbier, dessen Herstellung von verschiedenen Tabus umgeben ist, da sie annehmen, dass eine »magische Transformation« geschieht. Namentlich glauben sie, dass der so entstehende Alkohol ein Geist ist, dass dieser Geist durch das Trinken des Maniokbiers von ihnen Besitz ergreift und diese geistige Besitznahme (also die Trunkenheit) sie *kaú* (verrückt) macht.

Darum nennen sie ihr Bier *kaú-i*, was wörtlich übersetzt »verrücktes Wasser« bedeutet.

Huxley zufolge, der einige Monate bei den Kaápor verbrachte, gibt es zwei Anzeichen dafür, ob sich zwei Angehörige einer Gruppe gut miteinander verstehen: erstens, wenn sie im selben Dorf leben, und zweitens, wenn sie Angst haben, miteinander betrunken zu werden. Da die Kaápor »wissen«, dass sie ihre Selbstbeherrschung verlieren, wenn sie betrunken sind, besuchen sie selten Feste mit Menschen, mit denen sie schon Auseinandersetzungen hatten. Sie scheuen vor solchen Festen nicht etwa zurück, weil sie Angst vor Kämpfen haben – ein bereitwilliger und fähiger Kämpfer zu sein bedeutet, »hart« zu sein, und in der Wertvorstellung der Kaápor ist »Härte« die oberste Tugend. Ihre Zurückhaltung beruht eher auf der Erkenntnis, dass es selten angebracht ist, Mitgliedern der eigenen Gemeinschaft Schaden zuzufügen, und dass, da man im trunkenen Zustand »die Kontrolle verliert«, das Ergebnis tragisch sein kann. Huxley berichtet von einer Gelegenheit, bei der diese praktische Umsicht unbeachtet blieb. Anscheinend hatten Caro und Toí eine Auseinandersetzung, kurz darauf veranstaltete Caro ein Fest, zu dem er auch Toí einlud. Auf Drängen seiner Schwiegermutter und gegen sein eigenes besseres Wissen besuchte Toí das Fest. Huxley beschreibt die nachfolgenden Ereignisse so:

> Alle betranken sich, einschließlich Caro. Gegen Morgen, als die anderen glücklich singend in ihren Hängematten lagen, sprang er plötzlich auf, stampfte wutentbrannt auf und schrie. ... Der Älteste eines anderen Dorfes war anwesend und versuchte, ihn zu beruhigen: »Leg' dich wieder in deine Hängematte, du bist betrunken, wir sind glücklich, wir sin-

gen. Geh' zurück zu deiner Hängematte und schlafe.« Aber Caro beachtete ihn nicht, er stampfte und schrie weiter, bis er plötzlich zum sitzenden Toí rannte, diesem seine rote Mütze vom Kopf riss und mit seiner Machete auf ihn einschlug. Ein Treffer erwischte ihn hinter dem rechten Ohr ... einer am Nacken, einer unterhalb des linken Ohres und ein weiterer oberhalb des Herzens. Zu seinem Glück schlug Caro nur mit der flachen Klinge der Machete auf ihn ein, sodass sich die Verletzungen im Rahmen hielten, zum weiteren Glück stürzten sich andere Dorfbewohner sofort auf ihn und hielten ihn fest, während die Frauen und Kinder in den Dschungel flohen.[99]

Dass Trinkgelage der Kaápor noch tragischer enden können, illustriert Huxley mit einem ihm bekannten Beispiel, in dem ein Dorfbewohner ein Mitglied seiner eigenen Gemeinschaft tötete. Demnach war auf einem Fest einer der Feiernden »wild betrunken«, hat »eine Machete genommen und in einem Ausbruch animalischer Geister über seinem Kopf gewirbelt; dann – vom eigenen Machtgefühl ebenso berauscht wie vom Maniokbier – rannte er in eine Hütte und schlug auf seinem Weg auf die Hauspfosten ein. Unglücklicherweise war der zweite Hauspfosten, den er traf, in Wahrheit ein Mann, den er auf der Stelle tötete.

So viel also zum Kontrollverlust, wenn die Kaápor betrunken sind. Es sei hier angemerkt, dass dieses »verrückte Wasser« zu anderen Zeiten eine ganz andere, entgegengesetzte Rolle gespielt hat. Um die Größe des Kontrasts zwischen diesen »zwei Arten der Betrunkenheit« zu verdeutlichen, müssen wir zunächst etwas zur Grausamkeit der kriegerischen Auseinandersetzungen sagen, die sich zwischen den Kaápor und ihren Nachbargesellschaften zutrugen. In der alten Zeit galt ein männliches Mitglied der Kaápor nur als Mann, wenn er einen

Feind getötet und einen Sohn gezeugt hatte. Da sich die Kaápor praktisch ständig im Krieg befanden, hatten diejenigen, die nicht selbst getötet wurden, wenig Probleme, die Männlichkeit zu erreichen. Wenn sie einmal begonnen hatten, waren diese Kriege, die so viel Energie der Kaápor in Anspruch nahmen, schwer zu beenden. Nicht nur die immer wieder vorgebrachte Forderung nach Blutrache war eine mächtige Triebkraft zu ihrer Fortsetzung, sondern die politische Organisation der Kaápor und der umgebenden Gesellschaften war auch so gestaltet, dass deren Führer nicht die Autorität hatten, bindende Verhandlungen im Namen der gesamten Gemeinschaft zu führen. Daher, so schreibt Huxley, »konnte Frieden nur durch persönliche Abkommen zwischen jedem Mitglied der Gemeinschaft mit jedem Mitglied der anderen Gemeinschaft erreicht werden: Sie mussten einander von Angesicht zu Angesicht treffen und irgendwie ihre Feindschaft in Freundschaft verwandeln.« Und wie konnte dieses Wunder der Versöhnung bewirkt werden? – »Durch gemeinsames Betrinken, gemeinsames Tanzen und das Lernen der Lieder der anderen ...« Wie kann es sein, dass in so einer Situation, die dafür prädestiniert zu sein scheint, zu einer weiteren Welle nachbarschaftlichen Blutvergießens zu führen, das Trinken von *kaú-i* zu Vergebung und Versöhnung führt? Welche Antwort soll es schon geben, außer der, dass die Kaápor diese Art von Versammlungen als völlig unpassend für solch blutiges Treiben ansahen? Und was sagt das über die Auffassung, dass Alkohol ein toxischer Enthemmer ist?

Wie schon gesagt, es gibt praktisch unendlich viele weitere Beispiele für die situativ veränderliche Natur betrunkenen Betragens. Es ist auch gar nicht nötig, dafür so weit in die Ferne zu schweifen. Jeder weiß beispielsweise, dass das betrunkene Betragen, das man in einem Irish Pub vorfindet, kaum Ähnlichkeit hat mit dem Betragen bei ebensolcher Trunkenheit auf einer irischen Totenwache. Aber selbst dieses Beispiel mag ferner als notwendig sein, denn eine gewisse Variabilität ist überall um uns herum zu beobachten: Man muss ja nur das unterschiedliche Betragen auf einer gehobenen Cocktailparty und einer Universitätsparty betrachten. Dennoch sprechen wir – und *denken* vermutlich – weiterhin von Alkohol als toxischem Enthemmer.

In diesem Kapitel haben wir versucht, den Einfluss der Zeit und der Umstände auf das Verhalten der Menschen in betrunkenem Zustand aufzuzeigen. Dass diese Faktoren einen solchen Einfluss haben, stellt das zweite große Fragezeichen dar, das wir hinter die herkömmliche Auffassung setzen.

4

Enthemmung und die Begrenzungsklausel
Das Problem betrunkener Veränderungen zum Schlechteren

Bis hierhin haben wir den Umstand dokumentiert, dass es auf der ganzen Welt Gesellschaften gibt, in denen die Einnahme von Alkohol ein Betragen hervorbringt, das signifikant im Widerspruch zu dem steht, was uns die herkömmliche Auffassung von Alkohol als quasi toxischem Enthemmer erwarten lässt. Insbesondere haben wir eine Reihe von Beobachtungen aufgeführt, die folgende Thesen stützen: (1) Es gibt Gesellschaften, bei denen das betrunkene Betragen ihrer Mitglieder nichts zeigt, das als einigermaßen »enthemmt« beschrieben werden könnte; (2) es gibt Gesellschaften, deren betrunkenes Betragen markante Veränderungen im geschichtlichen Verlauf durchläuft; und (3) es gibt Gesellschaften, deren Mitglieder sich in verschiedenen sozialen Situationen oder unter verschiedenen Umständen völlig unterschiedlich verhalten, wenn sie betrunken sind.

Natürlich führt das zur Frage, wie die Verfechterinnen und Verfechter der herkömmlichen Auffassung versucht haben, mit dieser Vielzahl von »gegenläufigen Fällen« umzugehen. Die Antwort lautet kurz gesagt: Sie haben beschlossen wegzuschauen. Auch wenn ein ignoriertes Rätsel kaum ein gelöstes ist – welche andere Möglichkeit haben sie denn schon? Wir sind der Ansicht, dass die Beispiele, die wir in den Kapiteln 2 und 3 präsentieren durften, in keiner Weise mit den konventionellen Erwartungen in Übereinstimmung zu bringen sind, sondern dass sie akute Rätsel aufgeben, die nicht mithilfe der Konzepte gelöst werden können, die uns die herkömmlichen Auffassungen an die Hand geben.

Dennoch (und das sagen sich zweifellos einige von Ihnen gerade) *sind* die bisher vorgestellten Beispiele Anomalien, das heißt, sie weichen vom allgemeinen Lauf der Dinge ab und definieren ihn nicht. Denn stimmt es etwa nicht, dass in Gesellschaften im Allgemeinen (wenn man davon überhaupt sprechen kann) weitaus häufiger erkennbare Veränderungen zum Schlechteren vorkommen? Und lassen sich nicht genau diese Veränderungen durch die herkömmliche Definition von Alkohol als quasi toxischem Enthemmer erklären? Und selbst wenn die hier präsentierten Beispiele die Anhängerinnen und Anhänger der herkömmlichen Definition gewissermaßen »sprachlos« machen – ist es nicht so, dass diese Definition sowohl selbsterklärend als auch einzigartig schlüssig ist (und damit ihre Daseinsberechtigung hat) in ihrer Erklärung des weitaus wichtigeren (weil weitaus problematischeren) Phänomens betrunkener Veränderungen zum Schlechten? Und wenn dem so ist, wäre es dann nicht ein schlechtes Geschäft, die herkömmliche Auffassung von der Wirkung des Alkohols durch eine neue zu ersetzen, nur um diesem Potpourri von »Ausnahmen« gerecht zu werden? Kurz, wenn die herkömmliche Definition »funktioniert, wenn's drauf ankommt« – sollte das dann jeden normal denkenden Menschen davon überzeugen, lieber an der bisherigen Definition festzuhalten?

So sehen wir – in aller Kürze – die beiden Positionen an diesem Punkt der Auseinandersetzung. Wir wollen uns nun mit genau dieser Frage beschäftigen, indem wir genauer darauf schauen, was die herkömmliche Auffassung selbst als ihre wesentliche Stärke betrachtet – die Überzeugung, dass sie und nur sie eine angemessene Erklärung für die betrunkenen Veränderungen zum Schlechteren bietet. Denn wenn wir zeigen könnten, dass die konventionelle Definition von Alkohol als quasi toxischem Enthemmer auf ihrem eigenen Terrain bis zum Hals in Problemen steckt, dann – so würden wir behaupten – hätten wir es mit einer ganz und gar anderen Situation zu tun.

Erinnern wir uns daran, dass bezüglich des Betragens die herkömmliche Auffassung davon ausgeht, dass Alkohol durch seine toxische Wirkung auf »höhere Hirnregionen« den Trinker vorübergehend immun macht gegen die Wirkung internalisierter Beschränkungen (»Hemmungen«), die normalerweise das Betragen innerhalb angemessener Grenzen halten. Dadurch, dass die sonst intakten Kräfte von Vernunft und Urteilskraft zeitweise außer Kraft gesetzt sind, wird der Trinker zu nichts als einem amoralischen Vehikel seiner nunmehr entfesselten Triebe.

Das, oder zumindest etwas, das dem sehr ähnlich sieht, scheinen wir zu finden, wenn wir Berichte von Gesellschaften untersuchen, in denen Veränderungen zum Schlechteren offenbar in der Natur der Dinge liegen. Die Kommentare über diese Wirkung sind in der Regel knapp. So erwähnen beispielsweise Ruey und seine Koautoren (im Jahr 1955), dass die Einwohner von Formosa, wenn sie betrunken sind, sich nicht länger an sonst anerkannte

Tabus halten.[100] Aber manchmal sind die Berichte auch etwas detaillierter. Der Missionar und Gelehrte Henri Junod berichtet vom jährlichen *Bukanye,* einem über einen Monat andauernden Trinkfest der Thonga, wie er es in Mosambik Anfang des 20. Jahrhunderts miterlebt hat:

> Das Trinken setzt sich fort, Tag und Nacht, Nacht und Tag! Wenn die Vorräte in einem Dorf aufgebraucht sind, gehen sie zum nächsten. ... Während dieser Wochen sind manche Individuen in einem permanenten Zustand der Halb-Betrunkenheit. Orgien auf allen Seiten ... es kommt vielfach zu Ehebrüchen. Männer und Frauen vergessen die elementaren Anstandsregeln. Sie kümmern sich um die Bedürfnisse der Natur an denselben Orten, was unter normalen Umständen tabu ist ...[101]

Oder betrachten wir den Bericht des Anthropologen Owen Rutter vom Trinken und der Betrunkenheit bei den Dusun im Norden von Borneo aus dem Jahr 1929. Rutter schreibt, dass die Trinkgelage oft über mehrere Tage andauern:

> ... in der Tat so lange, wie der Schnaps ausreicht ... [und dass] die Auswirkungen dieser Gelage so unerfreulich sind, wie sie schädlich sein müssen. Glücklicherweise finden sie nicht täglich statt, denn wenn sie passieren, gibt es keine halben Geschichten. ... Es gibt katastrophale Auswirkungen auf die Kinder, die an diesen Orgien teilnehmen, und auf die Jugendlichen beiderlei Geschlechts, die allzu oft die Ausschweifungen vervollständigen, indem sie Zurückhaltung und Moral in den Wind schlagen.[102]

Und so geht es weiter, Gesellschaft für Gesellschaft. Auf den ersten Blick scheint die Beweislage für die üblicherweise akzeptierte Definition von einer Enthemmung durch Alkohol überwältigend zu sein. Aber wenn wir etwas genauer hinschauen, sehen wir, dass die Dinge nicht so selbstverständlich sind, wie sie auf den ersten Blick scheinen. Wir wollen nun auf ein allgegenwärtiges – und für die Anhängerinnen und Anhänger der konventionellen Auffassung zutiefst irritierendes – Charakteristikum dieser scheinbar unbestreitbar alkoholbedingten Veränderungen zum Schlechteren hinweisen, die überall auf der Welt in so großer Zahl vorkommen.

Lassen Sie uns das, was uns vorschwebt, zunächst anhand einer persönlichen Erfahrung erläutern. Während eigener Feldforschungsarbeiten mit den Kamba in Zentralkenia wurde einer von uns (R. Edgerton) mehrfach vor einer bestimmten Person gewarnt, die im Alkoholrausch »sehr gefährlich« und »außer Kontrolle« sei. Die indigenen Informanten, von denen diese Warnungen kamen, fürchteten sich selbst ernsthaft vor den Ausbrüchen dieses Mannes, und einige von ihnen waren offenbar bei ähnlichen Gelegenheiten von ihm schmerzhaft verletzt worden. In Edgertons Aufzeichnungen findet sich folgender Bericht von der ersten Begegnung mit dieser Person:

> Ich hörte Tumultgeräusche und sah Menschen an mir vorbeilaufen. Ein junger Mann hielt an und riet mir zu fliehen, weil dieser gefährliche Betrunkene hier entlangkommen und jeden auf seinem Weg angreifen würde. Als ich diesem Rat gerade folgen wollte, stürmte der Betrunkene wild auf die Lichtung, wo ich saß. Ich stand auf, bereit zum Weglaufen, aber zu meiner großen Überraschung beruhigte sich der Mann und grüßte mich – während er gemessenen Schrittes an mir vorbeilief – höflich, ja respektvoll, bevor er sich umdrehte und wegrannte. Ich erfuhr später, dass er im Verlauf seiner »Säuferwut« an diesem Tag zwei Männer verprügelt, einen kleinen

Jungen geschubst und eine Ziege mit einem großen Messer ausgeweidet hatte.

Wir haben hier also einen Fall, in dem ein »Naturmensch« – allem Anschein so betrunken, dass er außer Kontrolle ist – sich dennoch in derselben respektvollen Weise gegenüber dem weißen Außenseiter verhält wie die nüchternen Mitglieder seiner Gemeinschaft.

Obwohl Berichte wie der obenstehende, in denen die Ethnologen in echter Gefahr zu sein scheinen, selten gedruckt werden, haben viele Feldforschende von ähnlichen Erfahrungen berichtet. Eine Tatsache sticht dabei besonders hervor: Während man gelegentlich von verbalen oder viel seltener von kleineren körperlichen Übergriffen hört, sind Beispiele, in denen Ethnologen echte körperliche Schäden durch »unkontrollierbar betrunkene« Indigene erlitten haben, überaus rar.

Ein besonders lehrreiches Beispiel solcher Immunität findet sich in der Arbeit von Ruth Leah Bunzel über ihre Forschungen bei den Tzotzil, einer Maya-Gesellschaft im damals schwer zugänglichen Bezirk Chamula im zentralamerikanischen Hochland von Chiapas.[103] Zunächst ein Wort zu den Tzotzil: Sie sind eine seit Jahrhunderten isoliert lebende indigene Gesellschaft, sprechen eine eigene Maya-Sprache und werden von ihren indigenen Nachbarn einhellig als »›schlechte‹ Indigene angesehen, gewalttätig, betrügerisch, und unverbesserliche Unruhestifter«. Ihr schlechter Ruf ist nicht gänzlich unbegründet: Im neunzehnten Jahrhundert war der Ort Chamula das Zentrum eines großen religiösen Aufstandes und wurde während Bunzels Feldforschungen immer noch als Brutstätte separatistischer Unruhen angesehen. Erst 1928, also nur drei Jahre vor der Ankunft der Forscherin, hatten die Indigenen eines Dorfes in der Nähe gerade alle dortigen Bewohnerinnen und Bewohner mit gemischten ethnischen Wurzeln umgebracht. Und in dem nächstgelegenen Nachbardorf von Chamula war ein ethnisch gemischter Beamter kurz zuvor im Rahmen einer »Massenaktion der indigenen Bevölkerung« gelyncht worden. Die mexikanischen Behörden schätzten die Situation tatsächlich als so gefährlich ein, dass es keiner weißen Person gestattet war, in diesem Bezirk zu leben.

Obwohl Bunzel unter Schutz der Regierung in der Region ankam, rieten ihr alle davon ab, bei den Tzotzil zu arbeiten. Als man merkte, dass sie an ihrer Entscheidung festhalten würde, empfahl man ihr, »eine Waffe mitzuführen, die Tür in der Nacht zu verbarrikadieren und niemals mit den Indigenen in ihre Häuser zu gehen«. Um die Sache noch zu verschlimmern, informiert uns Bunzel, dass

> … in Chamula alle, vom jüngsten Kind bis zur ältesten Frau, trinken. … Bei den Fiestas ist die ganze Stadt für einen Tag oder eine Woche permanent in verschiedenen Zuständen der Trunkenheit. Während einer Fiesta zählte ein Schreiber achtzig Individuen, die in stuporösem Zustand im Kirchhof und auf dem Marktplatz herumlagen. … Es gab Personen, die wir in den Monaten täglichen Kontakts nie nüchtern antrafen, andere, die mehrmals pro Woche sturzbetrunken waren, und niemanden, den wir nicht mehrfach völlig betrunken sahen.

Das betrunkene Betragen der Tzotzil war nicht gerade vom Geist süßer Vernunft geprägt. Nachdem sie eine weitgehend sinnlose Auseinandersetzung beschreibt, die im Blutvergießen endet, bemerkt Bunzel, dass »Kämpfe dieser Art die unabänderliche Begleiterscheinung jeder Fiesta sind. Manchmal werden alte Auseinandersetzungen wiederbelebt, aber häufiger haben die Kämpfe keinen anderen Grund, als dass zwei mit *Aguardiente* abgefüllte Männer miteinander Streit haben wollen.« Die Tzotzil waren im Kampf auch nicht zurückhaltend. In ihren sechs Monaten erlangte Bunzel persönlich Kenntnis von fünf Tötungsdelikten. Und trotz alledem überlebte sie ihren Aufenthalt bei den notorisch feindseligen, körperlich aggressiven und schwer trinkenden Tzotzil ganz ohne jeden Zwischenfall. Nachdem sie ihre Forschungen beendet und in die USA zurückgekehrt war, erklärte sie, dass sich »niemand anteilnehmendere und rücksichtsvollere Gastgeber wünschen könnte. Ich hatte ein Schloss für mein Haus, das ich nie benutzt habe, und ich ging überall in perfekter Sicherheit und ohne Angst hin.«

Wie erklärt Bunzel – eine Frau, allein und wehrlos – die Tatsache, dass ihr in dieser ganzen Zeit, in der sie unter gewalttätigen und oft betrunkenen Tzotzil lebte, nie etwas passiert ist? »Bevor ich fuhr«, schreibt Bunzel, »setzte ich mich mit dem Landwirtschaftskomitee in Verbindung und unterrichtete die Mitglieder vom Zweck meines Aufenthalts; ich sagte, dass ich, da sie freie Menschen seien, nur auf Einladung zu ihnen kommen würde, dass sie aber, wenn ich käme, als Bürger und Mitglieder des Agrarkomitees und der Nationalen Revolutionspartei verantwortlich für mein Leben und meinen Besitz wären. Die Einladung wurde ausgesprochen. Damit fiel ich unter die Verantwortung der Gemeinde ...« Hier haben wir also einen Fall, in dem eine freiwillig gegebene Verpflichtung zur Mäßigung sich irgendwie als fähig erwies, der toxischen Wirkung des Alkohols auf diejenigen Hirnzentren zu widerstehen, denen diese Verpflichtung sicher entstammte. Bunzel scheint zu sagen (wenn wir das so auslegen dürfen), dass ihre »Versicherung« in genau dem Fakt bestand, dass es keinerlei Zweifel gab, wessen Verantwortung es gewesen wäre, wenn ihr irgendetwas zugestoßen wäre. Wir würden sagen, dass diese Erklärung sehr nachvollziehbar ist, *wenn* – aber nur wenn – wir die herkömmliche Auffassung der Alkoholwirkung verwerfen.[104]

Wir werden noch eine Menge zum Thema selektiver Immunität in Kapitel 6 zu sagen haben, da diese weder auf Anthropologinnen noch auf eine bestimmte Zeit beschränkt ist. Wir wollen an dieser Stelle nur festhalten, dass die Anwesenheit von Außenstehenden in manchen Gesellschaften zu einer allgemein erhöhten Friedfertigkeit führen kann. Beispielsweise können wir in den Berichten von Robert und Barbara LeVine über das Trinken in Nyansongo, einer Gusii-Gemeinde im Westen Kenias, lesen, dass man dort zwar davon ausgeht, dass Alkohol die Männer so aggressiv macht, dass im betrunkenen Zustand »Streit zwischen ihnen unvermeidlich ist, der mit kampflustiger Prahlerei seinen Anfang nimmt und in körperlicher Auseinandersetzung endet«.[105] Respektierte Außenstehende wie die Autoren sind aber nicht nur immun gegenüber solcher Gewalt, ihre bloße Anwesenheit »bewirkt bis zu einem gewissen Grad eine Zurückhaltung, die es nicht gibt, wenn ausschließlich Nachbarn und nahe Verwandte anwesend sind«. Zur Bestätigung dieser Aussage berichten die LeVines, dass sie persönlich niemals Zeugen trunkener Aggressionen während ihres Aufenthalts in Nyansongo wurden; wenn sie jedoch nicht dabei waren, griffen »Brüder einander beim Biertrinken [an], wie ihre verwundeten Gesichter am nächsten Tag bezeugten«.

Auf der Grundlage solcher Beispiele erkennen wir die Wirkungsweise von etwas, das vielleicht am besten als die

Begrenzungsklausel zur Regulierung von Trinkexzessen bezeichnet werden kann. Mit dem Begriff »Begrenzung« beziehen wir uns auf die Tatsache, dass es – mit seltenen Ausnahmen – selbst für den scheinbar enthemmtesten Betrunkenen Grenzen gibt, die er nicht überschreitet. Auch wenn es keinen Zweifel geben kann, dass die Grenzen, die betrunkenes Betragen beschränken, oft deutlich weniger einengend sind als solche, die unter nüchternen Bedingungen gelten, so behaupten wir doch, dass das Fortbestehen von Grenzen *jedweder* Art die herkömmliche Annahme Lügen straft, dass bei einer Person im betrunkenen Zustand ihre nun »enthemmten Triebe« übernehmen und sie ihr Verhalten nicht mehr kontrollieren kann.

Lassen Sie uns noch ein paar weitere Beispiele betrachten. Die Ifugao, eine Gesellschaft von ungefähr achtzigtausend Menschen, die in kleinen Dörfern in den abgelegenen Bergen und Tälern im Norden Luzons, der Hauptinsel der Philippinen, leben, wurden in einer Reihe von Büchern von Roy Barton beschrieben.[106] Barton war oft auf Luzon und verbrachte in vielen Aufenthalten zwischen Anfang des 20. Jahrhunderts und 1937 insgesamt zehn Jahre bei den Ifugao. Er schreibt, dass die Ifuago, obwohl sie gelegentlich Versuche von Kopfjagden auf ihre traditionellen (Nicht-Ifugao-)Feinde unternahmen, unter normalen Umständen »für gewöhnlich gut und ohne größere Streitereien miteinander auskommen«. Aber die Ifugao waren sehr feierlustig und tranken dann erstaunliche Mengen von Reiswein. Und ihr Betragen bei solchen Anlässen war alles andere als friedfertig.

> Menschen aus den Dörfern nah und fern, gekleidet in ihre neuen Tangas, Lendenschurze, Geschmeide und Scheiden-

gurte treffen sich zur Mittagsstunde, um zu tanzen, tratschen, trinken. ... Ein beträchtlicher Teil, besonders der Männer, ist hauptsächlich mit dem eigenen, möglichst gründlichen Abfüllen mit Alkohol beschäftigt, und wenn sie dann mit dem Tratschen beginnen, werden sie indiskret in ihren Bemerkungen, sodass es nahezu unvermeidlich zu Schwierigkeiten kommt. Mit hoher Wahrscheinlichkeit leben alte Auseinandersetzungen neu auf. In jedem Fall handelt es sich um eine schwatzende, lärmende Schar, die immer dann mehr oder weniger zänkisch wird, wenn der Schnaps in die leeren Mägen fließt.[107]

Mit zunehmender Dauer der Trinkgelage intensivierten sich die »fast unvermeidlich« mit ihnen einhergehenden Konflikte bis hin zu Massenschlägereien – Schlägereien, die oft im Tod eines oder mehrerer ihrer Teilnehmer resultierten. Und wenn Bartons Informanten nacheinander von seinen oder ihren Erlebnissen bei solchen Trinkfesten erzählen, hören wir von fünf Toten bei diesem Fest, sieben bei jenem und so weiter.

Auf einem Trinkfest in Montabiong kam es zu einer betrunkenen Schlägerei, bei der fünf Männer getötet wurden, einer von ihnen ein Angehöriger von uns. Meine Schwester Dukmin und ich trugen ihn weg, denn alle Männer kämpften noch, er war schon tot.[108]

An anderer Stelle:

Am nächsten Morgen ging ich mit den Leuten, die die Leichen ihrer Gefallenen nach Hause trugen, nach Buhne, von dort nach Ligauwe und weiter nach Kudug, wo ein weiteres Trinkfest im Gange war. Fünf Männer aus Banao, zwei aus Buhne, drei aus Ligauwe und einige aus anderen Städten wurden getötet. Einem Mann wurde der Bauch aufgeschlitzt; seine Eingeweide quollen heraus und er versuchte, sie wieder hineinzubekommen, während er mit seinem Bolo auf alles um ihn herum einstach.

Solches Blutvergießen war tatsächlich so wahrscheinlich, dass der Gastgeber nicht nur dafür betete, dass seine betrunkenen Gäste sich nicht gegenseitig angriffen, sondern – im Wissen, dass dieses Gebet vermutlich ungehört bleiben würde – auch dafür, dass das Metall ihrer Speere und Messer stumpf sein und sie schlecht und ungenau zielen würden:

> Ich mache den *Tikom*-Ritus für die Eisen [Speere und Messer], damit sich die Gäste des Trinkfests morgen versammeln und trinken und trinken und halb betrunken und betrunken werden. Aber wenn sie einander mit den Eisen bedrohen, werden die Eisen schwach werden wie die Stängel junger Pflanzen und sie werden über die Rücken der Gäste hinwegschießen.[109]

Barton ergänzt, dass »dieser Tage die Regierung immer Polizei oder Gendarmerie [schickte], um für Ordnung zu sorgen«, da jeder wusste, dass mörderische Gewalt ein häufiges Phänomen auf den Ifugao-Trinkfesten war. Aus alldem scheint zu folgen, dass die Ifugao ein weiteres Beispiel für eine Gesellschaft darstellen, deren Mitglieder unkontrollierbar gewalttätig werden, wenn der Alkohol erstmal ihre »primitiven Urtriebe« entfesselt hat.

Aber das sind noch nicht alle Fakten. Barton schreibt auch von einem Trinkfest, auf dem von allen Teilnehmern nur ein einziger gewalttätig wurde.[110] Und es gibt den Bericht einer älteren Frau der Ifuago, die ihre Erzählung von zahlreichen Trinkfesten, die zu Todesfällen führten, wie folgt ergänzt:

> Jetzt werde ich Ihnen von ein paar weiteren Trinkfesten erzählen, die ich besucht habe. Eines der ersten war in Ubwag. Es kam zu Prügeleien – was sie verursachte, hat niemand je

erfahren. Zwanzig Männer aus den verschiedensten Regionen wurden getötet: Zwei von ihnen und fünf der Verwundeten kamen aus meiner Region Hingyón. Mein Bruder Adunglay hielt sich da raus. Wir Frauen rannten ins Haus und die Männer, die damit nichts zu tun hatten, rannten in den Wald.[111]

Aber Gewalt war nicht unvermeidlich. Nachdem sie ein weiteres Trinkfest beschrieben hat, das genauso blutig wie das vorherige ablief, fährt sie fort: »Mein nächstes Trinkfest war in Holnad. Es war ein gutes Trinkfest – kein Ärger.«

Trotz der scheinbar unvermeidbaren Gewalt auf den Ifugao-Trinkfesten scheint es also zumindest einige Feiern gegeben zu haben, auf denen es wenig »Ärger«, und andere, auf denen es überhaupt keinen gab! Bemerkenswert ist weiterhin, dass in den Fällen, wo es zu Gewalttätigkeit kam, nicht alle Teilnehmenden daran beteiligt waren. Mehr noch – obwohl an diesen Festen immer auch Frauen teilnahmen, berichtet Barton nur von einem einzigen Vorfall, bei dem eine Frau durch einen betrunkenen Angreifer starb. Und obgleich manche Frauen so betrunken waren, dass sie das Bewusstsein verloren, findet sich in Bartons vielen Berichten vom Trinken der Ifugao keine Erwähnung, dass betrunkene Frauen jemals einen anderen Menschen – Mann oder Frau – angegriffen hätten. Ebenso wenig findet sich in diesen umfangreichen Berichten ein Hinweis darauf, dass die Priester der Ifugao, die diese Trinkfeste anleiteten, jemals gewalttätig geworden seien – und das, obwohl diese Priester manchmal so betrunken waren, dass sie den Wortlaut ihrer Gebete vergaßen und sich von ihren weniger betrunkenen Assistenten soufflieren lassen mussten. Und zu guter Letzt erwähnt Barton an keiner Stelle, dass er selbst in all den Jahren, die er bei den Ifugao lebte, jemals bedroht oder gar angegriffen worden wäre. Zusammenfassend lässt sich daher sagen, dass Alkohol für die Ifugao deutlich weniger als das vollumfängliche Enthemmungsmittel ist, das er ursprünglich zu sein schien.

Für ein weiteres Beispiel des Wirkens der Begrenzungsklausel wenden wir uns nach Südamerika und den Berichten des Anthropologen Jules Henry zu, der die Tragödie beschreibt, die betrunkene Gewalt über die Kaingang in Brasilien gebracht hat. Vor ihrer gewaltsamen Eingliederung in den Staat lebten die Kaingang nomadisch und kriegerisch in einem riesigen Gebiet im Hochland des südöstlichen Brasiliens und erwiesen sich als furchterregende Gegner der Siedler, die sie mit Hingabe beraubten und töteten. Obwohl sie in den 1930er-Jahren, als Henry zwei Jahre bei ihnen lebte, ihre mörderischen Attacken nicht mehr gegen brasilianische Siedler richteten, war Gewalt doch weiterhin ein Bestandteil ihres Lebens. Unmittelbar nach ihrer Unterwerfung lebten die Kaingang wie zuvor und zogen in erweiterten Familienkreisen von fünfzig und mehr Personen umher. Wenn sich zwei oder mehr dieser Familien trafen, mündete das typischerweise in Gewalt. Bei solchen Gelegenheiten kam es häufig zu Mord und Totschlag und jeder Tote setzte (wie bei den Tohono O'Odham) einen Kreislauf der Blutrache in Gang, der sich von einer Großfamilie zur nächsten fortsetzte. Das gegenseitige Blutvergießen hatte ihre ehemals beachtliche Population auf einen kleinen Rest schrumpfen lassen. Und was sagt Henry zur Rolle des Alkohols bei dieser genozidalen Dezimierung?

> Wenn die Kaingang betrunken sind, kommen ihre bösartigen und furchterregenden Impulse an die Oberfläche … je mehr man über die Kaingang weiß, desto beeindruckter ist man

> vom Ausmaß, in dem die Wurzeln ihres Daseins von Impulsen zur Gewalt untergraben und zerrissen sind. Das ist noch verwunderlicher, wenn wir uns erinnern, was für mitfühlende Menschen sie zu sein scheinen – wie sehr sie es lieben, hundertfach alle Arten persönlicher Verbundenheit zu zeigen. Doch wenn die Trunkenheit die Kaingang-Persönlichkeit enthüllt, dann plätschert diese nicht als Rinnsal der Zärtlichkeit hervor, sondern strömt hernieder in Sturzbächen von Gewalt. Der einzige Ausgang ist Mord.[112]

Vor diesem Hintergrund ist es verständlich, dass unter den Kaingang das Angebot einer Großfamilie, für eine andere »Bier zu brauen«, sowohl als Drohung wie auch als Versprechen angesehen wird. Nichtsdestotrotz war es üblich, dass so ein Angebot gemacht wurde, wenn sich zwei Familien trafen. Auch wenn die Gründe dafür nicht ganz klar sind, sagt Henry, dass die eingeladene Familie »niemals eine Einladung abgelehnt« hat, obwohl sie wusste, dass ihr eigenes Leben dadurch gefährdet wurde.

Was aber geschah, wenn nur die Mitglieder einer einzigen Großfamilie miteinander tranken, wie sie das oft taten? *Im Wesentlichen nichts!* Auch wenn sich die Mitglieder einer Familie untereinander einmal stritten, gingen diese Streitereien selten über harmlose Schläge hinaus. Von Mord und Totschlag bei solchen Gelegenheiten hatte buchstäblich noch niemand gehört. Henry berichtet, dass in einem Zeitraum von ungefähr 200 Jahren nur ein einziger Mord *innerhalb* einer Großfamilie passiert sei; dieser sei mit kaltblütigem Vorsatz ausgeführt worden und alle Beteiligten seien vollkommen nüchtern gewesen.

In einem Vorwort zu Henrys Monografie bringt Ruth Benedict das Rätsel der Gegenwart der Kaingang auf den Punkt:

Das Bild der Kaingang ist das Bild einer sozialen Tragödie. Innerhalb der kleinen Gruppe ihrer Reisekameraden waren sie fröhlich und ausschweifend und lösten ihre Konflikte ohne Gewalt. Aber diese kleine Gruppe war nicht deckungsgleich mit ihrer Welt und in der äußeren Welt konnten sie nur töten.[113]

Zusammenfassend lässt sich sagen, dass die Kaingang ein Beispiel für eine Gesellschaft sind, in der die Einnahme von Alkohol in keiner Weise die wesentliche Unterscheidung zwischen eigener Gruppe und fremder Gruppe verwischte. Auch beeinträchtigte sie nicht im Geringsten ihre Fähigkeit, die Normen einzuhalten, die sie für die jeweilige Gruppe angemessen fanden.

Ein Beispiel für eine andere Art familiärer Immunität beinhaltet Lionel Wafers Bericht von seinem Aufenthalt bei den Kuna im Nordosten des heutigen Panama. Als Arzt für eine Gruppe englischer Freibeuter erlitt Wafer 1681 eine Verletzung bei einem Unfall auf einer Inlandsmission, die ihn dazu zwang, die Gesellschaft seiner Mitreisenden zu verlassen und zur Regeneration einige Monate bei den bis dahin im Westen praktisch unbekannten Kuna zu verbringen. Diese Indigenen waren in hohem Maße ausgrenzend, da ihre Geschichte durch wiederholte Versuche der Vereinnahmung durch Eindringlinge geprägt war. Doch wir wollen uns hier nicht mit den oft blutigen Aufständen der Kuna befassen (deren letzter erst 1925 stattfand), sondern mit dem, was Wafer von den Beziehungen zwischen den Geschlechtern berichtete.

In Bezug auf die Aufteilung von Arbeit schreibt er:

Die Männer roden zunächst die Plantagen und bringen sie in Ordnung, aber die Frauen haben die ganze Mühe danach; das Hacken, das Pflanzen, das Pflücken des Mais, das Set-

> zen der Yams und jede Form von Landwirtschaft wird ihnen überlassen ... die Frauen kümmern sich auch um die Angelegenheiten im Haus, denn sie sind im Allgemeinen die Hausknechte ... [sie] sind nur wenig besser als Sklavinnen für ihre Ehemänner ...[114]

Die Frauen jedoch verrichteten ihre Arbeit sowohl bereitwillig als auch fröhlich und »sie folgen ihren Ehemännern mit tiefem Respekt und Pflichtbewusstsein bei allen Gelegenheiten ...«.

Laut Wafer sei diese weibliche Dienstbarkeit nie stärker ausgeprägt als während der häufigen männlichen Trinkfeste, bei denen die Frauen »ständig bereitstehen und sie bedienen« – eine nicht zu unterschätzende Aufgabe, da die Männer »sehr streitsüchtig beim Trinken sind« und die Feste bis zu drei oder vier Tage lang anhalten können. Die Männer wurden in der Tat so streitsüchtig, dass sie, um die Gefahr schwerer Verletzungen zu vermindern, vor dem Trinken ihre Waffen an den Dachbalken hängen mussten – eine Praxis, die die Kuna übrigens bis heute befolgen. Wenn im Verlauf dieser Trinkgelage – ob nun gewalttätig oder nicht – der Ehemann »einen Zustand erreichte, in dem er es nicht mehr aushielt, half ihm die Ehefrau in seine Hängematte, wusch ihn und stand bereit, um nach ihm zu sehen. Doch trotz der eindeutig untergebenen Stellung der Frauen, die sie zu scheinbar idealen Zielscheiben für die »entfesselte« trunkene Gewalttätigkeit ihrer Ehemänner hätte machen können, trotz des häufig gewalttätigen betrunkenen Betragens ihrer Ehemänner und trotz der Fülle der betrunkenen Gelegenheiten berichtet Wafer, dass er

> ... nie von einem hörte, der seine Ehefrau schlug oder ihr harte Worte an den Kopf warf. Nicht einmal bei ihren Streitereien,

die sie bei ihren Turnieren gewöhnlich austragen, zeigen sie irgendeine Grobheit gegenüber ihren Frauen, die sich um sie kümmern.

So weit also zur Unverletzlichkeit der Kuna-Frauen. Aber die Funktion der Begrenzungsklausel beschränkt sich nicht allein darauf, zwischen angemessenen und unangemessenen Angriffszielen zu unterscheiden. Sie kann auch die *Art und Weise* beeinflussen, in der sich die »enthemmten aggressiven Impulse« eines Betrunkenen äußern.

Betrachten wir beispielsweise den Bericht des Anthropologen Ralph Beals von betrunkenen Kämpfen zwischen den Mixteken in Oaxaca im Süden von Mexiko. Beals schreibt, dass im Gegensatz zu den Mixteken, denen wir in Kapitel 2 begegnet sind, sich

> ... die Mixteken häufig in Faustkämpfen ergehen, besonders wenn sie betrunken sind. Obwohl ich Hunderte davon gesehen habe, sah ich nie, dass Waffen verwendet wurden, auch wenn beinahe alle Männer Macheten trugen und viele auch Gewehre. Die meisten Kämpfe beginnen mit einem betrunkenen Streit. Wenn die Stimmlage einen bestimmten Ton erreicht, erwartet jeder einen Kampf. Die Männer reichen ihre Waffen Schaulustigen und fangen dann an, aufeinander mit ihren Fäusten einzuschlagen, die sie mit Wucht schwingen, bis einer fällt ... [An diesem Punkt] hilft der Sieger seinem Gegner wieder auf die Beine und für gewöhnlich umarmen sie einander ...[115]

Es ist mehr als bemerkenswert, behaupten wir, dass die Kombattanten, kurz bevor sie in betrunkenem Ärger aufeinander losgehen, noch die Geistesgegenwart besitzen, »ihre Waffen an Schaulustige« abzugeben – vermutlich damit sie in ihrer kommenden Raserei ihren Gegner nicht ernsthaft verletzen.

Die »Regeln« für den »ordnungsgemäßen Kampf bei unkontrollierbarer Trunkenheit« legen nicht nur die Angemessenheit oder Unangemessenheit des Gebrauchs von Waffen fest. Sogar in Gesellschaften, in denen der Gebrauch von Waffen streng verboten ist, kann es unterschiedliche Auffassungen davon geben, was einen ordnungsgemäßen oder einen unsachgemäßen Kampf ausmacht, und auch diese Vorschriften fallen in den Einflussbereich der *Begrenzungsklausel.* Betrachten wir in diesem Zusammenhang den Bericht des Anthropologen Allan Holmberg von betrunkenen Kämpfen unter den Sirionó, einer indigenen Gesellschaft, die aus kleineren Gruppen nomadischer Jäger besteht und ein prekäres Dasein in den Regenwäldern des östlichen Boliviens fristet. Holmberg führt aus, dass die Sirionó, wenn sie ihren einheimischen Honiglikör trinken, ähnlich wie die Mixteken oft so aggressiv werden, dass es zu Schlägereien kommt. Aber obwohl die Streitenden normalerweise so betrunken sind, dass sie, wie Holmberg schreibt, »nicht mehr stehen können«, bleibt ihre Art zu kämpfen streng geregelt. Unter den Sirionó gilt weder der Gebrauch von Waffen *noch von Fäusten* als angemessen. Vielmehr müssen sich die Kämpfenden auf das Ringen beschränken und es wird keine Ausnahme von dieser ungeschriebenen »Regel« toleriert. Holmberg berichtet von einem Vorfall, bei dem ein betrunkener Sirionó seinen Gegner mit der Faust geschlagen hatte, und sagt, dass »jeder zu zetern anfing, er würde unfair kämpfen ›wie ein weißer Mann‹«.[116] Während wir mit der traditionellen Überzeugung von der Enthemmungswirkung des Alkohols niemals auch nur auf die Idee kämen, dass solche Äußerungen gerechter Empörung irgendeinen Effekt auf die Kämpfenden haben könnten, ist es im Gegenteil jedoch evident, dass solche »lediglich verbalen Erinnerungen« sehr wohl funktionierten, denn Holmberg berichtet weiterhin, dass dieser Sirionó »sofort aufhörte«. Wie kann es sein, möchten wir fragen, dass der Aufschrei einer moralisch empörten Gruppe von Umstehenden es schafft, den »enthemmten« Sirionó-Trunkenbold wieder zur angemessenen Einhaltung moralischer Werte zu bringen?

Und sollte dieses Beispiel noch nicht genügen, sei daran erinnert, dass selbst eine Intervention, die so wenig geeignet scheint, das Unkontrollierbare unter Kontrolle zu bringen wie ein verheißungsvolles Flüstern, manchmal dieses Wunder vollbringen kann – eine Tatsache, die sich sowohl im Leben wie auch in Mythen spiegelt. So gibt es unter den vorhin besprochenen Ifugao die folgende Legende des Kriegerhelden Nahgag und des Mädchens Cuyapi:

> Nahgag traf Cuyapi auf einem Fest in Bukyawan ... und verliebte sich in sie auf den ersten Blick. Die Menschen feierten und tanzten und tanzten und sangen die ganze Nacht und Cuyapi sang am süßesten. Aber Nahgag wurde betrunken und wild und gefährlich, und als manche von den anderen ihn zu bändigen und entwaffnen versuchten, schlug er auf eine Pinie ein und fällte sie mit einem einzigen Hieb. Cuyapi mochte ihn dafür, weil es sie an die Tapferkeit ihres Vaters erinnerte, und sie flüsterte in sein Ohr: »Wenn du mich liebst und respektierst, dann leg dein Bolomesser nieder.« Nahgag hörte sofort auf sie.[117]

Es gibt auch Gesellschaften, in denen physische Gewalt unabhängig vom Grad der Betrunkenheit außerhalb der Norm ist, in denen aber Trunkenheit gewissermaßen genehmigte Anlässe bietet, um verbal Dampf abzulassen.

Der Bericht des Anthropologen Robert McCorkle Netting über die Gesellschaft der Kofyar in Zentralnigeria dokumentiert ein solches Muster. Die Kofyar sind eine von vielen isolierten, von der Landwirtschaft lebenden Gesellschaften im nigerianischen Jos-Plateau, die von anderen als »Bergheiden« bezeichnet werden. Wie viele indigene afrikanische Gesellschaften sind die Kofyar sehr angetan vom Biertrinken. Tatsächlich stehe das in Nettings Worten im Fokus ihrer Kultur: »Die Kofyar machen, trinken, reden über und denken an Bier.«[118] Er beschreibt ein typisches Trinkfest wie folgt:

> Das Biertrinken scheint im Allgemeinen mit gesteigerter Aktivität einherzugehen und gemeinschaftliche Vergnügungen wie Singen und Tanzen sind nur in Verbindung damit vorstellbar. Das Bierfest dient auch als angemessener Anlass, um interpersonelle Spannungen mit lautstarken Auseinandersetzungen zu lösen. Große und kleine Reibereien werden der Öffentlichkeit und ihrem Urteil preisgegeben in einer Atmosphäre, die emotionale Katharsis fördert. Strenge Grenzen werden jedoch dadurch gesetzt, dass Streitigkeiten den Älteren zur Schlichtung vorzulegen sind, und durch das Verbot körperlicher Gewalt. Die Kofyar ziehen eine klare Linie zwischen verbaler Aggression, die freimütig zum Ausdruck gebracht werden darf, und potenziell gefährlichen Handlungen.

Ein besonders außergewöhnliches Beispiel für die Beziehung zwischen Trunkenheit und Gewalttätigkeit findet sich in Richard Meinertzhagens Bericht von seinen Erfahrungen mit den Kikuyu in Ostafrika in der ersten Dekade des 20. Jahrhunderts. Als junger britischer Offizier waren Meinertzhagen, eine Handvoll weiterer britischer Offiziere und ein paar indigene Kenianer die einzigen Repräsentanten der britischen Krone im gesamten

Kikuyu-Gebiet in Zentralkenia. Eines Abends, so erzählt Meinertzhagen, gab der Kikuyu-Älteste Kenuthia eine große Bierparty für seine Krieger, bei der alle recht übermütig wurden. Sie umringten das britische Lager (das euphemistisch »Fort« genannt wurde) und riefen den dort stationierten Soldaten »unflätige Bemerkungen« zu. Meinertzhagen begann sich Sorgen zu machen, und das nicht ohne Grund, da es plötzlich Pfeile auf die Behausung regnete. Aber als Meinertzhagen gerade den Schießbefehl geben wollte, bemerkte er, dass keiner seiner Männer verwundet worden war, und als er die Pfeile näher untersuchte, entdeckte er, dass ihre Spitzen mit schützenden Kugeln verdeckt waren. Am nächsten Tag entschuldigte sich Kenuthia für den Streich und erklärte, dass seine Männer betrunken gewesen seien. Wenig später kam es zu einem zweiten Vorfall. Dabei rückten Kenuthia und einige seiner Verbündeten auf das Fort vor und drohten mit einem Angriff, da dort so wenige Soldaten stationiert seien. Der britische Offizier lachte den taumelnden Ältesten und seine Mitkämpfer nur aus und stellte seine Kaltblütigkeit unter Beweis, indem er von ihnen jeweils fünf Ziegen als Strafe verlangte. Und das Ergebnis? Meinertzhagen berichtet, dass Kenuthia und seine Leute nicht nur von Gewalt absahen, sondern »kleinlaut von dannen zogen und am nächsten Tag ihre Strafe bezahlten«.[119] Damit die Leserinnen und Leser hier nicht auf den Gedanken kommen, die Kikuyu wären nur Possenreißer und nicht in der Lage zu ernsthaften Handlungen, mögen sie das unglückliche Schicksal eines britischen Siedlers in Betracht ziehen, der ihnen nur wenige Tage später in die Hände fiel. Er wurde zu einem Kikuyu-Dorf gebracht, dort gefesselt auf den Boden gelegt und sein Mund mit einem Keil geöffnet, woraufhin das gesamte Dorf, Männer, Frauen und Kinder – alle vollkommen nüchtern –, »in seinen Mund urinierten, bis er ertrank«. Zusammenfassend kann man sagen, dass die Kikuyu durchaus zu bestialischen Handlungen im nüchternen Zustand fähig (das Schicksal des gefangen genommenen Siedlers war durchaus kein Einzelfall) und gleichzeitig in der Lage waren, sich im betrunkenen Zustand vollständig unter Kontrolle zu halten.

Dort, wo Betrunkenheit von Gewalt nicht gegen Außenseiter, sondern gegen Angehörige der eigenen Gesellschaft begleitet wird, ist die Zielscheibe dieser Gewalt in der Regel ein im Status Gleichgestellter oder Unterlegener. Aber das ist nicht immer der Fall. So waren die Trinkfeste der Abiponen in Paraguay (deren Metamorphose durch Betrunkenheit in Kapitel 2 beschrieben ist) sanktionierte Anlässe, um mit den Ältesten abzurechnen, wie Dobrizhoffer überdeutlich macht:

> Betrunkene Männer töten einander häufig; Frauen zanken und tränken oft ihre Hände mit dem Blut der anderen; junge Männer, die nach Ruhm oder Beute gieren, berauben die Spanier, denen sie Frieden versprochen hatten, ganzer Pferdeherden und töten sie manchmal heimlich: und der *Cacique* (Älteste), der von all dem weiß, traut sich nicht, etwas zu sagen. Würde er sie für diese Vergehen, die zu den Verdiensten, Tugenden und Siegen der Wilden gezählt werden, auch nur mit einem einzigen harten Wort tadeln, würde er beim nächsten Trinkgelage von den Fäusten der berauschten Wilden bestraft und öffentlich mit Beleidigungen überhäuft werden, als Freund der Spanier und als ein größerer Liebhaber der Bequemlichkeit als seines eigenen Volkes. Wie oft haben Ychamenraikin, höchster *Cacique* der Riikahes, und Naré von den Yaaucanigas das erlebt! Wie oft sind sie von Trinkfesten mit blauen Augen,

abgeschürften Händen, weißen Wangen und Gesichtern zurückgekehrt, in denen alle Farben des Regenbogens zu sehen waren![120]

Andererseits stützen dieselben Abiponen nicht den hier schon zitierten sprichwörtlichen Rat von Ogden Nash: »Konfekt ist ganz nett, aber Wein geht schneller rein.« Dobrizhoffer berichtet, dass die Trunkenheit bei den Abiponen deren grundsätzlich puritanisches Verhältnis zwischen den Geschlechtern in keiner Weise verändert. Er stellt fest, dass selbst auf dem Höhepunkt ihrer ausschweifenden Trinkfeste »du nie auch nur die kleinste Abweichung von den strikten [sexuellen] Anstandsregeln feststellen kannst. Die Männer sind getrennt von den Frauen, die Jungen von den Mädchen.«

Ein ähnliches Beispiel finden wir in den Berichten der Anthropologin Monica Hunter über die Auswirkungen des Kontakts von Europäern mit den Mpondo in Südafrika. Wie viele afrikanische indigene Gesellschaften trinken diese große Mengen Bier bei zahlreichen zeremoniellen und weltlichen Anlässen. Obwohl sie im nüchternen Zustand friedfertig sind, ist Streit eine erwartbare Begleiterscheinung ihrer Bierfeste geworden. Tatsächlich »sehen die Mpondo ein *Umjadu* [großes Fest] ohne Schlägerei als unvollständig an«. Aber ähnlich wie bei den Abiponen vollzieht sich in ihrem sexuellen Betragen keine derartige Metamorphose, und das, obwohl »viel Bier getrunken wird und die Aufregung noch erhöht wird durch die Menschenmassen und die Rhythmen«. Statt sexueller Enthemmung »ist auf gewöhnlichen Bierfesten lediglich verbales Flirten statthaft«. Hunter schlussfolgert: Dadurch, »dass Männern und Frauen die Möglichkeit gegeben wird, einander zu treffen, frei miteinander zu sprechen und sich in begrenztem Umfang sexuellen Spielereien hinzugeben, hilft die Institution der Bierparty, den Sex in gesellschaftlich unbedenkliche Bahnen zu lenken. Liebespaare verabreden sich auf Bierfesten, aber es wird als unziemlich betrachtet, dass sie sich öffentlich zur Schau stellen.« Im Fall der Mpondo scheint es so zu sein, dass der Alkohol zwar »die aggressiven Triebe entfesselt« und dadurch friedfertige Männer in Schläger verwandelt, aber die »sexuellen Triebe« in »gesellschaftlich unbedenkliche Bahnen lenkt«.[121]

Da, wo Trunkenheit mit einer Lockerung der normalerweise geltenden Regeln sexuellen Anstands einhergeht, findet man oft die gleiche »Objektselektivität«, die wir schon im Fall betrunkener Aggressionen gesehen haben. Betrachten wir in diesem Zusammenhang den Bericht von Bennett und Zingg von den Tarahumara – einer indigenen Gesellschaft in der Sierra Madre Occidental im nördlichen Mexiko. Die Zurückhaltung der Tarahumara ist für gewöhnlich so groß, dass die Autoren behaupten, es sei »keine Übertreibung zu sagen, dass ein normales Sozialleben nicht ohne die Hilfe von *tesguino* stattfinden würde«, einem einheimischen alkoholischen Getränk aus Mescal oder gekeimtem Mais.[122] Mit *tesguino* jedenfalls »ist die Stille gebrochen. Jeder spricht, lacht und raucht. ... Inmitten von Alkoholdunst werden die Tarahumara ›menschlich‹«. Nach Bennett und Zingg ist die primäre Veränderung in den Verhaltensweisen, die auf die Einnahme von *tesguino* folgt, die Überwindung der schüchternheitsbedingten sozialen Isolation, die, wie wir hier anmerken möchten, oft begleitet ist von einer radikalen Veränderung in den normalerweise sehr keuschen Beziehungen zwischen den Geschlechtern. Während die

Frauen der Tarahumara im nüchternen Zustand »außergewöhnlich scheu und puritanisch« seien, »werden sie leicht angetrunken recht freizügig«. Bennett und Zingg beschreiben die Feste oder *tesguinadas* – auf denen soziales Trinken eine so überaus wichtige Rolle spielt – als Anlässe »erlaubter Promiskuität oder Frauentausch«. Aber nur in definierten Grenzen, denn die Autoren fügen die wichtige Ergänzung hinzu, dass

> die Promiskuität sich nicht auf Außenstehende erstreckt. Wenn ein Mexikaner* bei den Tarahumara übernachtet, wird die Frau woanders schlafen. [Und] auch im stark betrunkenen Zustand werden sie sich auf den Festen nicht mit Fremden einlassen.

In diesem Beispiel ist es nicht schwer zu verstehen, dass praktisches Eigeninteresse eine wichtige Rolle bei dieser Selektivität spielt: Bei den von Bennett und Zingg untersuchten Tarahumara war es zu dieser Zeit üblich und bekannt, dass »Frauen, von denen bekannt war, dass sie Beziehungen zu Mexikanern gehabt hatten, aus Angst vor Krankheiten gemieden wurden«.

Für ein letztes Beispiel der Wirkungsweise der *Begrenzungsklausel* bewegen wir uns um die halbe Welt zu den Lepchas, wie sie von Geoffrey Gorer und John Morris im Jahr 1938 beschrieben wurden.[123] Die Lepcha sind ein tibetobirmanisches Bergbauern-Volk, das schon seit Hunderten von Jahren in der Region des östlichen Himalajas, in Sikkim, Kalimpong und Darjiling, sowie in Bhutan und als kleine Minderheit in Nepal angesiedelt ist. Von den frühesten Kontakten zur westlichen Welt bis heute wurden die Lepchas mit bemerkenswerter Übereinstimmung als

* Gemeint sind ethnische *Mestizos*.

extrem fleißig und tüchtig, sanftmütig, großzügig, wahrheitsliebend und respektvoll gegenüber anderen Personen und deren Eigentum beschrieben. Sie gelten auch als überaus tolerant, die Einstellung von *ket ma nin* (»macht nichts«) wird bis zum Äußersten gelebt. Zu guter Letzt sind sie in höchstem Maße mit sexuellen Dingen befasst und nach jedem denkbaren Standard ungemein promiskuitiv. John Morris drückt es so aus: »Tatsächlich ist Sex fast die einzige Freizeitbeschäftigung und das häufigste Gesprächsthema bei praktisch allen Anlässen.« Geoffrey Gorer stellt dasselbe fest: »Wann auch immer sich eine Gruppe von Männern und Frauen zu irgendeinem Zweck zusammenfand, wie festlich oder ernst dieser auch war, wurde jeder Bemerkung ›eine sexuelle Bedeutung‹ gegeben.« Darüber hinaus beobachtet Gorer, dass bei den Lepchas »sexuelle Aktivität praktisch getrennt von Emotionen ist ... und als eine Notwendigkeit wie Essen und Trinken [betrachtet wird]; und wie beim Essen oder Trinken spielt es keine Rolle, von wem man es bekommt ...«.[124] Sowohl Morris wie auch Gorer berichten, dass Ehebruch, der unter den Lepchas weitverbreitet ist, nicht zu Feindseligkeiten zwischen den beteiligten Parteien führt. So schreibt Morris: »Während unseres Aufenthalts in Lingtem gab es nicht das kleinste Zeichen von Streit wegen einer Frau und die Menschen fanden es lächerlich, dass so etwas passieren könnte.«[125]

In dem Lepcha-Dorf Lingtem beginnt das aktive Sexualleben früh – typischerweise im Alter von zehn Jahren bei Mädchen und zwölf bei Jungen, wobei der Sexualpartner dabei in beinahe jedem Fall eine erwachsene Person ist – und hält bis ins hohe Alter an. »Man weiß, dass eine Frau ab einem bestimmten Alter nicht mehr schwanger wird, aber es gibt keine Unterbrechung ihrer sexuellen Aktivitäten.« Da sich die Lepcha bewusst sind, dass ihre Bevölkerung wegen eines hohen Maßes von Unfruchtbarkeit unter den Frauen stark abnimmt, wünschen sie sich Kinder mehr als alles andere. In der Konsequenz ist »die Produktion eines unehelichen Kindes kein Hindernis für die spätere Hochzeit eines Mädchens, im Gegenteil macht sie die Tatsache, dass sie sich als fruchtbar gezeigt hat, wenn überhaupt, noch attraktiver«.[126]

Es gibt jedoch eine Grenze und die Lepcha ziehen sie scharf: Inzest betrachten sie als absolut schrecklich, solche Beziehungen sind streng untersagt. Man glaubt, dass der Gemeinde ein Jahr des Unglücks bevorsteht, wenn es zu sexuellen Handlungen in einer solchen Verbindung kommt, dass ein Teufel das schuldige Paar mit Narben übersäen würde und dass, sollte ein Kind aus einer solchen Beziehung entstehen, dieses entweder bösartig oder schwachsinnig werden und nur für kurze Zeit leben würde. Während Gorners Aufenthalt bei den Lepcha lebte ein inzestuöses Paar von Cousine und Cousin zweiten Grades in der Region. Dieses Paar wurde mit Racheakten förmlich bombardiert; sie wurden »als unheilbar schmutzig und ansteckend gemieden; sie wurden aus ihrem Dorf und ihrer Gemeinde verbannt; kein Nachbar oder Verwandter wollte sie besuchen oder ihnen helfen; wenn sie stürben, wollte sich niemand um den Verbleib ihrer Leichname kümmern oder ihre Seelen ins Paradies führen«.[127]

Natürlich gibt es keine allgemeine Übereinstimmung von Kultur zu Kultur darüber, wie genau eine inzestuöse Beziehung zu definieren ist, und wir möchten bemerken, dass die Lepcha bei ihrer Definition eher großzügig vorgegangen sind. Als inzestuös betrachten sie jegliche sexuelle Verbindung von Blutsverwandten über neun Generationen auf väterlicher und vier auf mütterlicher Seite. Zudem gelten folgende Verbindungen eines Ehemannes mit folgenden angeheirateten Verwandten als gleichermaßen inzestuös: die Mutter seiner Ehefrau, die älteren Schwestern der Ehefrau, die Ehefrau eines älteren Bruders seiner Ehefrau, die Ehefrauen seiner Söhne, die Ehefrauen seiner jüngeren Brüder und die Ehefrauen der Söhne seiner Brüder und Schwestern. Und gleichermaßen für die Ehefrau: der Vater ihres Ehemannes, die älteren Brüder ihres Ehemannes, der Ehemann der älteren Schwester des Ehemannes, die Ehemänner ihrer eigenen Töchter, die Ehemänner ihrer jüngeren Schwestern und die Ehemänner der Töchter ihrer Brüder und Schwestern. All diese gehören zu *num-neu-zong* [Menschen, mit denen jeglicher sexueller Kontakt verboten ist] und ab einem Alter von zehn Jahren erwartet man von den Kindern, dass sie sich dieses Geflechts feiner Unterscheidungen bewusst sind, das die Kategorie des sexuell Verbotenen definiert. Eine interessante Konsequenz dieser breit gefassten Definition von Inzest ist, dass es zwar einerseits eine zügellose Promiskuität in Lingtem gibt, gleichzeitig aber auch eine große Anzahl von potenziell zur Verfügung stehenden Sexualpartnern, die wegen der strikten Regeln als strengstens »verboten« definiert sind. Wir wollen nun untersuchen, was mit dem normalerweise wirksamen Inzesttabu geschieht, wenn die Lepcha unter den Einfluss von *Chi* geraten, ihrem lokalen alkoholischen Rauschmittel.

Einmal pro Jahr gibt es ein Reis- oder Erntefest, wo den ganzen Tag über viel getanzt und *Chi* getrunken wird. Morris schreibt: »Jeder, der beim Tanzen mitmacht, muss die ganze Nacht im Feld verbringen; und bei dieser Gelegenheit setzt sich manchmal etwas durch, das als »die große Freiheit« bezeichnet wird, die normalen Verhaltensregeln werden völlig außer Acht gelassen.«[128] Nun ja, nicht »völlig«, denn obwohl Gorer schreibt, dass »ein Mann, der seine Frau beim Verkehr mit einem anderen Mann sieht, darüber nie sprechen darf, nicht einmal mit seinen Freunden«, und obwohl alle der Auffassung sind, je mehr kopulierende Paare, desto besser (»denn dann werden *Talyeu-Nimu* und *Sangvo-Nimu* [die Geister der Erde] erfreut sein, so viele Menschen kopulieren zu sehen, und ihnen eine gute Ernte senden«), gibt es einen entscheidenden Vorbehalt: »In dieser Nacht darf jeder mit jedem schlafen, *solange die Inzestregeln nicht gebrochen werden*« (Hervorhebung der Autoren).[129] Und das ist natürlich auch nicht der Fall.

Betrachten wir nun die kleineren Feste der Lepcha. Über diese schreibt Morris, dass »es ein gewöhnlicher Anblick auf einem Klosterfest ist, kleine Kinder im Alter von vier oder fünf Jahren den Akt der Kopulation imitieren zu sehen, dabei nicht selten von ihren betrunkenen Eltern angefeuert, die dies für einen amüsanten Anblick zu halten scheinen«.[130] Und auf einem anderen Fest zu Ehren des Besuchs einiger Priester, wo viel getrunken wurde, beobachtet Morris das Folgende:

> Ich sah einen etwa sechzehnjährigen Jungen, der zum großen Amüsement der Umstehenden und der Frau selbst versuchte, die Brüste von Tafoors Frau anzufassen. Sie befreite sich aus seinen Umarmungsversuchen, entblößte eine ihrer Brüste und drückte etwas Milch daraus in ihre Hand. Dann rannte sie zu dem Jungen und versuchte, die Milch in sein Gesicht zu reiben. Darüber gab es allgemein Gelächter. ... Diese Art von

Sexspielchen gab es in großem Umfang. ... [Und wie immer] drehten sich die Gespräche nahezu ausschließlich um Sex.

Auch hier stellt Gorer dasselbe fest:

Je mehr getrunken wird, desto lauter werden die Stimmen, desto heftiger die Gesten und es gibt viel Gelächter; dieses kommt meist von obszönen Bemerkungen ... die eine Sache, die den Lepcha ständig und unerschöpflich lustig erscheint, ist Sex. Es gibt ein bestimmtes Maß an groben sexualisierten Spielereien; ein junger Mann oder mitunter eine junge Frau machen den Versuch, einem anderen jungen Mann an die Geschlechtsteile zu fassen; das wird als extrem lustig angesehen ... Junge Frauen machen sich über einen alten Mann her, ziehen ihn nackt aus und jagen ihn durch das Kloster und so weiter ...[131]

Aber wieder gibt es einen *Begrenzungs-Vorbehalt*. Gorer teilt mit, dass, selbst wenn »sexuelle Gespräche und Witze unvermeidbar und kontinuierlich sind«, egal, wie betrunken die Teilnehmenden sind, *»nicht einmal im Spaß* direkte Einladungen an Menschen ausgesprochen [werden], die als inzestuös gelten« (Hervorhebung der Autoren). Das heißt, im betrunkenen wie im nüchternen Zustand halten sich die Lepcha an ihre umfassende Version des Inzesttabus – nicht nur, um zu entscheiden, wer ein passender Sexualpartner ist und wer nicht. Sie halten seine Regeln sogar in Bezug darauf ein, wer scherzhaft zu einer sexuellen Beziehung eingeladen werden kann und wer nicht. Und das, würden wir sagen, ist eine bemerkenswert begrenzte Art von »Enthemmung«.

Wir müssen irgendwo Schluss machen, denn wir könnten die Präsentation weiterer Beispiele für das Wirken der *Begrenzungsklausel* endlos fortsetzen. In manchen

Gesellschaften werden die Trinker euphorisch, aber weder sexuell »freizügig« noch aggressiv. In anderen Gesellschaften fallen manche der üblichen Einschränkungen bezüglich der Beziehungen zwischen den Geschlechtern, ohne dabei von Veränderungen in der Aggressivität begleitet zu sein. In wieder anderen Gesellschaften kann das Gegenteil der Fall sein: Aggression kann zügellos und ungehemmt werden, ohne dass dies zu irgendwelchen Veränderungen im sexuellen Betragen führt. Und praktisch überall findet sich Objektselektivität in Hülle und Fülle. Kurz gesagt, in allen Beispielen von dem, was wir üblicherweise als betrunkene »Enthemmung« ansehen, gibt es der Möglichkeiten viele und auch der Realitäten.

Da es also *nirgendwo* so ist, dass im Fall von Betrunkenheit alles und jedes erlaubt ist, halten wir das Konstrukt für völlig irreführend, dass Trunkenheit eine Art Unterbrechung darstellt, in der jeglicher Sinn für richtig und falsch sozusagen beurlaubt ist. Vielmehr würden wir behaupten, dass die Vielzahl der Beobachtungen zum Wirken der *Begrenzungsklausel* innerhalb von »Veränderungen zum Schlechteren« durch Alkoholkonsum in ihrer Gesamtheit einen entscheidenden Widerspruch darstellt, auf den jede Theorie über die Auswirkungen von Alkohol irgendwie eine Antwort finden muss. Und dazu sind die konventionellen Ansätze, die davon ausgehen, dass solche Veränderungen nur epiphänomenale Manifestationen der entfesselten Instinkte sind, einfach nicht in der Lage. Dieses Defizit manifestiert den dritten Widerspruch, mit dem wir die konventionelle Weisheit konfrontieren – und dieses Defizit, so behaupten wir, bedeutet ihr endgültiges Versagen.

5

Betrunkenheit als Auszeit
Eine alternative Lösung für das Problem alkoholbedingter Veränderungen zum Schlechteren

Wir haben nun einige Beweise dafür vorgelegt, dass die konventionelle Auffassung von der Rolle des Alkohols bei Veränderungen im Betragen keineswegs so selbstverständlich und offensichtlich ist, wie man oft denkt. In diesem Kapitel wollen wir zunächst die allgemeine Struktur einer alternativen Erklärung des Zusammenhangs zwischen Alkohol und dem menschlichen Betragen entwickeln. Anschließend wollen wir versuchen, die Anwendbarkeit dieser Erklärung auf das Phänomen der alkoholbedingten Veränderungen zum Schlechteren zu demonstrieren. Aber bevor wir das tun, sollten wir vielleicht die wesentlichen Punkte unserer Argumentation zusammenfassen, soweit wir sie bis hierhin entwickelt haben.

Wir begannen in Kapitel 1 mit der Feststellung, dass in jeder Gesellschaft, in der Trinken vorkommt – einschließlich unserer eigenen –, die Handlungen von Menschen sich oft und auf vielfältige Weise erkennbar unterscheiden, wenn diese Alkohol in sich haben. Wir stellten außerdem fest, dass, da bei der Einnahme nicht alkoholischer Getränke ähnliche Veränderungen nicht beobachtbar sind, seit Langem angenommen wird, dass es der Alkohol ist, der diese Veränderungen hervorruft. Wir stellten weiterhin fest, dass diese uralte Annahme bei Laien wie bei Fachleuten weiterhin den unbestrittenen Kern unserer heutigen Meinung dazu darstellt. Wir waren jedoch der Ansicht, dass eine unvoreingenommene Betrachtung der verfügbaren Beweise und Kenntnisse davon, was Menschen tatsächlich tun, wenn sie betrunken sind, nicht zwingend dazu führt, dieses Detail unseres Allgemeinwissens als gesichert anzunehmen. Eine solche Untersuchung weist vielmehr darauf hin, dass es zwar jede Menge Belege für die kausale Rolle des Alkohols beim Hervorrufen von Veränderungen in zumindest einigen sensomotorischen Bereichen gibt, es aber im Gegensatz dazu keine annähernd befriedigende Beweislage für die Überzeugung gibt, dass der Alkohol eine ähnliche Rolle beim Hervorrufen von Veränderungen im menschlichen Betragen spielt. Wir wissen zwar, dass Menschen manchmal Dinge tun, die sie normalerweise nicht tun würden, nachdem sie getrunken haben, und dass diese trunkenen Taten oft den Charakter von Veränderungen zum Schlechteren haben, aber das ist *alles*, was wir wissen. Und weil das alles ist, was wir wissen, zogen wir die Schlussfolgerung, dass die Erklärung von Alkohol als quasi toxischem »Enthemmer« zwar eine mögliche Erklärung für das Auftreten dieser nur allzu häufig beobachteten Veränderungen zum Schlechteren darstellt, aber eben auch nicht mehr als das – es ist eine *mögliche* Erklärung.

Wir wandten uns dann in Kapitel 2 und 3 der kulturübergreifenden Beweislage zu und konfrontierten die für selbstverständlich gehaltene (aber genau genommen lediglich hypothetische) Erklärung der Alkoholwirkung mit zwei Arten ganz konkreter Widersprüche: Wie können wir die Vorstellung, dass Alkohol ein toxischer Enthemmer ist, mit dem Umstand in Übereinstimmung bringen, dass es Gesellschaften gibt, in denen das betrunkene Betragen ihrer Mitglieder entweder (a) nichts zeigt, das als einigermaßen »enthemmt« eingestuft werden kann, oder (b) sich signifikant von einer bestimmten sozialen Situation oder Gegebenheit zur anderen unterscheidet? Wir würden behaupten, dass es unmöglich ist, diese beiden Klassen von Gegenbeispielen in sinnvoller Weise mit dem üblichen Enthemmungs-Paradigma der Alkoholwirkung unter einen Hut zu bringen.

Doch sei dem, wie es sei, Vollkommenheit findet sich nur im Himmel. In unserem wachsenden Bewusstsein für die Rolle von Theorien in einer Welt der Fakten haben wir zu akzeptieren gelernt, dass auch die besten Theorien nur unvollständige Repräsentationen der Realität sind. Und selbst wenn Anhängerinnen und Anhänger der konventionellen Enthemmungstheorie solche »Gegenbeweise«, wie wir sie hier aufzeigen, als »Denkanstöße« interessant finden – vielleicht auch ein bisschen beunruhigend –, bleibt doch das Hauptproblem jeder Theorie von den Wirkungen des Alkohols auf Menschen bestehen: das Problem der alkoholbedingten Veränderungen zum Schlechteren. Da die Enthemmungstheorie als einzige Erklärung angesehen wurde, die eine zufriedenstellende Erklärung für solche Veränderungen bietet, könnten ihre Verfechterinnen und Verfechter gut argumentieren, dass es der Gipfel der Unvernunft wäre, diese Theorie aufzugeben.

Mit diesen Perspektiven im Hinterkopf wandten wir uns in Kapitel 4 der Frage zu, wie überzeugend eigentlich die konventionelle Erklärung der alkoholbedingten

Veränderungen zum Schlechteren ist. Wir führten eine Reihe von Berichten von Gesellschaften an, in denen das betrunkene Betragen – wenngleich deutlich verschieden von dem »normalen« und auf den ersten Blick eindeutig »enthemmt« wirkend – bei näherer Betrachtung innerhalb bestimmter kulturell sanktionierter (und interkulturell verschiedener) Grenzen blieb. Selbst wenn sie sich vom nüchternen Lauf der Dinge weitestmöglich entfernt hatten, gingen diese alkoholbedingten Veränderungen zum Schlechteren nur bis zu einem bestimmten Punkt und dann nicht weiter. Und dies ist, wie wir meinten, in der Tat weit entfernt von einem Zustand, in dem »alles erlaubt« ist. Vielmehr scheint die Beweislage dafür zu sprechen, dass in der ein oder anderen Form etwas, das wir die »Begrenzungsklausel« genannt haben, in *jeder* Gesellschaft wirksam ist, in der alkoholbedingte Veränderungen zum Schlechteren auftreten. Und wir stellten fest: Waren diese Grenzen einmal festgelegt, wurden sie selten oder nie überschritten.

Das heißt, wie groß auch immer der Unterschied zwischen dem nüchternen und dem betrunkenen Betragen von Personen sein mag – und dieser Unterschied ist zweifelsohne oft sehr groß –, sind doch ganz offensichtlich beide Zustände von einem gesunden Respekt für bestimmte sozial sanktionierte Grenzen geprägt. Wenn also eine Vertreterin oder ein Vertreter der konventionellen Weisheit vom Alkohol beispielsweise als »Lösungsmittel des Über-Ichs« und somit vom Betragen des Trinkers als »eine Art blinder Impulsivität« spricht, sollte er oder sie die Tatsache anerkennen, dass man es hier mit einer Form von Blindheit zu tun hat, die sehenden Auges funktioniert, und mit einer Art von Impulsivität, die die besondere Eigenschaft hat, einen ausgeprägten Sinn für das Angemessene zu behalten.

In Anbetracht der Tatsache, dass selbst die enthemmtesten Handlungen des Menschen im betrunkenen Zustand alle Zeichen einer grundlegenden »Domestizierung« aufweisen, behaupten wir, dass das konventionelle Bild vom Alkohol als einer entmenschlichenden Substanz und vom Trinker als einer Person, die auf diese Weise toxisch ihrer zivilisierten Fassade beraubt und nur noch ein amoralisches Instrument ihrer nun unkontrollierten Triebe ist, empirisch nicht zu rechtfertigen ist. Tatsächlich ist es empirisch ebenso wenig zu belegen wie die verwandte, bereits widerlegte Vorstellung, dass solche Veränderungen eine *zwingende* Folge des Alkohols sind. In Anbetracht all dessen sind wir der Auffassung, dass die konventionelle Erklärung betrunkenen Betragens auf keiner einzigen Grundlage mehr haltbar ist.

Allerdings wirft man nicht einfach anerkannte Erklärungen weg, in der Hoffnung, dass eines schönen Morgens eine bessere vorbeikommt, um sie zu ersetzen. Zumindest ist das nicht der Weg, den die Wissenschaften, empirisch oder hermeneutisch, bis heute genommen haben und nehmen. Vielmehr ist es so, wie Thomas Kuhn überzeugend dargelegt hat, dass die Geschichte der wissenschaftlichen Entwicklung voll von Beispielen dafür ist, dass einer schlechten Theorie der Vorzug vor keiner Theorie gegeben wurde; woraus logisch folgt, dass – unabhängig davon, wie unzulänglich eine akzeptierte Theorie sein mag – eine essenzielle Voraussetzung für ihre Ablehnung das Vorhandensein einer offensichtlich überlegenen Alternative ist.[132]

Nachdem wir unsere Einwände im Ganzen dargelegt

haben, möchten wir uns der Darstellung einer solchen Alternative zuwenden. Aber wo soll man anfangen? Wenn wir nicht länger die enthemmende Wirkung von Alkohol als einzige, allumfassende Erklärung dafür heranziehen können, dass sich das betrunkene Betragen von Menschen oft erkennbar von ihrem nüchternen Betragen unterscheidet, wo sollen wir dann suchen? Wir müssen mit dem anfangen, was wir haben, und alles, was wir haben, sind Beobachtungen und Berichte davon, was Menschen tun, wenn sie nüchtern sind, und was sie tun, wenn sie betrunken sind. Daher scheint es sowohl der Pfad der Weisheit wie auch der Notwendigkeit zu sein, einen unvoreingenommenen Blick auf diese Phänomene selbst zu werfen. Wir mussten aber feststellen, dass wir, wenn wir genau das tun, sehr schnell von der Tatsache eingeholt werden, dass die Art, wie sich betrunkene Menschen betragen, alles andere als einheitlich ist. Und diese Tatsache hat folgende Bedeutung für die Aufgabe, die wir uns nun gestellt haben: Auch wenn eine alternative Theorie eine überzeugende Erklärung für betrunkene Veränderungen zum Schlechteren liefern muss – und, wie wir eilig hinzufügen wollen, auch für die *Begrenzungsklausel* dieser Veränderungen –, kann das nicht ihr einziges Anliegen sein. Eine wirklich adäquate Alternative sollte zumindest genauso einen Rahmen für die Entwicklung einer glaubwürdigen Erklärung für das Auftreten anderer Folgen von Trunkenheit bieten.

Lassen sie uns also zunächst mit den groben Kategorien von »außergewöhnlichen« Folgen anfangen, um zu sehen, womit wir es zu tun haben. Was sollen wir mit der Tatsache anfangen, dass es ganze Gesellschaften gibt, in denen betrunkene Veränderungen zum Schlechteren nie oder fast nie auftreten? Zumindest in rein logischer Betrachtungsweise bieten sich drei mögliche Lösungen an. Die erste wäre, zu behaupten, dass diese Gesellschaften, in denen die »enthemmenden Wirkungen des Alkohols« nicht auftreten, bereits völlig frei von Hemmungen sind. Gemäß dieser Lösung läge der Grund dafür, dass wir in manchen Gesellschaften kein Auftreten von trunkener Enthemmung beobachten können, darin, dass diese Gesellschaften bereits so hemmungslos sind, dass nichts übrig bleibt, was der Alkohol ent-hemmen könnte. Das Problem dieser Lösung liegt nicht in ihrer Logik (denn sie ist logisch makellos), sondern in ihrem fehlenden Einklang mit der realen Welt. Noch nie wurde von einer Gesellschaft berichtet, der jegliche Hemmungen fehlen, und sicher würde niemand ernsthaft behaupten, dass dies die Gesellschaften kennzeichnen würde, die wir in Kapitel 2 vorgestellt haben. Wir schließen also daraus, dass diese Lösung in die Sackgasse führt.

Eine zweite mögliche Lösung besteht in der Behauptung, dass Unterschiede in der genetischen Ausstattung von einer Gesellschaft zur anderen die entsprechenden Unterschiede, die wir im betrunkenen Betragen finden, erklären können. Aber auch diese Erklärung ist unmöglich aufrechtzuerhalten. Der krasse Unterschied beispielsweise im betrunkenen Betragen zwischen den Bewohnerinnen und Bewohnern von Ifalik einerseits und jenen von Ifaliks verwestlichteren Nachbaratollen andererseits straft diese Möglichkeit Lügen; denn obwohl alle Betroffenen eindeutig vom selben genetischen »Stamm« sind, unterscheidet sich ihr betrunkenes Betragen markant. Und sollte man dennoch Zweifel an der Unzulänglichkeit einer solchen genetischen Spekulation hegen, so muss man nur über die Tatsache reflektieren, dass zwar die genetische Ausstattung einer Person von einer Situation zur anderen identisch ist, dies beim betrunkenen Betragen (zumindest für die überwiegende Mehrzahl der Trinkenden auf der Welt) ganz sicher nicht der Fall ist. Diese Erwägungen bringen uns zu der Schlussfolgerung, dass auch diese Erklärung eine höchst unzulängliche Lösung für das Rätsel darstellt, das es doch beantworten sollte.

Wenn unsere Analyse bis hierhin korrekt ist, bleibt uns nur eine Lösung. Da, wie wir bereits gesehen haben, die Einnahme von Alkohol manchmal zu den ungeheuerlichsten Veränderungen des Betragens führt, manchmal nur zu moderaten und manchmal zu keinerlei signifikanten Veränderungen, scheint es evident, dass *das Vorhandensein von Alkohol im Körper an und für sich nicht notwendigerweise zu Enthemmung beiträgt oder gar zwangsläufig einen solchen Effekt hervorruft*. Das soll allerdings nicht heißen, dass das, was jemand tut, wenn er oder sie betrunken ist, nichts als eine launenhafte Angelegenheit ist, denn sobald man den gesellschaftlich organisierten Charakter des betrunkenen Betragens anerkennt, kann die Vorstellung, dass dieses durch nichts Bedeutenderes als den Impuls des Augenblicks geleitet wird, nicht mehr aufrechterhalten werden. Und da wohl niemand ernsthaft die Möglichkeit in Erwägung ziehen oder verteidigen würde, dass Menschen im Vollbesitz aller feinen Unterscheidungen, was wozu passt, geboren werden – Unterscheidungen, die situationsgebunden im Rausch vorgenommen werden –, müssen wir zu dem Schluss kommen, dass das betrunkene Betragen eine *erlernte* Angelegenheit ist.

Wir behaupten, dass diese Schlussfolgerung zwingend ist, denn wie sonst würden wir uns so diverse Phänomene und die Wandelbarkeit erklären, die wir im betrunkenen Betragen zwischen den Gesellschaften und in dem wesentlichen, oft bis ins Detail organisierten Charakter dieses Betragens innerhalb jeder Gesellschaft beobachten können? Wie sonst, außer mit der Annahme, dass das betreffende Betragen erlernt ist, können wir uns erklären, was wir bei den Mixteken in Juxtlahuaca gesehen haben? Obwohl diese Indigenen (über die wir in Kapitel 2 berichteten) wissen, dass Alkohol Ärger und Aggressionen bei den Städtern »hervorruft«, bestritten sie (zu Recht), dass Alkohol bei ihnen eine solche Wirkung hervorrufen kann. Wir behaupten, dass die Mixteken durch die Leugnung der bloßen Möglichkeit eines solchen Ergebnisses und durch den Umstand, dass sie sich selbst konform zu dieser Leugnung betragen, einfach bewiesen haben – in Wort und Tat –, dass sie das Produkt einer anderen »sozialen Programmierung« sind. Die Städterinnen und Städter waren sich nicht (wie die Mixteken) dessen bewusst, dass Ärger eng verbunden mit der Entstehung von Krankheiten ist und dass darum solche Gefühle um jeden Preis und unter allen Umständen vermieden werden müssen. Außerdem teilten die *Machismo*-orientierten Städter nicht die weiterhin gültigen, traditionellen mixtekischen Werte von sozialer Harmonie und zwischenmenschlicher Gelassenheit. Und da sie einem anderen Stern folgten, hatten die Städter auch nicht (wie die Mixteken) den Ausschluss aus ihrer Gemeinschaft zu fürchten, wenn sie gegen diese Werte verstießen, wie sie dies in ihrem Alltag und in noch stärkerer Weise bei ihren Trinkgelagen so oft taten.

Hier also ist die dritte Lösungsmöglichkeit unseres Rätsels: *Im Laufe ihrer Sozialisation lernen die Menschen über das Trinken, was ihre Gesellschaft über das Trinken*

»weiß«; und indem sie die ihnen vermittelten Erkenntnisse akzeptieren und danach handeln, werden sie zur lebendigen Bestätigung der Lehren ihrer Gesellschaft.

Das sind die Grundzüge der Lösung, die wir als Alternative zur konventionellen vorschlagen. So, wie sie da steht, ist sie jedoch noch viel zu schematisch, da wir nicht behaupten wollen, dass Trinker nichts als Automaten sind, deren betrunkene Taten nur der programmierte Ablauf eines »Programms« sind, das die Gesellschaft ihnen implantiert hat. Denn auch wenn das, was Menschen in betrunkenem Zustand tun, nicht das ist, was die ungezähmte Laune (oder der Trieb) des Augenblicks von ihnen verlangt, so ist dieses Tun doch ebenso wenig ein für alle Mal durch etwas festgelegt, das man »Gesellschaft« nennt. Wir sind überzeugt, dass unabhängig davon, ob man über das nüchterne oder trunkene Tun von Menschen spricht, keine Verhaltenstheorie sehr weit kommen wird, die die Rolle des Ermessens – und allgemeiner: des Sinns – in menschlichen Angelegenheiten vertuschen oder ignorieren möchte. Mit dieser Überzeugung im Hinterkopf werden wir nun noch einmal das Phänomen der betrunkenen Veränderungen zum Schlechteren betrachten.

Sie erinnern sich, dass wir die Diskussion über das problematische Wesen dieser Veränderungen in Kapitel 4 mit einer kurzen Erwähnung dreier Gesellschaften einleiteten – den Bewohnerinnen und Bewohnern von Formosa, den Thonga und den Dusun –, bei denen die Erwartung, dass es unter Alkoholeinfluss zu Grenzüberschreitungen kommen würde, nur selten enttäuscht wurde. Wir möchten nun eine weitere Gemeinsamkeit dieser Gesellschaften erwähnen: In all diesen Gesellschaften hatten die betreffenden Grenzüberschreitungen unter Alkoholeinfluss *keine ernsthafte Konsequenz für den Übertretenden.* So beschreiben Ruey et al. die Trunkenheit bei den Indigenen Formosas als Zeitraum, in dem alle Tabus über Bord geworfen werden: »Wenn jemand betrunken ist, wird er nicht bestraft, nicht mal, wenn er ein Verbrechen verübt.«[133] Ähnlich Junod, der das jährliche *Bukanye*-Trinkfest der Thonga als einen Anlass beschreibt, bei dem unter anderem »Männer und Frauen die elementaren Verhaltensregeln vergessen«, und der weiterhin berichtet, dass während des Festes »›Nau a wa tiyi‹ – das Gesetz nicht mehr in Kraft ist«.[134] Und auch Rutter, der berichtet, dass während der Trinkfeste der Dusun »fast völlige Freizügigkeit vorherrscht« und sogar Jugendliche »Zurückhaltung und Moral in den Wind schießen«, sagt, dass die Gerichtsbarkeit Vergehen, die auf diesen Festivitäten begangen wurden, in der Regel übersieht, da »in solchen Zeiten eine normale Zurückhaltung traditionell nicht erwartbar war«.[135] Diese Berichte legen nahe, dass in jeder dieser Gesellschaften die Trunkenheit ein Zustand gesellschaftlich sanktionierter Freiheit von Ansprüchen ist, die normalerweise eingefordert werden und die die Personen unter normalen Umständen auch einhalten. Eine Zeit lang – aber eben nur für eine begrenzte Zeit – sind die Regeln (oder, besser gesagt, *einige* der Regeln) außer Kraft gesetzt und die Trinker finden sich, wenn schon nicht jenseits von Gut und Böse, so doch teilweise von den üblichen Rechenschaftspflichten befreit, in denen sie sich normalerweise bewegen. Kurz gesagt fühlt sich die Betrunkenheit wie eine »Auszeit« von vielen der sonst zwingenden Forderungen des täglichen Lebens an.

Gesellschaften, die ihren betrunkenen Mitgliedern eine solche Befreiung von normalerweise geltenden Regeln gewähren, stellen keine Ausnahmen dar. So berichtet beispielsweise der Anthropologe Ozzie Simmons von der peruanischen Gemeinde Lunahuaná Folgendes: »Niemand verbirgt die Tatsache, dass er getrunken hat, und es zögert auch niemand, eine Übertretung damit zu entschuldigen, dass er betrunken gewesen sei. ... So etwas im trunkenen Zustand getan zu haben wird als weniger verwerflich betrachtet als im nüchternen Zustand, und welche Gewalttat er auch immer verübt hat, sie führt selten zu ernsthaften oder bleibenden Konsequenzen.«[136]

Ebenso ist es mit den bereits erwähnten Chamula in Zentralamerika, über die Bunzel schreibt:

> Ein Mann wird nicht zögern, eine Abwesenheit oder die Nichterfüllung einer Aufgabe damit zu erklären, dass er betrunken gewesen sei. ... Eine betrunkene Person ist nicht verantwortlich und ihre Vergehen sind geduldet. ... Auch betrunkene Schlägereien haben keine weiteren Konsequenzen. Einem betrunkenen Mann gegenüber ist jeder beschützend und versöhnlich eingestellt. ... Niemand, es sei denn, er selbst wäre betrunken, würde mit ihm streiten oder ihn verurteilen. ... Der Mann, dessen Kopf verletzt wurde, weiß, dass er selbst daran schuld ist. Wenn er darüber Unmut äußern möchte, wird ihm kein Verständnis entgegengebracht. »Er war betrunken, warum wolltest du dich mit ihm streiten?«[137]

Wechseln wir jetzt den Kontinent und entdecken, dass laut Paul Bohannans Bericht Trunkenheit auch bei den Luhya in Ostafrika kleinere und größere Vergehen entschuldigt oder durch sie weniger streng bestraft werden. So notiert er, dass in 27 Tötungsdelikten der Luhya, bei denen Alkohol im Spiel war, »Alkohol in allen Fällen außer einem als mildernder Umstand angesehen und ein Plädoyer auf Totschlag akzeptiert wurde«.[138] Bohannans Fund ist gleichlautend mit dem des Anthropologen Gordon Wilson, der Gewalt bei den Luo, einer anderen ostafrikanischen Gesellschaft, untersucht hat. Bei zwölf Tötungsdelikten, die Wilson als »Ergebnis exzessiven Biertrinkens« einschätzt, wurden alle »schließlich von den Gerichten als Totschlag behandelt«.[139]

Wenden wir uns nun einer allgemeineren Betrachtung betrunkener Grenzüberschreitungen zu. Hier treffen wir auf Donald Horton und seine oft zitierte Literaturübersicht über die Trinkgewohnheiten in 56 nicht westlichen Gesellschaften, in der er feststellt, dass in Gesellschaften, wo trunkene Aggressionen auftreten, diese nicht »streng« bestraft werden: »Kleinere Strafen, kürzere Gefängnisaufenthalte oder andere strafmildernde Maßnahmen sind oft charakteristisch für die Einstellung gegenüber trunkener Aggression. Der Betrunkene wird für seine Handlungen nicht in vollem Umfang zur Verantwortung gezogen.«[140] In einer aktuelleren Literaturübersicht über das Trinken in 16 nicht westlichen Gesellschaften schlussfolgert auch Chandler Washburne, dass »eine Person nicht gleich streng bestraft wird, wenn sie im Alkoholrausch verbotene Dinge tut«. Dies ergänzt Wahsburne mit der bemerkenswerten Beobachtung: »Es wird das Gefühl vermittelt, dass man solche Dinge am besten tut, wenn man trinkt.«[141]

Anstatt mit einem endlosen Panorama synoptischer Darstellungen der Tatsache fortzufahren, dass dem Zustand der Trunkenheit der Status einer zumindest teilweisen Auszeit zuerkannt wird, ist es an dieser Stelle vielleicht sinnvoller, das Phänomen im Detail zu untersuchen. Eine ungewöhnlich detailreiche Darstellung des Auszeitcharakters von Trunkenheit findet sich im Bericht des Anthropologen John Kennedy über die Rolle der *Tesguinada* (Trinkfest) der Tarahumara von Aboreachi im westlichen Mexiko (aus dem Jahr 1963). Wie wir bereits in Kapitel 4 von Bennet und Zingg hörten (die ungefähr 30 Jahre vorher über die Tarahumara schrieben), waren diese sehr beeindruckt von der extremen Schüchternheit dieser Menschen im nüchternen Zustand und vom metaphorischen Effekt, den Alkohol auf sie hatte. In den Worten von Zingg: »Nur wenn die Tarahumara betrunken sind, verlieren sie ihre hölzerne Mimik. Sie sind lebendig ... nur dann verlieren die Individuen der verschiedenen Geschlechter ihre tiefe Scheu voreinander ...«[142] Eine noch frühere Reflexion dieses letzten Punktes findet sich in den Tagebüchern von Carl Lumholtz, dessen Reisen ihn am Anfang des 20. Jahrhunderts zu den Tarahumara führten. Lumholtz war so beeindruckt von der übertriebenen Scham der Tarahumara im nüchternen Zustand, dass er (1902) behauptete, der *tesguino* spiele eine wichtige Rolle beim Fortbestand der Gesellschaft überhaupt, denn er hatte den Eindruck, dass ein Mann erst betrunken sein musste, um den notwendigen Mut aufzubringen, »seine ehelichen Rechte geltend zu machen«.[143] Auch wenn das zweifellos überzeichnet ist, geben doch solche Feststellungen anschauliche Hinweise auf die große Bedeutung, die alle Beobachter dem Zustand der Trunkenheit im Gesellschaftskonzept der Tarahumara zuschreiben.

Dennoch blieb es Kennedy vorbehalten, sich diesem Phänomen spezifisch zuzuwenden. Er schreibt, dass die *Tesguinada* die grundlegende soziale Aktivität der Menschen ist. »Gespräche betrafen häufig die *Tesguina*-

das, die zugleich ein großes Thema in Träumen waren. ... Diese Bedeutung und Wichtigkeit von *tesguino* durchdringen alle wichtigen Bereiche von Kultur und sozialer Organisation.« Und weiter: »Die *Tesguinada* erfüllt alle Funktionen des sozialen Lebens außerhalb des eigenen Haushalts. Sie ist die religiöse Gruppe, die ökonomische Gruppe, die Unterhaltungsgruppe, die Gruppe, in der alle Streitigkeiten ausgetragen, Hochzeiten arrangiert und Geschäfte abgeschlossen werden.« Kennedy kommt sogar zur Schlussfolgerung, dass »die durch gegenseitige *tesguino*-Einladungen definierte Gruppe von Menschen die eigentlich bedeutungsvolle ›Gemeinschaft‹ für jedes einzelne Individuum bildet«.[144]

Und auf jeder *Tesguinada,* so versichert Kennedy, werden die Teilnehmerinnen und Teilnehmer betrunken:

> Die Etikette des Tesguino-Trinkens verlangt, dass alle Anwesenden, sowohl Frauen als auch Männer, so viel wie möglich trinken ... Selten ist es erlaubt, sich dieser Trinkpflicht zu entziehen, wobei das auch selten jemand wünscht ... Die Tarahumara schämen sich nicht nur nicht, betrunken zu werden, sondern erheben die Trunkenheit zu einer Sache von Stolz. Es wird erwartet, dass man sich betrinkt, und man ist stolz darauf, später mit dem Grad seiner Trunkenheit zu prahlen. Das Ideal des Genusses ist der Zustand der völligen Betrunkenheit.

Da die Tarahumara weit verstreut leben und ihre täglichen Aktivitäten – sowohl die häuslichen Pflichten der Frauen als auch das Hüten von Vieh und die landwirtschaftliche Arbeit der Männer – weitgehend isoliert ausgeübt werden, ist die Tesguinada in erster Linie eine Zeit, in der man intensiv mit seinen Mitmenschen zu tun hat. Und sie geben sich alle Mühe, das Beste daraus zu machen. Sobald sie betrunken sind, legen die Tarahumara »ihre hölzerne Mimik« ab; sie entspannen sich, scherzen, singen, tanzen usw. Aber es gibt eine negative Seite der Medaille. Obwohl die Teilnehmenden zu Beginn der Feierlichkeiten stets aufgefordert werden, »sich weder zu prügeln noch Geschlechtsverkehr mit Unverheirateten oder den Partnern anderer zu haben«, ist klar, dass ein solcher Ratschlag höchstwahrscheinlich ignoriert wird, denn sie werden gleichzeitig aufgefordert, ihre Kinder vom Trinkbereich fernzuhalten, damit sie »nichts lernen, was über ihr Entwicklungsstadium hinausgeht«. Die Befürchtungen sind nicht unbegründet, denn Kennedy stellte auf den Tesguinadas fest, dass »Schlägereien häufig vorkommen und Ehebruch kaum seltener«, eine Beobachtung, die er wie folgt präzisiert: »Mit ›häufig‹ meine ich, dass bei den meisten großen Tesguinadas irgendeine Art von Auseinandersetzung in einem ernsthaften körperlichen Kampf endet und ein oder mehrere ehebrecherische Kontakte vorkommen.«[145] Tatsächlich berichtet er, dass mindestens 90 Prozent aller sozialen Grenzüberschreitungen im Rahmen von Tesguinadas stattfanden. Schlägereien zum Beispiel »korrelieren ausschließlich mit Alkoholkonsum«. Und was den außerehelichen Verkehr angeht, »so kann eine freizügige Norm nur im Rahmen der Tesguinada zum Ausdruck kommen«.

Welche Rolle spielt bei all dem die Auszeit? Was das Kämpfen angeht, so berichtet Kennedy:

> Theoretisch können gegen Personen, die sich prügeln, formelle Sanktionen verhängt werden. Aber praktisch werden die meisten dieser Auseinandersetzungen am Tag nach der Tesguinada vergessen, wenn sie nicht zu ernsthaften Verletzungen geführt haben. Am nächsten Tag dazu befragt,

tut die betreffende Person das fast immer als Folge des *tesguino* ab.

Zu den Folgen außerehelichen Verkehrs teilt Kennedy mit:

Trotz der Predigten ist die Tesguinada bei allen als Gelegenheit für Verkehr mit jemand anderem als dem eigenen Partner bekannt. ... Für ehebrecherisches Verhalten werden keine Sanktionen verhängt, wenn dieses nicht tatsächlich zum Bruch der Ehe führt. *Es war die einhellige Meinung der Auskunftspersonen, dass der* tesguino *schuld an diesen Übertretungen hatte, wie schon bei den Prügeleien* (Hervorhebung der Autoren).

Da 90 Prozent aller Vergehen der Tarahumara alkoholbedingte Übertretungen während der Trinkfeste sind, empfinden sie keine Schuld dafür. Stattdessen geben sie dem *tesguino* die Schuld; genauer gesagt, sie beschuldigen die Trunkenheit, die der *tesguino* hervorruft. Deswegen sind praktisch fast alle Verstöße *entschuldigt*. Für die Tarahumara, wie für so viele andere Gesellschaften, sind die Trinkfeste eindeutig eine genehmigte Zeit und ein genehmigter Ort dafür, viele Dinge zu tun, die unter normalen Umständen kategorisch unentschuldbar wären. Auch wenn es müßig ist zu spekulieren, wie das Leben der Tarahumara ohne die Institution der Tesguinada verlaufen würde, kann es keinen Zweifel daran geben, dass es radikal anders wäre.[146]

Aber dieses »Aufsparen« für die richtige Gelegenheit kann eine reine Ermessensfrage sein und nicht nur eine Kombination aus Ermessen und Notwendigkeit wie bei den Tarahumara. Ein Beispiel dafür findet sich bei den Cubeo im nordwestlichen Amazonas, die nicht so isoliert voneinander leben wie die Tarahumara. So schreibt der Anthropologe Irving Goldmann über sie:

Auch wenn die Cubeo diese nicht leiden können, sind Prügeleien auf Trinkfesten keine strafbare Handlung, da beide Parteien die vollumfängliche Möglichkeit hatten, Vergeltung zu üben. Wenn der Kampf vorbei ist, ist das Thema üblicherweise beendet, wenn nicht neue Drohungen und Beleidigungen geäußert werden. Diese werden dann *auf dem nächsten Trinkfest* in Erinnerung gerufen und dienen dazu, eine neue Prügelei anzufangen (Hervorhebung der Autoren).[147]

Das Betragen während betrunkener Auszeiten beschränkt sich allerdings nicht auf das Hervorbrechen von normalerweise Ruhendem. Dieser Punkt wird vom Anthropologen Robert C. Suggs in seinen Berichten über die Sexualpraktiken der Bewohnerinnen und Bewohner der ostpolynesischen Marquesas sehr gut dokumentiert. Suggs, der in den späten 1950er-Jahren auf Nuku Hiva lebte, berichtet, dass für die Marquesaninnen und Marquesaner Sex »so etwas wie ein Nationalsport ist – ein kulturell sanktionierter Zeitvertreib in einer Kultur, die wenig Freizeitmöglichkeiten bietet«.[148] Es sei nicht nur normal, dass Jugendliche beider Geschlechter häufige sexuelle Beziehungen hätten, eine ähnlich promiskuitives Muster setze sich sogar nach der Hochzeit fort: »Die Ehefrau nimmt sich Liebhaber unter den jungen Männern und Freunden ihres Mannes, während der Ehemann seine Schwägerinnen, junge Frauen oder die ungebundenen Frauen des Tales aufsuchen mag.«[149]

Wenn die Marquesanerinnen und Marquesaner betrunken werden, ist all das im Prinzip genauso – nur in größerem Ausmaß. Suggs schreibt von den alkoholgetränkten Wochenenden:

Während dieser periodischen Saufgelage fielen die gewöhnlichen Standards sexuellen Verhaltens auf ein noch zwangloseres Niveau. Oft ... wurden mir freizügige Angebote von einigen der anwesenden Frauen gemacht, ohne dass dies irgendwelchen Unwillen von deren Ehemännern verursacht hätte. ... Eine Frau, deren Ehemann betrunken dalag, konnte sicher sein, eine Menge Angebote von halbwüchsigen Jungs zu bekommen, und jede Frau, die ins Unterholz ging, um sich zu erleichtern, oder die ein kurzes Bad im Fluss nehmen wollte, sprach damit eine Einladung aus, die ausnahmslos angenommen wurde. Viel sehr heftiges Trinken der Erwachsenen wurde im Geist eines Wettbewerbs ausgetragen, um zu sehen, wer die Ehemänner der zugänglichsten Frauen unter den Tisch trinken konnte und dabei noch klar genug blieb, gewissermaßen die Trophäe für sich einzufordern. Viele dieser Wettbewerbe entwickelten sich schnell zu Orgien, in denen Diskretion und Sitte bald vollständig in den Wind geschrieben wurden, Ehefrauen nahmen sich Liebhaber direkt neben ihren todesbetrunkenen Ehemännern; junge Männer lockten Frauen der Generation ihrer Mütter in die Büsche.

Wir werden gleich auf die Bewohnerinnen und Bewohner der Marquesas zurückkommen, aber wir wollen an dieser Stelle zunächst das Beispiel einer Auszeit betrachten, bei der die Veränderung sowohl in Bezug auf ihren Charakter wie auch auf ihre Sitten diametral entgegengesetzt ist. Unsere Quelle ist der Bericht des Abbé J.A. Dubois über das Leben und die Sitten der Hindus, wie er sie in Indien in den Jahren 1792–1823 beobachtete. Zu der Zeit, als Dubois schrieb, beherrschte die Berücksichtigung des Kastensystems das Denken und Verhalten der Hindus in einem Maße, das für Menschen aus dem Westen schwer nachzuvollziehen ist.

Das Betragen aller Mitglieder aller Kasten war durch eine erstaunliche Anzahl von Regeln und ritualisierte

Vermeidungen reguliert, die praktisch alle Bereiche des Lebens abdeckten. Dieses Kastendiktat war durch Sozialisierung tief verankert. Da die Menschen außerdem davon ausgingen, dass ihre Verletzung nicht nur die betreffende Person, sondern alle Mitglieder ihrer Kaste befleckte, wirkten äußerer und innerer Druck zusammen, um seine Einhaltung zu gewährleisten.

Soweit diese Vorschriften die Brahmanen (die höchste Kaste) betrafen, glaubte man zum Beispiel, dass die bloße physische Nähe zu den niederen Parias genügte, um eine Verunreinigung zu verursachen. Was das Essen anbetraf, so hatten die Brahmanen die folgenden Regeln peinlich einzuhalten: Sie durften kein Fleisch essen, mussten sich von allen berauschenden Getränken fernhalten und sollten Essen, das von Personen einer niedrigeren Kaste zubereitet worden war, nicht einmal berühren.

Vor diesem Hintergrund ist Dubois' Darstellung des hinduistischen Ritus des *Sakti-Puja,* wie er insbesondere von den *Namadharis,* den Anhängern Vishnus, durchgeführt wird, besonders bemerkenswert:

> Menschen aller Kasten, vom Brahmanen bis zum Paria, sind dazu eingeladen. Ist die Gesellschaft versammelt, werden alle Arten von Fleisch, einschließlich Rindfleisch, vor dem Altar Vishnus dargeboten. Es finden sich auch reichlich Arrak (Schnaps), Toddy (Palmwein), Opium und jede andere berauschende Droge, die sie in die Hände bekommen können. Das Ganze wird dann Vishnu dargebracht. Danach kostet der *Pujari,* oder Zeremonienmeister, der in der Regel ein Brahmane ist, zuerst die verschiedenen Fleisch- und Schnapssorten selbst und gibt dann den anderen die Erlaubnis, sich auf den Rest zu stürzen. Männer und Frauen beginnen daraufhin gierig zu essen, wobei das gleiche Stück von Mund zu Mund

wandert und jeder einen Bissen nimmt, bis es verzehrt ist. Dann beginnen sie von Neuem mit einem anderen Stück, das sie auf dieselbe Weise verschlingen, während sie sich dabei gegenseitig das Fleisch aus den Mündern reißen. Wenn alles Fleisch verzehrt ist, wird berauschender Schnaps herumgereicht und jeder trinkt ohne Widerwillen aus demselben Becher. Opium und andere Drogen verschwinden auf ähnliche Weise. Sie reden sich ein, dass sie unter diesen Umständen nicht unrein werden, wenn sie auf so abstoßende Art und Weise essen und trinken. Wenn sie alle völlig berauscht sind, halten sich Männer und Frauen nicht mehr getrennt, sondern verbringen den Rest der Nacht miteinander und geben sich hemmungslos der gröbsten Unsittlichkeit hin, ohne irgendwelche unangenehmen Folgen befürchten zu müssen. Ein Ehemann, der seine Frau in den Armen eines anderen Mannes sieht, kann sie nicht zurückfordern, noch hat er das Recht, sich zu beschweren; denn zu solchen Zeiten wird jede Frau zum Allgemeingut. Zwischen allen Kasten besteht vollkommene Gleichheit, der Brahmane ist nicht von einer höheren Kaste als die Parias. Die Feier dieser geheimnisvollen Riten mag sich manchmal in ihrer äußeren Form unterscheiden, aber im Geiste sind sie immer gleich abscheulich.[150]

Man sollte nicht glauben, dass eine solche konzertierte und, nach allem, was man hört, erfolgreiche Bemühung, die gesamte Palette der Kastenstrukturen auf den Kopf zu stellen, lediglich das enthemmte Produkt des alkoholgeschädigten zentralen Nervensystems der Teilnehmenden war, denn man möge beachten, dass die Übertretung der Verbote in Bezug auf körperliche Nähe, den Verzehr von Fleisch usw. erfolgte, bevor diese zu trinken begannen, und dass das Trinken (das notwendigerweise im völlig nüchternen Zustand begonnen haben muss) selbst zu den

Verboten der Kaste gehörte. Im Ritus des *Sakti-Puja* treffen wir also auf einen Fall von zeremoniell angeordneter Auszeit, in der der Zustand der Trunkenheit keineswegs zur Entschuldigung von Übertretungen dient, sondern selbst eine entschuldigte Übertretung ist – alles im Namen der Religion.

Aber das ist wirklich nicht überraschend, denn in der gesamten Geschichtsschreibung gibt es Fälle, in denen religiöse Praktiken und zeremoniell arrangierte Freiheiten Hand in Hand gehen. Venus, Mithras, Osiris, Baal und Moloch – sie alle waren Objekte einer »gleichermaßen unreinen Anbetung«.[151] Und obwohl das Trinken eine häufige Begleiterscheinung dieser Zeremonien war, war die daraus resultierende Trunkenheit im Wesentlichen nebensächlich, denn der Genuss war ein wesentlicher Bestandteil der Zeremonien selbst!

In Anbetracht dessen wollen wir uns nun erneut mit den scheinbar alkoholbedingten sexuellen Ausschweifungen der zeitgenössischen Einwohnerinnen und Einwohner der Marquesas befassen. Es besteht kein Zweifel daran, dass die Teilnehmenden an diesen Festen sehr betrunken sind und ihr Benehmen nach allem menschlichen Ermessen orgiastisch ist. Zu bezweifeln ist aber, dass Ersteres die Ursache für Letzteres ist. Vieles deutet nämlich darauf hin, dass derartige Zusammenkünfte, obwohl sie heute völlig weltlich sind, traditionell einen religiösen Charakter hatten:

> Rituelle Orgien spielten in der marquesanischen Gesellschaft schon vor der Ankunft der Europäer eine wichtige Rolle, aber damals waren sie in der Regel Teil wichtiger religiöser Zeremonien ... Die Zügellosigkeit zerrüttete damals die Gesellschaft nicht; die Rolle, die sie bei den organisierten religiösen

> Aktivitäten spielte, festigte die soziale Solidarität. Jetzt ist die soziale und politische Organisation der Eingeborenen verschwunden und mit ihr die umfassende und farbenfrohe heidnische Religion.[152]

Wir können sicher sein, dass bei diesen traditionellen Festen – Auszeiten, die durch zeremonielle Absprachen festgelegt wurden – Alkohol keine Rolle spielte, denn vor der Ankunft der Europäer war er den Marquesanern unbekannt. Die sexuelle Freizügigkeit, die bei den zeitgenössischen marquesanischen Trinkfesten auftritt, ist also nicht als eine durch Alkohol hervorgerufene Anomalie zu verstehen, sondern als ein Überbleibsel und säkularisierter Ausdruck alkoholfreier traditioneller religiöser Praktiken.

Dass Gesellschaften auch ohne den Genuss von Alkohol eine Auszeit nehmen können, zeigt die Tatsache, dass aus verschiedenen Teilen der Welt von zeremoniell organisierten Auszeiten berichtet wird, die im Allgemeinen den oben genannten ähneln, jedoch ohne jegliche Rauschmittel auskommen. So stellt beispielsweise der Anthropologe Evans-Pritchard bei einer Übersicht solcher Phänomene im subsaharischen Afrika fest, dass viele afrikanische Gesellschaften ihren Mitgliedern Zeiträume einräumen, die wir als Auszeiten bezeichnen, in denen jedoch die Trunkenheit keinerlei Rolle spielt, und dass während dieser Zeiträume gänzlich nüchterne Angehörige der Gesellschaften Handlungen von »unbeschreiblicher Unzüchtigkeit« begehen.[153] Wie der Anthropologe Edward Norbeck kürzlich dokumentiert hat, sind solche rauschmittelfreien Perioden der Aussetzung oder Lockerung geltender Normen des korrekten Verhaltens keineswegs auf den sexuellen Bereich beschränkt. In weiten Teilen Afrikas gibt es gesellschaftlich sanktionierte Anlässe, die mit Tod, Trauer, Ernte, Pflanzung, Einweihung, Hausbau, Dürre, Hungersnot, politischem Wandel usw. verbunden sind. Während dieser Anlässe sind neben verschiedenen Arten sonst unerlaubten Sexualverhaltens auch Pöbeleien, Beleidigungen, körperliche Angriffe, Diebstahl, Zerstörung von Eigentum und dergleichen erlaubt.[154]

Bereits 1909 wies Arnold van Gennep in seinem epochalen Buch *Les rites de Passage* (dt. *Übergangsriten*) schlüssig nach, dass Initiationsriten überall auf der Welt häufig Anlässe sind, bei denen viele Verhaltensregeln ungestraft gebrochen werden können.[155] Etwa zur gleichen Zeit lieferte Sir James Frazers monumentales Werk *The Golden Bough* (dt. *Der Goldene Zweig*) eine Fülle von Belegen dafür, dass die Praxis der zeremoniellen Auszeit in der einen oder anderen Form weder auf Riten des Statuswechsels noch auf die [sogenannte] »primitive« Welt beschränkt war, sondern seit Langem Teil des religiösen und weltlichen Lebens der großen Zivilisationen der Welt war.[156] Und für die meisten der von van Gennep und Frazer angeführten Beispiele, in denen es eindeutige Hinweise auf eine Auszeit gab, war die Trunkenheit der Teilnehmenden weder eine notwendige noch eine hinreichende Bedingung.

Wie verhält sich diese Tatsache – die Tatsache, dass eine Auszeit unabhängig vom Alkoholkonsum auftreten kann – zu unserem Vorschlag, dass die Frage, ob Trunkenheit mit deutlichen Änderungen des Betragens einhergeht oder nicht, davon abhängt, ob der Zustand der Trunkenheit als ein Zustand des In-der-Welt-Seins definiert wird, in dem tatsächlich eine neue Palette von Optionen verfügbar ist? Die Relevanz lässt sich wie folgt formulieren: Wenn Gesellschaften es in der Hand haben, bestimmte Anlässe, bei denen Alkohol keine Rolle spielt, als Zeiträume zu definieren, in denen verschiedene der normalerweise geltenden Ge- und Verbote außer Kraft gesetzt werden können, dann können sie dies natürlich auch für Anlässe tun, bei denen Alkohol eine Rolle spielt.

Für sich genommen reicht diese Argumentationslinie selbstverständlich nicht aus, um zu *beweisen,* dass sich das betrunkene Betragen als Folge der Definition, die die Gesellschaft dem Zustand der Trunkenheit gibt, verändert oder nicht. Sie trägt jedoch dazu bei, die Plausibilität unserer vorgeschlagenen Argumentation zu belegen. Und wenn wir erkennen, dass nur eine solche Formulierung in der Lage ist, die verschiedenen »Ausnahmen«, die wir vorgestellt haben, zu erklären, sieht die Sache noch besser aus.

In den nächsten beiden Kapiteln werden wir versuchen, die Überzeugungskraft unseres Lösungsvorschlags noch weiter zu steigern, indem wir zeigen, dass er, und nur er, einen angemessenen Rahmen für das Verständnis der historischen Erfahrung einer Gruppe von Völkern mit Alkohol bieten kann, deren betrunkene Veränderungen zum Schlechteren allgemein als die schrecklichsten und entsetzlichsten anerkannt werden, die die Welt je gesehen hat: die indigenen Völker Nordamerikas.

6

»Indianer vertragen keinen Schnaps.« A. Die konventionelle Auffassung und ihre Probleme

Mit Ausnahme einiger weniger Gesellschaften im Südwesten kannten die indigenen Völker Nordamerikas* vor der Ankunft des weißen Mannes keine alkoholischen Getränke. Mit der Ankunft der Europäer wurde der Alkohol jedoch bald eingeführt und setzte sich mit voller Wucht durch. Vielleicht hatte er nirgendwo so tief greifende negative Auswirkungen auf die persönlichen und sozialen Strukturen. Und sicherlich ist die Geschichte solcher Auswirkungen für keine andere Kultur so ausführlich und vielfältig dokumentiert worden. Aus all dem hat sich die feste Überzeugung entwickelt, dass »Indianer keinen Alkohol vertragen«.

Wir wollen zeigen, dass es in dem umfangreichen Material über die historischen Erfahrungen der nordamerikanischen Indigenen mit Alkohol zahlreiche Beobach-

* Die Bezeichnung »Indianer« ist umstritten. Jedoch sind Alternativbezeichnungen wie *first nations* oder *native Americans* auch nichts als Sammelbezeichnungen für die ethnischen Gruppen, die vor den weißen Siedlern der Neuzeit dort lebten. Da sich diese Gesellschaften heute selbst als *American Indians* organisieren, werde ich dieses Wort als Sammelbegriff im Folgenden auch verwenden, sofern nicht einzelne Völker und Gesellschaften im Fokus stehen. Siehe auch Bungert, H.: *Die Indianer. Geschichte der indigenen Nationen in den USA*. München 2020.

tungen gibt, die ganz und gar nicht mit dem Stereotyp des »betrunkenen Indianers« übereinstimmen. Wir behaupten, dass die Theorie von der enthemmenden Wirkung des Alkohols an der einen oder anderen Stelle dieses historischen Panoramas mit all den Widersprüchen konfrontiert wird, auf die wir bereits gestoßen sind.

Die Anwendung der herkömmlichen Theorie auf den Fall der Indianer Nordamerikas beruht auf zwei scheinbar unbestreitbaren Tatsachen: (1) dass die Indigenen nach dem Alkohol der Weißen gierten und dass (2) ihr Betragen, wenn sie betrunken waren, durch schreckliche Veränderungen zum Schlechteren gekennzeichnet war.

Beginnen wir mit einigen Beispielen für die Art von Quellen, auf die sich diese Argumentation stützt. Da gibt es beispielsweise den erst 1910 veröffentlichten Bericht des Paters Chrestien Le Clercq aus dem späten siebzehnten Jahrhundert über den Alkoholkonsum der Mi'kmaq in Gaspé am Sankt-Lorenz-Golf in Quebec Laut Le Clercq finden die Mi'kmaq »Vergnügen an diesem Getränk, es sei denn, es lässt sie völlig ihren Verstand und ihre Vernunft verlieren«.[157] Ihr Betragen, sobald dies geschieht, charakterisiert der Pater folgendermaßen:

> Lüsternheit, Ehebruch, Inzest und mehrere andere Verbrechen, die zu nennen mir der Anstand verbietet, sind die üblichen Vergehen, die aus dem Handel mit Branntwein folgen, den einige Händler einsetzen, um die indianischen Frauen gefügig zu machen, die sich in ihrer Trunkenheit bereitwillig allen Arten von Unanständigkeiten hingeben ... Verletzungen, Streitereien, Totschlag, Mord und Vatermord sind bis heute die beklagenswerten Folgen des Branntweinhandels; und man sieht mit Trauer, wie Indianer in ihrer Trunkenheit sterben.

Dabei handelt es sich nicht um eine hysterische Übertreibung, denn ähnliche Berichte über die Trunkenheit der Indianer aus jener Zeit sind in einer solchen Fülle vorhanden, dass selbst die größten Skeptiker davon überzeugt sind, dass solch schwere Trunkenheitsprobleme damals durchaus üblich waren. So wurde beispielsweise das folgende anonyme Memorandum über die indianischen Gesellschaften in Nova Scotia im Jahr 1693 verfasst:

> Der Branntwein, den sie ohne Mäßigung trinken, treibt sie zu Obszönitäten und Extremen der Wut und Grausamkeit, die unvorstellbar sind. Sie schlachten sich gegenseitig ab, sie morden einander wie wilde Tiere; betrunken verunstalten sie ihre Gesichter. Sie verbrennen und verkrüppeln in ihren Raufereien, sie verkaufen alles, was ihnen gehört ... Viele sterben in der Blüte der Jugend ... Vatermord, Inzest, Vergewaltigung, Prostitution und tausend andere Schandtaten und abscheuliche Grausamkeiten ... sind die gewöhnlichen Folgen des Trinkens dieses Getränks.[158]

Und im selben Jahr schreibt ein anderer anonymer Beobachter diesen Bericht über das betrunkene Verhalten indigener Gesellschaften in einem anderen Teil Ostkanadas:

> Wilde Männer und Frauen, betrunken und nackt, zerrten sich gegenseitig auf die Straße, wo sie vor den Augen aller und zum großen Skandal öffentlich wie wilde Tiere Dinge taten, die so schändlich und infam waren ... dass der Anstand dies dem Autor nicht zu erzählen erlaubt.[159]

In einem weiteren anonymen Bericht aus demselben Gebiet, der 1705 verfasst wurde, werden diese Anstandsregeln teilweise beiseitegelassen, sodass zumindest einige dieser »schändlichen und infamen« Taten etwas deutlicher genannt werden können:

Jedermann kennt die Leidenschaft der Wilden für den Schnaps und die fatalen Folgen, die er auf sie hat ... Das Dorf oder die Hütte, in der die Wilden Branntwein trinken, ist ein Abbild der Hölle: Feuer [d.h. Brandzeichen oder Kohlen, die von den Betrunkenen entzündet werden] fliegen in alle Richtungen; Hiebe mit Beilen und Messern lassen das Blut in alle Richtungen strömen, und der ganze Ort ist erfüllt von furchtbarem Geschrei und Stöhnen ... Sie begehen tausend Gräuel – die Mutter mit ihren Söhnen, der Vater mit seinen Töchtern und die Brüder mit ihren Schwestern. Sie wälzen sich in der Asche und den Kohlen und im Blut.[160]

Ähnliche Berichte gab es von verstreuten Orten überall in dem riesigen Gebiet im Süden und im Westen. Dieser Ende des siebzehnten Jahrhunderts geschriebene verzweifelte Brief von Pater Carheil von der Mission Michilimackinac, in der Region der Großen Seen gelegen, ist durchaus charakteristisch:

Unsere Missionen ... sind so heruntergekommen, dass wir sie nicht länger gegen die Unordnung, Brutalität, Gewalt, Ungerechtigkeit, Pietätlosigkeit, Unreinheit, Frechheit, Verachtung und Beleidigung aufrechterhalten können, die der beklagenswerte und schändliche Branntweinhandel unter all den Indianern dieser Gegend verbreitet hat ... uns bleibt nichts anderes übrig, als sie den Branntweinhändlern als ein Gebiet der Trunkenheit und Ausschweifung zu überlassen.[161]

Einige Jahre später (1750), und noch weiter westlich, schreibt ein anderer französischer Priester:

Die Wilden – besonders die Illinois, die die sanftesten und umgänglichsten Menschen sind – werden, wenn sie berauscht sind, zu Wahnsinnigen und wilden Bestien. Dann fallen sie übereinander her, stechen mit ihren Messern zu und zerfleischen sich gegenseitig.[162]

Es waren nicht nur die Missionare, die betrunkene Indianer als »Wahnsinnige« und »wilde Bestien« bezeichneten. Die Pelzhändler – Männer, die sich allesamt weder der Religion noch der Mäßigung verschrieben hatten – bezeugten regelmäßig das Chaos und die Ausschweifungen, die sie im Zusammenhang mit der indianischen Trunksucht beobachtet hatten. John Long zum Beispiel, der die meiste Zeit zwischen 1768 und 1782 im Handel mit den weit verstreuten Anishinabe verbrachte, berichtete von zahlreichen Episoden indianischer Trunkenheit, von denen die folgenden typisch sind:

> Wir blieben hier zehn Tage und lagerten am Ufer des Sees; während dieser Zeit kam es zu einem Scharmützel unter den Indianern, bei dem drei Männer getötet und zwei verwundet wurden, nach einer schrecklichen Szene des Aufruhrs und der Verwirrung, die durch die schädliche Wirkung des Rums verursacht wurde. ...
>
> Der Rum wurde aus meinem Haus in ihren Wigwam getragen und sie begannen zu trinken. Der Tumult dauerte vier Tage und Nächte, und trotz all unserer Vorsichtsmaßnahmen (Sicherung ihrer Gewehre, Messer und Tomahawks) wurden zwei Jungen getötet und sechs Männer von drei indianischen Frauen verwundet; einer der Häuptlinge wurde ebenfalls ermordet ...
>
> Ich tauschte ihre Felle und Pelze ein und gab ihnen etwas Rum, mit dem sie sich drei Tage und Nächte lang vergnügten; bei dieser Gelegenheit wurden fünf Männer getötet und eine Frau furchtbar verbrannt.[163]

Daniel Harmon, ein weiterer Pelzhändler, hielt in seinem Tagebuch aus dem Jahr 1800 fest:

> In der letzten Nacht stach eine Squaw in einem Zustand der Trunkenheit auf ihren Mann ein, der kurz darauf ver-

starb. Heute Nachmittag ging ich zu ihrem Zelt, wo ich eine Reihe von Indianern beiderlei Geschlechts sah, die über dem Leichnam tranken und weinten. Sie boten ihm wiederholt Rum an und versuchten, ihn in seine Kehle zu schütten, da sie annahmen, dass er tot genauso gern Rum trank wie zu Lebzeiten. Die Eingeborenen an diesem Ort sind Chippewa.[164]

Und im selben Jahr hat Harmon auch diese Beschreibung eines Trinkgelages der Cree aufgezeichnet:

Ein Haus voller betrunkener Indianer, bestehend aus Männern, Frauen und Kindern, zu sehen ist ein höchst unangenehmer Anblick; denn in diesem Zustand zanken sie sich oft, ziehen sich gegenseitig an den Haaren und streiten. Zuweilen sieht man zehn oder zwölf Menschen beiderlei Geschlechter, die sich wild streiten, bis sie schließlich alle übereinander auf den Boden fallen, wobei einige aus einem kleinen Kessel oder einer Schale, die sie in der Hand halten, Rum verschütten, während andere das gerade Getrunkene wieder auskotzen. Zu diesem Getümmel kommen noch eine Reihe von Kindern, die zum Teil auf den Schultern ihrer Mütter sitzen, zum Teil umherlaufen und sich an ihren Kleidern festhalten, und die älteren schreien unaufhörlich, weil sie fürchten, dass ihre Eltern in diesem Kampf erstochen werden oder ihnen ein anderes Unglück widerfährt. Diese Schreie der Kinder bilden einen höchst unerfreulichen Refrain zum brutalen Krakeele, das ihre in Streit verwickelten betrunkenen Eltern machen.

Peter Jones, selbst ein Anishinaabe, schrieb in seinen Memoiren über die betrunkenen Unruhen, die seine Gesellschaft plagten:

Ich habe Szenen der Entwürdigung gesehen, die die Seele eines guten Mannes krank machen würden, wie Ehemänner, die ihre Frauen schlagen und sie an den Haaren durch die Gegend ziehen; kleine Kinder, die vor Angst schreien, während die älteren mit Gewehren, Tomahawks, Speeren, Messern und anderen tödlichen Waffen davonlaufen, die sie in den Wäldern verstecken, um zu verhindern, dass ihre wütenden Eltern einen Mord begehen; doch trotz dieser Vorsichtsmaßnahmen war der Tod nicht selten das Endergebnis.[165]

Der frühe Ethnograf Henry Schoolcraft, der die indigenen Gesellschaften östlich des Mississippi ausgiebig bereist hatte, fasste sowohl seine eigenen Beobachtungen als auch die anderer wie folgt zusammen:

> Die Wirkung von feurigem Schnaps in der Hütte gleicht dem Auftauchen eines Grizzlybären unter ihnen. Die Männer werden betrunken und völlig verrückt; mit einem Mal greift der Indianer zu Gewehr und Messer und geht auf die Suche nach jemandem, der ihn verletzt hat. Er fährt durch die Frauen und Kinder hindurch – sie schreien vor Angst und flüchten in die Wälder; der Wahnsinnige, wenn er das Objekt seiner Begierde nicht finden kann, stürzt sich auf die Frauen und Kinder, und so manche Nacht mussten sie in den kältesten Winternächten draußen schlafen, wegen dieser Trunkenbolde.[166]

Noch weiter westlich, entlang des Missouri, schrieb ein Reisender über seine Beobachtungen der indianischen Trunkenheit:

> Man muss Zeuge der Orgien dieser Leute sein, um zu verstehen, zu welchen Exzessen ihre brutale Leidenschaft sie treiben kann. Sobald die Grenzen der Mäßigung überschritten sind, ist ihr Blut entzündet, und eine Art von Wut verzehrt sie. ... Sehr oft vermischt sich Blut mit ihrem Trank und Mord würzt das Fest.[167]

Weiter westwärts finden wir den Bericht von Rudolph Kurz, der in den Jahren 1846–1862 in den Great Plains reiste, einer Zeit, in der die kriegerischen Plains-Gesellschaften auf dem Höhepunkt ihres militärischen Könnens waren. Wie seine Vorgänger und Zeitgenossen in ihren Beschreibungen der östlichen Gesellschaften stellte auch Kurz fest, dass es »hier wie anderswo nicht selten zu Schlägereien und Morden kommt, die auf das Trinken zurückzuführen sind«.[168]

In den frühen Jahren des neunzehnten Jahrhunderts gab es auch an der Westküste das, was der russische Gouverneur von Alaska als »schreckliche Szenen des Blutvergießens aufgrund von Trunkenheit« bezeichnete.[169] Aus Fort Simpson in British Columbia wurde berichtet, dass dort »ein ständiger betrunkener Aufruhr herrschte und ... [das Fort] Schauplatz mehrerer Morde war«. Solche Berichte aus dem Pazifischen Nordwesten Kanadas und der Vereinigten Staaten wurden so häufig, dass der zeitgenössische Historiker F.W. Howay unwidersprochen schreiben konnte, dass auch in dieser Gegend »[die Indianer] dem Alkohol übermäßig zugetan waren, ihm bis zum Exzess frönten und unter seinem Einfluss zu einem vollkommenen Dämon wurden«.[170]

So wurde von Gesellschaft zu Gesellschaft und von einer Küste zur anderen die schädliche Wirkung des Alkohols auf die Indianer erkannt. In dem Maße, in dem sich diese Erkenntnis durchsetzte, wurden Versuche unternommen, ihnen den Zugang zum Alkohol zu verwehren. Kirchen, Gemeinden, das Militär usw. schlossen sich alle der Forderung nach einem Verbot an. Aber das Verlangen der Indianer nach Alkohol war groß, die Befriedigung dieses Verlangens höchst profitabel, und der Ausgang dieser Bemühungen stand zu keinem Zeitpunkt infrage. In Kanada nahm der Streit zwischen dem Pelzhandel und der Kirche solche Ausmaße an, dass er als Brandykrieg *(Brandy War)* bekannt wurde. Und im Süden sind die historischen Dokumente aller Kolonien und später fast aller Bundesstaaten der Union voll von Aufzeichnungen über zahllose Versuche der Gesetzgebung, das zu erreichen, was moralische Appelle nicht vermochten. Aber obwohl das Bestreben, den Indianern den Alkohol zu verweigern, oft kaum weniger energisch war als das, ihnen Winchesters zu verweigern, enthalten dieselben Aufzeichnungen reichlich Beweise für das Scheitern dieser Versuche einer sittlichen Besserung. Die folgenden Bemerkungen des Historikers John De Forest über die Alkoholgesetzgebung in den ersten Tagen von Connecticut stehen stellvertretend für das, was zu einem kontinentweiten Lamento werden sollte:

> Nichts hatte eine schädlichere Wirkung auf die Eingeborenen als berauschende Spirituosen. ... Ein Gesetz nach dem anderen wurde erlassen, das es unter hohen Strafen verbot, einem Indianer solche Getränke zu beschaffen. Im Jahr 1654 betrug diese Strafe fünf Pfund für jeden verkauften Pint und vierzig Schilling für die kleinste Menge. ...
>
> Da sich betrunkene Eingeborene in den Siedlungen herumtrieben und versuchten, mehr Alkohol zu bekommen ... war es allen Indianern bei einer Strafe von zwanzig Schillingen und mindestens sechs Peitschenhieben verboten, nach Einbruch der Dunkelheit in den Städten herumzulaufen.[171]

Doch wie De Forest lakonisch feststellte, »nahm das Übel trotz dieser Gesetze weiter zu ...«.

Trotz des wiederholten Scheiterns derartiger lokaler gesetzgeberischer Initiativen wurde 1832 ein Bundesgesetz erlassen, das die Abgabe von Alkohol an Indianer in den gesamten Vereinigten Staaten und ihren Gebieten verbat. Dieses Bundesgesetz war jedoch nicht erfolgreicher als die früheren bundesstaatlichen und lokalen Bemühungen, und obwohl einige lokale Gesetze gegen den Alkoholkonsum von Indianern weiterhin in Kraft sind, wurde die Suche nach einer Lösung auf Bundesebene im Jahr 1953 endgültig aufgegeben.

Bereits ein Jahrhundert früher, 1847, hält Henry Schoolcraft fest:

> Es gibt ein Laster, dem die Indianer seit ihrer Bekanntschaft mit den Christen verfallen sind, dessen sie sich vorher nicht schuldig machen konnten, nämlich die Trunksucht. Es ist merkwürdig, wie alle indianischen Völker und fast alle Menschen unter ihnen, Männer und Frauen, der Liebe zum Schnaps verfallen sind. Ihr Verlangen kennt keine Grenzen, solange sie es hinunterschlucken können, und in der Tat verdient dann der Größte unter ihnen kaum den Namen Untier.[172]

Der Lauf der Zeit hat allerdings eine Art Heilmittel hervorgebracht, denn da eine Generation nach der anderen in den Reservaten sozusagen befriedet wurde, hat das große Chaos, das ihre frühere Trunkenheit kennzeichnete, stark abgenommen. Doch auch wenn das betrunkene Betragen der heutigen Indianer in den Reservaten im Vergleich zu den Übertretungen früherer Zeiten blass erscheint, so ändert sich ihr Betragen auch heute noch oft dramatisch, wenn sie betrunken sind. So heißt es in einem Bericht des Kommissars für Indianerangelegenheiten aus dem Jahr 1938: »Zu den meisten schweren Verbrechen, die von Indianern begangen werden, tragen berauschende Getränke ursächlich bei.«[173] Und die Bundesstatistiken für das Jahr 1960 belegen, dass der Anteil der Indianer, die wegen alkoholbedingter Straftaten verhaftet wurden, höher ist als bei jeder anderen ethnischen Gruppe in den Vereinigten Staaten – die Rate ist mehr als zwölfmal so hoch wie im nationalen Durchschnitt.[174]

Dass Übertretungen unter Alkoholeinfluss ein gemeinsames Merkmal des Lebens fast überall in den Reservaten in den Vereinigten Staaten und in Kanada sind, geht aus zahlreichen Studien hervor. Über die Yankton Sioux in South Dakota, die Menomini in Wisconsin, die Mescalero in New Mexico, über mehrere Gesellschaften der Nordwestküste, die Navajo im Südwesten, die Standing Rock Sioux in den Dakotas, die Chipewyan und die Slavey im kanadischen Nordwesten, über die Potawatomi auf der oberen Halbinsel von Michigan, die Anishinabe in Wisconsin und Kanada und so weiter und so fort: Alles spricht dafür, dass Indianer weiterhin stark trinken und dass ihr Verhalten, wenn sie betrunken sind, weiterhin deutliche, wenn auch jetzt weniger ausgeprägte Veränderungen zum Schlechten erfährt.[175]

Das Problem besteht also nicht nur seit Langem, sondern es gibt keine unmittelbaren Anzeichen dafür, dass es verschwindet. Während frühere Forscher die besonders starken Auswirkungen des Alkohols auf die Indianer als Folge einer »rassischen Schwäche« interpretierten und diese Auffassung immer noch gelegentlich geäußert wird, gibt es keinen Beweis dafür, dass eine solche konstitutionelle Anfälligkeit existiert. Dies beunruhigt die meisten zeitgenössischen Diskutanten jedoch nicht, da sie der Meinung sind, dass die Enthemmungstheorie, wenn sie richtig ausgelegt wird, eine ausreichende Erklärung liefern kann.

Eine ausführliche und sicher höchst einflussreiche Erklärung auf der Grundlage dieser konventionellen

Theorie findet sich in dem inzwischen klassischen Aufsatz des Anthropologen A.I. Hallowell, einer führenden Autorität bei der Erforschung der indigenen Gesellschaften der *Eastern Woodlands*. Hallowell beginnt mit der Feststellung, dass die Indianer, obwohl sie eigentlich sehr kriegerisch seien, unter normalen Umständen großen Wert auf Zurückhaltung beim Ausdruck aller Emotionen legten, vor allem beim Ausdruck von Aggression. Das Verhaltensmuster von Ehrerbietung und Höflichkeit, das ihre täglichen Aktivitäten innerhalb ihrer Gruppe kennzeichne, werde nur selten durch sichtbaren Ärger und fast nie durch offene Aggression durchbrochen. Wenn Feindseligkeit an die Oberfläche trete, dann in verdeckten Formen wie bösartigen Witzen und Klatsch, übler Nachrede und Hexerei. Hallowell zufolge waren also diese Indianer, obwohl sie im Krieg oft die schlimmsten Grausamkeiten zeigten, in den Beziehungen zu den Mitgliedern ihrer eigenen Gruppe maximal »gehemmt«. Angesichts dieses Befundes können wir Hallowells Einschätzungen der Auswirkungen des Alkohols auf die »unterdrückten« Indianer leicht vorhersehen:

> Alkohol löst, wie wir wissen, oft Hemmungen, sodass Triebe zum Vorschein kommen, die im nüchternen Zustand normalerweise unter Kontrolle gehalten werden. Da außerdem ein Zusammenhang zwischen der Persönlichkeitsorganisation, dem Kulturmuster und dem Verhalten unter Alkoholeinfluss zu bestehen scheint, war das Verhalten des Indianers im betrunkenen Zustand gewissermaßen ein natürliches Experiment, ein Fingerzeig auf seinen Charakter. Wenn seine emotionale Grundstruktur dazu führte, dass viele Affekte, insbesondere aggressive Impulse, unterdrückt wurden, dann sollten wir erwarten, dass diese unter Alkoholeinfluss in einer besonders

gewalttätigen Form freigesetzt werden. Genau das scheint geschehen zu sein ... Der mörderische Aspekt des betrunkenen Verhaltens wird noch bedeutsamer, wenn wir uns daran erinnern, dass, so unerbittlich und grausam sich der Indianer als Feind auch immer erwiesen haben mag, das Verhalten innerhalb seiner Gruppe nicht nur freundschaftlich war, sondern im Großen und Ganzen auch durch eine bemerkenswerte Abwesenheit von Mord gekennzeichnet war. ...Während also Einzelne, die ihre eigenen aggressiven Fantasien projizierten, oft glaubten, Opfer von Hexerei zu sein, war in Wirklichkeit physische Gewalt unter den Mitgliedern der Gruppe (wenn sie nüchtern waren) eine Seltenheit. Die Trunkenheit jedoch, die zu einer Befreiung aus dem Muster der emotionalen Zurückhaltung führte, ermöglichte die Entladung unterdrückter Feindseligkeit in Form offener körperlicher Aggression, die im nüchternen Zustand gehemmt und von einer wirksamen Fassade der Freundlichkeit überdeckt wurde.[176]

Hier, in dieser vielleicht einflussreichsten Aussage, wird die konventionelle Formulierung der Wirkungsweise des Alkohols als *die* Erklärung dafür angeführt, wie und warum diese betrunkenen Veränderungen zum Schlechteren zustande kamen.

Wenn wir jedoch die Beschreibungen über die indianische Trunksucht genauer untersuchen, stellen wir fest, dass es reichlich Gründe gibt, um diese Erklärung infrage zu stellen. Beginnen wir am Anfang, indem wir die Geschichte bis zu den frühesten Jahren der Begegnung der Indianervölker mit dem Alkohol des weißen Mannes zurückverfolgen.

Vor dem Kontakt mit den Europäern war die Neue Welt nicht gänzlich ohne Alkohol; alkoholische Getränke waren in Südamerika, in der gesamten Karibik und in Mittelamerika weitverbreitet. In Mexiko zum Beispiel hatten indigene Völker mindestens vierzig verschiedene alkoholische Getränke entwickelt.[177] Alkoholische Getränke waren weiterhin in verschiedenen Teilen des heutigen Südwestens der Vereinigten Staaten bekannt. So bekannte Völker wie die Apachen und die Zuñi tranken bei weltlichen Anlässen selbst hergestellte alkoholische Getränke, und die Pima und die Tohono O'Odham (die wir bereits kennengelernt haben) tranken im Rahmen von Zeremonien. Doch wie wir gesehen haben, beschränkte sich das zeremonielle Trinken der Tohono O'Odham auf eine einzige friedliche jährliche Zeremonie, und das weltliche Trinken der anderen Völker im Südwesten der heutigen USA war ebenfalls selten und hatte offenbar einen ähnlich friedlichen Charakter.[178] Es ist zumindest möglich, dass einige Völker des amerikanischen Südostens (im Gebiet von Virginia und der beiden Carolinas) einen Wein aus Kakifrüchten herstellten, aber es ist wahrscheinlicher, dass dieser europäischen Ursprungs war[179] (Driver). Wenn er indigenen Ursprungs gewesen sein sollte, so hat er sich mit Sicherheit nicht unter den benachbarten Völkern verbreitet, denn die übrigen Völker der Ostküste und des Südens kannten mit Sicherheit keinen Alkohol.

Auch die übrigen Indianer Nordamerikas kannten keinen Alkohol, denn außerhalb des Südwestens hatten die Indianer der heutigen Vereinigten Staaten und Kanadas vor der Ankunft des weißen Mannes keine alkoholischen

Getränke. Warum sich der Alkohol von Mexiko aus nicht weiter nach Norden verbreitete, bleibt rätselhaft. In Mexiko war er sehr beliebt – und später in ganz Nordamerika begehrt. Tatsache ist jedoch, dass die überwiegende Mehrheit dieser nordamerikanischen Indianer, obwohl sie viele wilde und kultivierte Pflanzen besaßen, die sich für die Gärung geeignet hätten, vor dem Kontakt mit den Europäern keine alkoholischen Getränke herstellte. Als die ersten Europäer also ihren Fuß auf die Nordostküste des Kontinents setzten, auf das »New Found Land«, brachten sie ihre »geistigen Getränke« zu einer unbedarften Bevölkerung.

Das genaue Datum, an dem diese erste Einführung stattfand, ist der Geschichte ebenso unbekannt wie das Datum der »Entdeckung« Nordamerikas selbst. Die ersten westlichen Entdecker dieses Kontinents waren vermutlich Nordmänner, die von Grönland aus nach Westen segelten. Sie und spätere Reisende landeten höchstwahrscheinlich in der Nähe des Sankt-Lorenz-Golfs oder in der Hudson Bay, und das Land, das sie sahen, nannten sie »Vinland«, nach den wilden Trauben, die sie in Hülle und Fülle wachsen sahen. Doch die einheimischen »Skrælingar« (Inuit oder Indianer), denen sie begegneten, waren weder freundlich noch feige. In der Tat kämpften sie so gut, dass, falls diese Nordmänner Kolonien gegründet haben sollten, diese offenbar nur sehr kurzlebig waren; und angesichts der bewaffneten Feindseligkeit der Eingeborenen ist es höchst unwahrscheinlich, dass die Nordeuropäer sehr weit ins Landesinnere vordrangen.[180]

Die ersten Nordmänner, die die Küsten Nordamerikas entlangsegelten, waren vielleicht auf der Suche nach besserem Land oder lediglich vom Entdeckergeist getrieben;

wie dem auch sei, wir wissen, dass spätere Reisende auf der Suche nach Fisch zu diesen Küsten kamen. Während des gesamten Mittelalters befischten europäische Fischer aus dem Süden Portugals und Spaniens weite Teile des Nordatlantiks und segelten oft bis ins ferne Island, um ihre Fänge zu machen. Viele Historiker glauben, dass diese baskischen, bretonischen und normannischen Fischer schon seit Jahrhunderten von den unglaublich reichen Kabeljaubänken vor Neufundland angezogen wurden, bevor John Cabot ihre Existenz im Jahr 1497 dokumentierte. Wenn solche Fischer vor der Zeit Cabots einen Fuß nach Nordamerika gesetzt haben, ist es unwahrscheinlich, dass ihre Landgänge über eilige Wasserbeschaffungen oder Jagdausflüge hinausgingen. Und wenn sie in jenen frühen Tagen mit den Indianern Handel trieben (wir wissen, dass einige von ihnen das schon vor dem Besuch von Verrazano im Jahr 1524 taten), gibt es weder in den Aufzeichnungen noch in den Legenden Hinweise darauf, dass Alkohol im Spiel war.

John Cabot war der erste Europäer, der seine Reise nach Nordamerika (1497) schriftlich festhielt, aber er erwähnt dabei Alkohol nicht, ebenso wenig wie die portugiesischen Entdecker, die ihm dicht auf den Fersen folgten. Erst als Giovanni da Verrazano 1524 als Kapitän des französischen Schiffes *La Dauphine* die Küste von den Carolinas bis nach Neufundland hinaufsegelte, gibt es Grund zu der Annahme, dass mit ihm auch der Alkohol die Indianer erreicht haben könnte, denn sein Schiff war gut mit Alkohol ausgestattet, und er verbrachte mehrere Tage sowohl mit den friedfertigen Mahican von New York als auch mit den Narragansett an der gleichnamigen Bucht. Weiter nördlich traf Verrazano auf Indianer, die ganz offensichtlich schon einmal mit Europäern Handel getrieben hatten, und stellte fest, dass sie ungehalten wurden, als ihre Forderungen nach Handelswaren nicht angemessen erfüllt wurden. Sie verlangten jedoch keinen Alkohol, und er erwähnt nicht, dass er ihnen welchen anbot.

Obwohl weitere Europäer in den zehn Jahren nach Verrazano die Ostküste Nordamerikas befuhren und obwohl die Fischer ihre Fahrten fortsetzten (und sogar gefangene Indianer und Inuit in europäische Häfen verschleppten), findet sich der erste überlieferte Fall, in dem Indianern Alkohol angeboten wurde, in Jacques Cartiers Aufzeichnungen aus dem Jahr 1534. Es handelte sich dabei um die Mi'kmaq von Gaspé – also um Mitglieder derjenigen Gesellschaft, deren Trunkenheit hundert Jahre später Pater Le Clercq so entsetzen sollte. Cartier hatte noch nie gehört, dass Indianer keinen Alkohol vertragen; er gab ihnen diesen öfter als einmal in »fröhlicher Stimmung«, und ihre Reaktion nach diesen Kostproben war alles andere als gewalttätig; einmal umarmte und küsste ihn der Häuptling Cartier als Ausdruck seiner Freude! Dies beeindruckte Cartier so sehr, dass er den Indianern bei seiner Abreise weiteren Schnaps als Abschiedsgeschenk gab. Auch auf den folgenden Reisen gab Cartier den Indianern weiterhin Schnaps, ohne dass es zu unerfreulichen Zwischenfällen gekommen wäre.[181]

Obwohl weitere sporadische Erkundungen entlang der Ostküste im Gefolge von Cartiers erstem Vordringen stattfanden, kommt das Thema Alkohol in anderen Quellen des ganzen sechzehnten Jahrhunderts kaum oder gar nicht mehr vor. So gibt es beispielsweise keine Belege dafür, dass die Spanier, die in dieser Zeit in Florida entlang der Golfküste und im gesamten Südwesten auf Entdeckungsreise waren, den Indianern Alkohol gaben oder damit handelten. Bei den Expeditionen von Henry Hudson im Jahr 1609 hingegen wird erneut Alkohol erwähnt. Als er in New York landete, zweifelte Hudson an den guten Absichten einiger Lenni Lenape und Mahican, denen er begegnete, und beschloss, sie zu prüfen, indem er sie betrunken machte. Hudsons Mitreisender Robert Juet hielt das Ereignis folgendermaßen fest:

> Unser Kapitän und sein Maat beschlossen, einige der führenden Männer des Landes zu prüfen, ob sie womöglich die Anlage zum Verrat in sich hätten. So nahmen sie sie mit hinunter in die Hütte und gaben ihnen so viel Wein und Aqua vitae, dass sie alle recht fröhlich waren; einer von ihnen hatte seine Frau bei sich, die so sittsam saß, wie dies auch eine jede unserer Dirnen an einem fremden Ort tun würde. Am Ende war einer von ihnen trunken.[182]

Juet bemerkte, dass die anderen Indianer durch die Benommenheit dieses »Trunkenen« alarmiert waren und das Schiff verließen, wobei sie das »Opfer« an Bord zurückließen, wo »es die ganze Nacht ruhig schlief«. Dieses Erlebnis beeindruckte die Lenni Lenape und Mahican so sehr, dass sie noch viele Jahre lang davon erzählten, sehr zur Belustigung der nachfolgenden Reisenden, die ihre Geschichten aufzeichneten. Dem Chronisten Georg Asher zufolge erinnerten sie sich so an das Ereignis: Als ihr Kamerad taumelte und dann einschlief, verließen sie das Schiff in Angst, denn sie waren sicher, dass er vergiftet worden war und sie ihn nie wieder lebend sehen würden. Zu ihrem Erstaunen »erwachte er jedoch am nächsten Morgen wieder, sprang auf und erklärte, dass er sich noch nie so glücklich gefühlt habe, wie nachdem er den Becher getrunken hatte. Er wünschte sich mehr. Sein Wunsch wurde erfüllt und die ganze Versammlung schloss sich ihm bald an und wurde berauscht.«[183] Juet selbst hat diese Feier aufgezeichnet, und obwohl er feststellt, dass die Indianer im Allgemeinen betrunken wurden, erwähnt er bezeichnenderweise kein einziges Mal ein daraus resultierendes Fehlverhalten, sondern bemerkt nur, dass Hudsons Männer nach dem Ende der Feierlichkeiten an Land gingen und mit dem Handeln begannen. Nirgends deutet etwas darauf hin, dass Hudson glaubte, Alkohol würde eine besonders negative Wirkung auf die Indianer haben. Und nirgends gibt es einen Hinweis darauf, dass er eine solche Wirkung gehabt hätte.

Ähnliche Berichte über die friedliche Einführung von Alkohol gibt es von den indigenen Völkern in Neuengland und von anderen, die weit im Landesinneren leben.[184] Die Ojibwa um den Oberen See und die Menominee in Wisconsin berichten beispielsweise fast identisch von ihren ersten Erfahrungen mit Alkohol.[185] In beiden Fällen boten ihnen weiße Händler Branntwein an, aber da die Indianer befürchteten, dass es sich um Gift handeln könnte, wählten sie eine ältere (also entbehrliche) Person aus, um das seltsame neue Getränk zu probieren. Diese armen Menschen (eine Frau bei den Ojibwa, ein Mann bei den Menominee) tranken sehr viel, wurden erst benommen und fielen dann in Ohnmacht, und die beobachtenden Indianer, die annahmen, dass ihr Verdacht richtig gewesen war und das Gift gewirkt hatte, wurden ängstlich und wütend. Nach einiger Zeit jedoch kamen die Versuchspersonen wieder zu sich und priesen die Vorzüge der Trunkenheit in so glühenden Worten, dass sie alle beschlossen, es selbst zu versuchen. Dies taten sie auch, aber weder die Ojibwa noch die Menominee erwähnen in ihren Berichten über die folgenden Ereignisse, dass sich bei diesen ersten Trinkerinnen und Trinkern in irgendeiner Weise Veränderungen zum Schlechteren ergeben hätten.

Offensichtlich war die *erste* Reaktion vieler Indianer auf den Alkohol alles andere als ein episches Chaos von Ausschweifungen und dergleichen. Stattdessen finden wir einen Bericht nach dem anderen über diese Anfangszeit, in der die Indianer bemerkenswerte Zurückhaltung beim Alkoholkonsum zeigen. Selbst die französischen Jesuiten, die später so ausführlich über die katastrophalen Folgen des Branntweinhandels sprachen, hatten wenig über die Auswirkungen des Alkohols auf das Betragen der Indianer bei ihrer Ankunft in der Neuen Welt zu sagen. Als beispielsweise Pater Pierre Biard über seine Erfahrungen unter den Mi'kmaq in den Jahren 1611–1616 schrieb, beklagte er sich über ihren Alkoholkonsum nicht wegen eines damit einhergehenden Fehlverhaltens, sondern weil der minderwertige französische Branntwein, den die Händler lieferten, Magenbeschwerden verursachte![186] Und in den Jahren 1662–1663 stellte ein anderer Jesuitenpater fest, dass die Trunkenheit zu dieser Zeit für die Indianer zu einer »Leidenschaft« geworden sei, während in der früheren Zeit »alle eine Abscheu vor unserem Weine« gehabt hätten.[187]

Auf der anderen Seite des Kontinents wiederholte sich das gleiche Muster an der Nordwestküste, wo die Einführung des Alkohols unabhängig vom Osten viel später erfolgte. So hören wir zum Beispiel von Vitus Bering im Jahr 1741, dass »der Indianer es kostete, ausspuckte und das Glas zurückgab«;[188] Kapitän James Cook berichtete im Jahr 1778: »Als ihnen alkoholische Getränke angeboten wurden, lehnten sie dies als etwas Unnatürliches und für den Gaumen Widerwärtiges ab«; von dem französischen Entdecker Etienne Marchand hören wir im Jahr 1791: »Der Branntwein, den sie zu versuchen überredet wurden, schien ihnen nicht zu schmecken«; von Vancouver 1794: »Beim Abendessen zeigten sie nicht den geringsten Skrupel, an unserer Mahlzeit teilzunehmen, bei der ihnen Wein und Brände angeboten wurden; dabei tranken sie davon mit Zurückhaltung, da sie sich ihrer starken Wirkung wohl bewusst zu sein schienen«; von Langsdorff aus dem Jahr 1805: »Sie lehnten Branntwein als ein anstößiges Getränk ab, das sie ihrer Sinne beraube«; und von Ross Cox nur wenige Jahre später: »Alle Indianer am Columbia River hegen eine starke Abneigung gegen geistige Getränke, die sie als Gift betrachten. Sie behaupten, ... dass Trunkenheit für freie Menschen entwürdigend ist.«[189]

Es gibt auch keine Beweise dafür, dass die ersten Reaktionen dieser Indianer auf Alkohol zu Veränderungen zum Schlechteren geführt hätten, wie zum Beispiel Swans Bericht von einer Chinook-Frau, die von den ersten Trinkerfahrungen mehrerer Mitglieder ihrer Gruppe im Jahr 1793 erzählt: »Sie tranken etwas Rum aus einem Weinglas – wie viel, daran konnte sie sich nicht mehr erinnern –, aber sie erinnerte sich, dass sie betrunken wurden und von dem seltsamen Gefühl so verängstigt waren, dass sie in den Wald rannten und sich versteckten, bis sie nüchtern waren.«[190]

Von einer Küste zur anderen deuten die Beweise darauf hin, dass die anfänglichen Erfahrungen der nordamerikanischen Indianer mit Alkohol, *wenn diese nicht von gegenteiligen Erwartungen geprägt waren, weder zur Entwicklung eines alles verzehrenden Verlangens noch zu epischer Trunkenheit und Ausschweifungen führten.* Aber wenn der Alkohol nicht sofort zu einem begehrten Elixier wurde, müssen wir woanders als bei der Substanz selbst suchen, um zu verstehen, wie es dazu kam, dass sie als begehrlich angesehen wurde. Der Böse, wenn wir diesen Wandel als ein mittelalterliches Moralschauspiel beschreiben wollen, war der Pelzhandel.

Schon früh erkannten die Händler, dass Alkohol das potenziell wirksamste Handelsgut in ihrem Bestand war, denn im Gegensatz zu Eisenpfannen, Beilen usw. (deren Nachfrage eindeutig begrenzt war) erkannten sie, dass das Verlangen nach Alkohol, wenn man es wecken würde, unstillbar sein könnte. Sie erkannten außerdem, dass sie, wenn ein solches Verlangen stark genug und sie die Einzigen wären, die es befriedigen könnten, damit in der Lage wären, eine fast diktatorische Kontrolle über die Aktivitäten der Indianer auszuüben. Wir können daher gut verstehen, warum der frühe Händler John Macdonnell bemerkte, dass es unter den Händlern üblich war, »jedem Indianer, den sie unterwegs trafen, den Gaumen zu benetzen.«[191] In der Tat gibt es in der Literatur über den Pelzhandel eine Fülle von Beispielen, in denen jede erdenkliche Art von Betrug und Zwang angewandt wurde, um den Indianern Alkohol aufzudrängen.[192] Doch wie der Historiker Paul Phillips in seinem umfassenden Überblick über den Pelzhandel in Nordamerika berichtet, etablierte sich trotz der größten Anstrengungen der Händler »die Verwendung von Alkohol im Indianerhandel nur langsam. Die Indianer waren ... anfangs nicht bereit, ihn zu nehmen, aber die weißen Händler boten ihn beharrlich an.«[193] Allmählich zahlte sich diese Hartnäckigkeit aus, denn trotz ihrer anfänglichen Zurückhaltung lieferten sich die Indianer schließlich mehr und mehr der oft wenig wohlwollenden Gnade der Händler aus – mit welchen Folgen, haben wir bereits gesehen.

Uns geht es jedoch nicht darum zu zeigen, dass es so gekommen ist, sondern darum, dass es *nicht immer so war*. Der anfängliche Konsum von Alkohol durch die Indianer führte in der Regel nicht zu einem unstillbaren Verlangen nach mehr. Wo keine Vorurteile am Werk waren, ging das Trinken zunächst auch nicht mit deutlichen Veränderungen zum Schlechteren einher. All das kam erst später; denn in der Geschichte des Alkoholkonsums der nordamerikanischen Indianer waren die Anfänge die *gute* alte Zeit.

EIN »NUR GELEGENTLICHES« PROBLEM

Nachdem wir nun gesehen haben, dass die Indianer zumindest in der Anfangszeit ihres Kontakts mit den Europäern durchaus in der Lage waren, Alkohol »zu vertragen«, wollen wir als Nächstes zeigen, dass selbst in späteren Jahren – als ihre alkoholbedingten Probleme am extremsten waren – weder übermäßiges Trinken noch die damit oft einhergehenden Störungen ein allgemeines Merkmal ihrer Erfahrungen mit Alkohol waren.

Was die Behauptung betrifft, die Indianer Nordamerikas seien generell dem Alkohol verfallen, so ist zunächst festzustellen, dass viele Jesuitenpriester, selbst auf dem Höhepunkt ihrer leidenschaftlichen Empörung über die Verwüstungen durch den Branntweinhandel, auch die Existenz einzelner Indianer verzeichneten, die sich strikt vom Alkohol fernhielten. Diese Jesuiten vermerkten auch, manchmal im Ton der Verwunderung, dass viele Indianer entweder das »Laster« ganz überwunden hätten oder nur noch in Maßen tränken. Charakteristisch für solche Kommentare, die sich hier und da in ihren Berichten finden lassen, ist der folgende aus den frühen 1680er-Jahren: Es scheint, dass ein Irokese, nachdem er dem Zureden seiner Stammesangehörigen widerstanden hatte, sich an ihrem Trinkgelage zu beteiligen, »von allen Seiten mit Weinangeboten überhäuft wurde; er sammelte alles in seinem Kessel und schüttete es danach in den Fluss, ohne es anzurühren«.[194] Und Pater Jacques Bigot, der an anderer Stelle feststellte, dass die meisten Irokesen ihren Ruf als unverbesserliche Trinker verdienten, bemerkte, dass »einige nur aus Rücksicht trinken, ohne ein großes Verlangen nach Alkohol zu haben«.[195] Pater François de Crepieul schrieb 1686 über die damals weitverbreitete Vorstellung, dass alle Indianer ein unkontrollierbares Verlangen nach Alkohol hätten, dass dies in seiner Erfahrung mit den Innu »nicht die allgemeine Regel ist, wie ich gesehen habe, und ich glaube, dass es im Fall vieler nicht stimmt«.[196] Oder betrachten Sie diese Notiz über die Irokesen, die 1735 von einem anderen Jesuitenpater geschrieben wurde: »Trunkenheit ist das große Laster der Wilden; aber Gott sei Dank haben wir viele, die niemals irgendeinen berauschenden Schnaps anrühren. Diejenigen, die trinken, tun es nicht so oft ...«[197] Weiter geht es mit dieser Notiz, die 1730 von einem anderen Jesuitenpater über die Montagnais geschrieben wurde, von denen 100 Jahre zuvor berichtet worden war, dass die Trunksucht »erschreckende« Ausmaße angenommen hatte:

> Ganz anders als die anderen mögen diese Wilden in der Regel keinen Branntwein; und wenn der Franzose – der mehr an ihren Gütern als an ihrem Seelenheil interessiert ist – trotz wie-

derholter Verbote unserer Könige ihre natürliche Abneigung gegen dieses berauschende Getränk überwindet, trinken sie es nur mit grimmigem Gesichtsausdruck und kehren von sich aus nie wieder zu ihm zurück. Der Grund dafür ist – um ihre eigene Sprache zu gebrauchen –, dass der Verstand schändlich verloren ist, wenn er einmal durch das Feuerwasser getötet wurde.[198]

Händler, Reisende und Entdecker haben viele ähnliche Beobachtungen gemacht. So schrieben Lewis und Clark im Jahr 1804 über ihre Erfahrungen mit den Indianern der Great Plains, dass, obwohl diese Alkohol kannten und mit Händlern in Kontakt standen, von allen Mandan-Völkern westlich des Yellowstone nur die Assiniboine tranken, und zwar mit bemerkenswerter Mäßigung. Sie berichten, dass andere Gesellschaften, wie z. B. die Arikaree, sich aktiv gegen Alkohol wehrten: »Die *Recarees* (Arikaree) mögen keine geistigen Getränke, noch scheinen sie diese gerne zu erhalten oder dafür dankbar zu sein. *(Sie sagen, wir seien keine Freunde, sonst würden wir ihnen nicht geben, was sie zu Narren macht)*« (Hervorhebung im Original). Henry Schoolcraft berichtete 1820, er sei Anishinabe begegnet, die mäßig tranken, und anderen, die nur einen Schluck tranken. Edwin Denig , der in der ersten Hälfte des neunzehnten Jahrhunderts 21 Jahre lang als Scout und Händler der Regierung unter den indigenen Völkern des oberen Missouri lebte, schrieb über die Assiniboine (ein Volk, in das er eingeheiratet hatte) und ihre Nachbarn Folgendes: »Sie alle trinken, wann immer sie es bekommen können – Männer, Frauen und Kinder – außer den Crow-Indianern, die es nicht probieren wollen.«[199] Und Thomas Farnham berichtete über die Reaktion der Shoshonen auf Alkohol:

Sie lehnten ihn von Anfang seiner Einführung an ab. Und sie geben die besten Gründe für diesen Brauch an: »Er macht uns untauglich für die Jagd und für die Verteidigung gegen unsere Feinde; er verursacht unnatürliche Zwistigkeiten unter uns; er macht den Häuptling weniger als seinen Indianer; und durch seinen Gebrauch würden Schwachsinn und Ruin über den Stamm der Shoshonen kommen.«[200]

Auf der Grundlage von Beobachtungen wie diesen und zahllosen anderen kommen wir zu dem Schluss, dass Jeremy Belknap und Jedidiah Morse, als sie in einem von der Regierung finanzierten Untersuchungsbericht aus dem Jahr 1796 schrieben, es sei »der Charakter aller Wilden Nordamerikas«, dass sie »im Allgemeinen und, wie wir fürchten, unheilbar der Trunksucht verfallen sind, wann immer sie die Mittel dazu haben«, in ihrer Verallgemeinerung, sagen wir, etwas übertrieben.[201] So viel also zu der Tatsache, dass nicht alle Indianer, selbst wenn sie vom Alkohol »ergriffen« wurden, seiner fatalen Anziehungskraft hoffnungslos zum Opfer fielen.

Wir wollen nun zeigen, dass, selbst wenn die Indianer tranken – und zwar kräftig –, ihr Betragen sich nicht immer verhängnisvoll zum Schlechten veränderte. Wir wenden uns zunächst den Menominee von Wisconsin zu, die nach allgemeiner Auffassung anderen Indianern in Sachen Trunkenheit in nichts nachstanden. So schrieb ein Indianeragent der Regierung im Jahr 1820: »Während der vier Jahre meines Aufenthalts bei den Menominee sind keine Streitigkeiten, Unruhen oder Morde bekannt geworden, außer solchen, die ihren Ursprung im Whiskey haben.«[202] Und 1844 berichtete Colonel McKenney, der viele Jahre unter den Menominee verbrachte, über sie Folgendes:

> Nur wenige unserer Stämme sind in der Wertschätzung so bedauernswert gesunken wie diese Indianer. Sie sind größtenteils eine Rasse von gut aussehenden Menschen und haben bei den Stämmen in ihrer Umgebung ein hohes Ansehen genossen. Aber der Fluch der geistigen Getränke ist über sie gekommen und hat sie verkümmern lassen. Sie haben sich den zerstörerischen Freuden dieses vernichtenden Zaubers mit einem Eifer und einem Leichtsinn hingegeben, die sogar über das gewöhnliche Maß von Wilden hinausgehen. Es gibt vielleicht keinen Stamm in unseren Breitengraden, der dem Laster des Rausches so sehr verfallen ist wie die Menominee; auch keinen, der in seinen Sitten so degradiert und in all seinen Angelegenheiten so unvorsichtig ist.[203]

Aber Alkohol spielte bei den Menominee auch eine wichtige religiöse Rolle, und diesem Aspekt ihrer Erfahrung wollen wir uns nun zuwenden. Von Anfang an diente Alkohol in bestimmten Kontexten als Hilfsmittel, um die ersehnten Träume und Visionen zu erhalten; und in diesen Kontexten ging die Trunkenheit in der Regel nicht mit Veränderungen zum Schlechteren einher.[204] So berichtet Skinner von ihrer wichtigsten religiösen Zeremonie, der *Medicine Ceremony,* bei der es trotz anhaltenden Alkoholkonsums in keinem Fall zu einem betrunkenen Fehlverhalten kam. Skinner und Satterlee schreiben beispielsweise über eine solche Zeremonie, die um 1850 am Lake Poygan stattfand, dass die Teilnehmerinnen und Teilnehmer zwar »tagelang tranken«, sich aber auf der Suche nach Visionen und übernatürlichen Offenbarungen ganz dem zeremoniellen Gesang hingaben.[205]

An anderer Stelle lesen wir, dass selbst dort, wo das Trinken als Bestandteil eines sehr ernsten religiösen Rituals eingeführt wurde, sich die feierliche Stimmung ganz plötzlich ändern konnte. So berichtete Peter Pond, ein früher Händler, der in den 1760er- und 1770er-Jahren den Osten und den Mittleren Westen weit bereiste, dass er einmal auf eine Gruppe von Meskwaki traf, die um das Grab eines ihrer kürzlich verstorbenen Mitglieder saßen. Als Pond ihnen begegnete, hatten sie sich bereits an einem Fass Rum gütlich getan, und obwohl sie deutliche sensomotorische Anzeichen eines fortgeschrittenen Rausches zeigten, war ihr Gebaren völlig düster und verhalten – sie weinten, sangen und trauerten um ihren verstorbenen Kameraden in einer rührseligen Rezitation ihres Kummers. So ging es noch einige Zeit weiter, bis schließlich auf eine Bewegung hin – einen »Moshan«, wie Pond es nannte – die herrschende Feierlichkeit fast augenblicklich in Fröhlichkeit umschlug und die Beerdigung in ein Fest verwandelt wurde. Doch während »sie mehr als halb betrunken waren«, jede Frau einen Mann auswählte und mit ihm in die Büsche ging, zeigten sie nicht das geringste Anzeichen von Aggression. Vielmehr war es, wie Pond es ausdrückte, »so fröhlich, wie ein Fest nur sein kann«.[206]

In der Tat ist es praktisch unmöglich, die Tagebücher von Männern zu lesen, die mit den Indianern Handel trieben und unter ihnen lebten, ohne zwischen den Berichten über Orgien und die heftigsten Schlägereien andere Berichte über Trinkgelage zu entdecken, bei denen *nichts* Unangenehmes passierte.[207]

Archibald McLeod zum Beispiel, der Anfang des neunzehnten Jahrhunderts Tagebuch über seine Handelserfahrungen in einem weiten Gebiet im nördlichen Zentralkanada führte, erwähnt zahlreiche solcher friedlichen Trinkgelage, die von vielen verschiedenen Indianergruppen veranstaltet wurden.[208] Das Gleiche gilt für Thomas

Connor, der in den Jahren 1804–1805 mit den Ojibwa in der Region der oberen Großen Seen Handel trieb. Unter vielen ähnlichen Einträgen in Connors Tagebuch finden wir diese Bemerkungen: »Sie tranken die ganze Nacht sehr friedlich«; und über eine andere Gruppe: »Sie tranken friedlich und machten mir keine Schwierigkeiten.« Da es nach Connors Erfahrung mit indianischen Trinkgelagen jedoch wahrscheinlicher war, dass »die Indianer ihrem üblichen Brauch des Messerstechens folgten«, äußerte er seine Verwunderung über ein Trinkgelage, bei dem zwei Tage zuvor dieselben Indianer »sehr friedlich getrunken« hatten.[209]

Eine der besten Quellen für die Dokumentation des »Ich sehe was, was du nicht siehst«-Charakters betrunkener Veränderungen bei den Indianern Nordamerikas ist das Tagebuch des Händlers Alexander Henry. Henrys Tagebuch umfasst die Jahre zwischen 1799 und 1814, als er vom Lake Superior bis zur Pazifikküste Alkohol gegen Pelze tauschte. Wenn die Entscheidung, auf eine überaus positive Selbstdarstellung zu verzichten, ein Indiz für Wahrhaftigkeit ist, sollten Henrys Beobachtungen besonders ernst genommen werden, denn er entpuppt sich nach eigenen Angaben als alles andere als ein Held: So gibt er beispielsweise zu, dass er zahlreiche indianische Jungfrauen (im biblischen Sinne) »kennenlernte« und seinen Schnaps mit den besten (oder schlimmsten) von ihnen trank.[210]

Was sagt Henry also über die Trunkenheit der Indianer? Erstens ist es schmerzlich klar, dass ihre Trinkgelage oft von Gewalt begleitet waren, denn überall in seinem Tagebuch finden sich Einträge wie diese: »Was für ein anderes Volk wären sie, wenn es nicht einen Tropfen Alkohol im

Land gäbe! Wenn ein Mord unter den Saulteurs begangen wird, dann immer bei einem Trinkgelage«; »Wayquatchewine stach bei einem Trinkgelage einen anderen Indianer in das Schulterblatt, aber das Messer wurde vom Knochen aufgehalten, und die Wunde war nicht tödlich«; »Grande Gueule (Großmaul) stach Perdrix Blanche (Weißes Rebhuhn) mit einem Messer an sechs Stellen; Letzterer fiel im Streit mit seiner Frau ins Feuer und wurde fast geröstet, hatte aber trotz seiner Wunden noch genug Kraft, um ihr die Nase abzubeißen.«

Kurz gesagt: Wo es zu betrunkenen Unruhen kam, sah Henry sie und berichtete darüber. Aber er sah und berichtete auch von vielen Trinkgelagen, bei denen Gruppen derselben Indianer viel tranken, ohne dass sie ein ähnliches Betragen an den Tag legten. Die folgenden Einträge in Henrys Tagebuch sind keineswegs ungewöhnlich: »Die Indianer tranken die ganze Nacht, waren aber nicht störend«; »Die Indianer haben mich während der Nacht nicht ein einziges Mal belästigt«; »Eine Gruppe von Gens de Pied Assiniboines kam an. Ich gab ihnen Schnaps, und sie tranken die ganze Nacht über friedlich«; »Heute Abend gab ich den Piegans Rum; sie waren nicht sehr lästig, sondern tranken ruhig und gingen bald schlafen.«

Ein weiteres Beispiel findet sich im Tagebuch des Händlers Daniel Harmon aus dem Jahr 1800, dessen Berichte über betrunkenes Chaos wir bereits zitiert haben, denn auch Harmon berichtet von Trinkgelagen, bei denen es nicht »den geringsten Ärger oder die kleinste Verletzung« gab. So erzählt er zum Beispiel von einer Gelegenheit, bei der eine beträchtliche Anzahl von Cree und Assiniboine beiderlei Geschlechts fünf Tage lang ununterbrochen tranken, wobei sie nichts anderes taten, als zu reden, zu singen und zu weinen. Und er berichtet von einer anderen Gelegenheit, bei der eine Gruppe von Cree über 48 Stunden lang betrunken blieb, aber nicht aggressiv wurde, *bis ihr Alkoholvorrat erschöpft war und sie anfingen auszunüchtern.*[211]

Mit Harmons Bemerkung wollen wir den letzten Punkt einführen, mit dem wir die angebliche Unvermeidbarkeit indianischer Aggression in betrunkenem Zustand widerlegen wollen, denn Alkohol hat manchmal eine Wirkung, die eher der eines Beruhigungsmittels (als der eines Erregers) der Leidenschaften ähnelt. Dass zunehmende Trunkenheit bisweilen nicht zu zunehmender Aggression, sondern zu deren Gegenteil führte, geht aus Fortescue Cumings Bericht über seine Konfrontation mit einer Gruppe betrunkener und feindseliger Lenni Lenape im Jahr 1807 hervor. Als Cuming und seine Leute dort ankamen, waren diese Indianer bereits »ziemlich betrunken« und sie »schienen unser Auftauchen nicht zu mögen«. Als Cuming ihnen jedoch mehr Schnaps anbot, nahmen sie ihn an; und der erhöhte Rausch, den dieser zusätzliche Alkoholkonsum verursachte, führte nicht dazu, dass Cuming und seine Gruppe abgeschlachtet wurden, sondern zu einer völlig angenehmen und ereignislosen Begegnung. Außerdem berichtet Cuming, dass er eine ähnliche Erfahrung mit einer Gruppe von Shawnee gemacht hatte.[212]

Auch die Indianer setzten manchmal Alkohol ein, um kriegerische Beziehungen in friedliche zu verwandeln. So berichtete James Schultz, der die meiste Zeit seines Lebens bei den Blackfoot in den nördlichen Ebenen lebte, dass 1881 mehrere verfeindete Gruppen, die kurz vor einem Krieg miteinander standen, in einem großen Feldlager zusammenkamen, um den Ausbruch von Feindseligkeiten zu verhindern. Während dieser Friedensgespräche tranken alle reichlich Whiskey.[213] Der Gedanke an die alkoholbedingten mörderischen Auseinandersetzungen der Tohono O'Odham (Kapitel 3) lässt uns erschaudern, aber hier war das Ergebnis alles andere als gewalttätig: »Es war seltsam, tausend Indianer, Männer und Frauen, tranken, plauderten, sangen, tanzten um ihre abendlichen Feuerstellen und stritten sich überhaupt nicht.«

Und es gibt auch die nicht ganz unübliche Geschichte von nüchternen Indianern, die sich aufmachen, um einen weißen Gefangenen zu foltern, dann aber mit Alkohol abgefüllt und betrunken werden und jegliche Angriffslust verlieren. Der Händler John Long berichtete von einem solchen Fall, bei dem ein Engländer namens Ramsey in den 1770er-Jahren von einer Gruppe Potawatomi gefangen genommen worden war. Da die Potawatomi zu dieser Zeit auf der Seite der Franzosen gegen die Engländer standen, fand sich der unglückliche Mr Ramsey an einen Pfahl gefesselt und bereitete sich auf seine vorzeitige Einäscherung vor. Der einfallsreiche Engländer lenkte die Potawatomi jedoch von ihrem Vorhaben ab, indem er ihnen mitteilte, dass er in seinem Kanu etwas Rum versteckt hatte. Als sie dies hörten, ließen sie alles stehen und liegen und begaben sich auf die Suche. Da der Rum tatsächlich am genannten Ort war, fanden sie ihn auch bald. Mit dem Schnaps in der Hand ließen sie alle Gedanken an Ramsey fallen und widmeten sich zielstrebig der Herbeiführung eines alkoholischen Vollrauschs. Dieses Ziel erreichten sie bald, und nachdem seine Entführer außer Gefecht gesetzt waren, befreite sich Ramsey und schnitt ihnen die Kehlen durch.[214]

So erfahren wir in einem Bericht nach dem anderen von den skurrilen Auswirkungen, die der Alkohol auf die Indianer Nordamerikas hatte. Manchmal waren die alkoholbedingten Verhaltensänderungen höchst dramatisch und manchmal waren sie praktisch nicht vorhanden. Wenn sie auftraten, war die Wandlung von nüchterner Gelassenheit zu betrunkener Feindseligkeit und Gewalttätigkeit typisch, nicht selten aber wurde auch genau das Gegenteil beobachtet.

All dies scheint selbst heute den meisten Diskutanten nicht bewusst zu sein, denn sie schreiben mehrheitlich ganz in der Tradition des Historikers Otto F. Frederickson aus dem Jahr 1932:

> Als der Alkohol in die Hände des roten Mannes kam ... legte dieser alle Hemmungen ab und wurde zum Narren, zum Wahnsinnigen oder zum Mörder, je nachdem, wohin ihn der Zufall und seine nun ungezügelte Natur führten. ... Solange sie unter dem Einfluss des Alkohols standen, waren sie vollkommen von ihren Leidenschaften beherrscht. ... Doch dieselben Indianer, die in ihren Trunkenheitsanfällen rücksichtslos, wild und mörderisch im extremsten Sinne waren und jede Rücksichtnahme vermissen ließen, außer der, die dem Genuss des Augenblicks diente, waren, wenn sie nüchtern waren, fügsam, friedfertig, zivil und zur Besserung fähig.[215]

In diesem Abschnitt haben wir versucht zu zeigen, dass die Tatsachen es erfordern, solche Aussagen mit Vorsicht zu genießen, denn es ist unbestreitbar, dass, zum einen, nicht alle nordamerikanischen Indianer vom Alkohol unwiderstehlich angezogen wurden und, zum Zweiten, dass sie, selbst wenn sie ihn tranken, nicht immer die Kontrolle verloren. Zwar prägten betrunkene Veränderungen zum Schlechteren das Betragen einiger Indianer bei einigen Gelegenheiten doch führte der Alkohol mit Sicherheit *nicht* bei allen Indianern zu allen Gelegenheiten zu diesem Ergebnis. Kurz gesagt: Eine »Enthemmung« war eine »nur gelegentlich« auftretende Begleiterscheinung indianischer Trunkenheit.

UND WIEDER: DIE BEGRENZUNGSKLAUSEL

In diesem abschließenden Abschnitt werden wir noch weiter und endgültig mit der konventionellen Ansicht abrechnen, dass die betrunkenen Veränderungen zum Schlechteren bei den Indianern einfach nur unkontrollierte Ausbrüche ihrer toxisch freigesetzten sexuellen und aggressiven Impulse waren. Wir werden insbesondere versuchen zu zeigen, dass ihr Betragen im betrunkenen Zustand alles andere als eine Art geistloser Impulsivität war, die sie, einmal in Gang gesetzt, nicht mehr steuern konnten.

Die ersten Berichte über das betrunkene Treiben der Indianer Nordamerikas waren natürlich von Weißen verfasst und nicht von den Indianern selbst. Aus diesem Grund neigten diese frühen Berichte dazu, nur dann ins Detail zu gehen, wenn die Autoren oder ihre weißen Mitreisenden unmittelbar beteiligt waren. So gibt es für die gesamte Zeit vor den Reservaten praktisch keine Informationen über die Funktionsweise und den Einfluss der Begrenzungsklausel in Bezug auf das Verhalten der Indianer untereinander. Dies änderte sich erst, als die Indianer selbst zum Gegenstand detaillierter Beschreibungen wurden, und inzwischen gibt es eine Vielzahl von Berichten, die die Existenz solcher internen *Grenzziehungen* unter den Indianern heute dokumentieren.[216]

Für die Zeit vor den Indianerreservaten gibt es jedoch nur vereinzelte Kommentare wie den folgenden von Edwin Denig, dem bereits zitierten Chronisten des indianischen Lebens in den Great Plains in der ersten Hälfte des neunzehnten Jahrhunderts: »In ihren Familien sind sie nicht streitsüchtig, wenn sie betrunken sind, sie singen oder weinen im Allgemeinen für ihre toten Verwandten; aber zwischen denen, die nicht zur Verwandtschaft gehören, kommt es oft zu Streitigkeiten, die gelegentlich den Tod eines von ihnen zur Folge haben.«[217]

Der Mangel an detaillierten Beispielen für die Begrenzungsklausel innerindianischer betrunkener Veränderungen zum Schlechteren wird jedoch durch die Fülle des verfügbaren Materials über die Beziehungen zwischen dem weißen Mann und dem betrunkenen Indianer mehr als wettgemacht. Diese Berichte sind besonders zahlreich, detailliert und dramatisch und dokumentieren den kontrollierten Charakter des betrunkenen Verhaltens der Indianer Mal für Mal.

Schauen wir uns zunächst die Erfahrungen der frühen Jesuitenpriester an, die alles wagten, um den eingeborenen Heiden in Neufrankreich »Seelenheil zu bringen«. Oft allein und immer unbewaffnet, waren diese Kirchenmänner im wahrsten Sinne des Wortes Abgesandte der Zivilisation in einer wilden Wildnis. Nachdem sie von den Briten aus Akadien in Neuschottland vertrieben worden waren, zogen sie 1625 nach Huronia, dem Land der Wyandot südlich der Georgia Bay. Hier hatte Samuel de Champlain bereits eine französische Präsenz aufgebaut und ein Bündnis mit den Wyandot und den Algonkin gegen den gemeinsamen Todfeind dieser Völker, die Irokesen, geschlossen. Aber der Alkohol war den Jesuiten vorausgegangen, und während ihrer glücklosen Arbeit mit den Wyandot blieb er ein ständiger Anziehungspunkt für ihre Verachtung. So stellte Pater Paul Le Jeune 1632 fest: »Seit ich hier bin, habe ich nur betrunkene Wilde gesehen ...«, und im darauffolgenden Jahr stellte er über die Wyandot fest, dass »man ständig Betrunkene unter ihnen sieht, die schreien, kämpfen und streiten«.[218] Und ein anonymer Korrespondent, der ebenfalls 1633 schrieb, fügte hinzu:

> Unsere Wilden – nicht nur die Männer, sondern auch die Frauen und Mädchen – sind solche Liebhaber des Branntweins, dass sie sich schweinisch berauschen ... was zu unzähligen Streitereien unter ihnen führt. Wenn sie beschwipst sind, kämpfen sie und schlagen sich gegenseitig mit ihren Fäusten; sie brechen in Hütten ein und reißen sie in Stücke; und in diesem Zustand können sie eine böse Tat begehen und uns ermorden ...[219]

Und doch überlebten die Jesuiten all das. Und im Jahr 1639 schrieb Pater Jérôme Lalemant, nachdem er sich auf die allgemein anerkannte Maxime bezogen hatte, dass das Blut der Märtyrer der Samen der Kirche sei, und nachdem er die Herrlichkeit eines solchen Martyriums gepriesen hatte, dass »es eine Art Fluch wäre, wenn dieser Teil der Welt nicht an dem Glück teilhaben sollte, zum Glanz dieser Herrlichkeit beigetragen zu haben«.[220] Aber wenn es »eine Art Fluch« war, der die Jesuiten in Neufrankreich vor der Ermordung bewahrte, so schien derselbe Pater davon überzeugt, dass dieser Fluch bald aufgehoben sein würde, denn im folgenden Jahr schrieb er:

> Wir haben fünf Missionen in diesen Gebieten der Huronen gehabt und mehr als 10.000 Barbaren das Evangelium gepredigt. ... Dennoch haben sie sich nicht gebessert, nein, sie sind

sogar noch wütender auf uns als sonst und haben sich gegen uns gewandt, als ob wir die Urheber all ihrer Schwierigkeiten wären. Ich weiß nicht, mit welchen Verleumdungen sie uns nicht belastet haben; sie sind zu Drohungen, zu Feindseligkeiten, zu privaten und öffentlichen Beratungen über unser Gemetzel und schließlich zu Schlägen gekommen – aber leichten, und noch nicht mit viel Blut befleckt. Wir vermuten und suchen noch etwas anderes. ... Gewiss, wir können uns nicht genug wundern, dass wir überhaupt noch leben; denn ... wir sind sogar ohne jeden Soldaten und ohne örtliche Verteidigung ...[221]

Es dauerte noch weitere neun Jahre, bis die Huronen das von Pater Lalemant gewünschte »noch etwas anderes« – diese »Herrlichkeit« – erlangten. Ungefähr mit der Ankunft der Jesuiten bei ihnen begannen die Wyandot, eine Reihe noch nie da gewesener Katastrophen zu erleiden. Dezimiert durch eine Seuchenwelle nach der anderen und manchmal zu betrunken, um sich zu verteidigen, wurden sie leichte Opfer der Irokesen, die in einer Reihe gewaltvoller Angriffe, bis auf verstreute Reste, alle Mitglieder dieses einst stolzen Volkes auslöschten. So verstreut, wurden die Wyandot weiterhin von irokesischen Überfällen heimgesucht, und viele von denen, die diesen Ausrottungsaktionen entkamen, lebten nur lange genug, um zu verhungern. Im Jahr 1649, in dieser Zeit der völligen Niederlage, starb der erste und einzige Jesuit, Pater Noël Chabanel, durch die Hand eines Wyandot. Der Mörder war damals jedoch völlig nüchtern, denn er war ein Abtrünniger, der den Glauben zu hassen begann, weil er ihn für den Untergang seines Volkes verantwortlich machte.[222]

Während die Wyandot nur zögerlich bereit waren, Pater Lalemant seine Märtyrer zu geben, waren die Irokesen eher bereit, ihm zu helfen. Angefangen mit Pater Isaac Jogues im Jahr 1646, kamen in den folgenden zehn Jahren sieben weitere Märtyrer hinzu, darunter auch Pater Jérôme Lalemants Neffe, Pater Gabriel Lalemant. In keinem dieser Fälle gibt es jedoch Hinweise darauf, dass die Irokesen, die für diese Morde verantwortlich waren, zur Tatzeit nicht völlig nüchtern waren.

Als die Stellung der Franzosen in der Neuen Welt kurz vor ihrem Untergang stand, wurden die Feindseligkeiten mit den Irokesen fortgesetzt, bis 1666 der Marquis de Tracy, der gerade erst mit einem Regiment erfahrener Soldaten in Neufrankreich eingetroffen war, in das Mohawk-Tal einmarschierte und ein Dorf nach dem anderen zerstörte, was den Beziehungen zwischen den Franzosen und den Irokesen einen kurzzeitigen Frieden brachte und es den Jesuiten ermöglichte, zumindest eine Zeit lang dort Missionen zu errichten. Und dies führt zum nächsten Abschnitt unserer Geschichte. Wie erging es diesen Jesuiten, die Missionen inmitten der Irokesen errichteten, die nur zwei Jahrzehnte zuvor sieben Mitglieder ihres Ordens grausam ermordet hatten? Kurz gesagt, die Irokesen fügten der Liste der christlichen Märtyrer keine weiteren Jesuiten hinzu. Dass sie sowohl im betrunkenen als auch in nüchternem Zustand reichlich Gelegenheit dazu gehabt hätten, geht aus den Berichten der Priester hervor, die diese »vorgeschobenen Stützpunkte« betrieben. Pater Le Mercier berichtete 1668 auf seiner einsamen Mission in Agnié von den Plünderungen, die er regelmäßig von betrunkenen Irokesen zu ertragen hatte

> ... unter dem Einfluss des Alkohols. Man hat uns Brenneisen an den Kopf geworfen und unsere Papiere angezündet; man ist in unsere Kapelle eingebrochen; man hat uns oft mit dem

> Tode bedroht; und während der drei oder vier Tage, die diese Unruhen andauern – und sie finden sehr oft statt –, müssen wir tausend Anmaßungen erdulden, ohne uns beschweren zu können, ohne zu essen und ohne uns zu erholen. In der Zwischenzeit stürzen diese wütenden Kreaturen alles um, was sie erreichen, und massakrieren sich sogar gegenseitig, ohne Verwandte oder Freunde, Landsleute oder Fremde zu verschonen.[223]

Offensichtlich war es nicht eine neu entwickelte Ehrfurcht vor dem Gott der Franzosen oder Seiner Vertreter auf Erden, die Pater Le Mercier davor bewahrte, durch die Hände dieser betrunkenen Irokesen zu Schaden zu kommen. Ebensowenig lässt sich die Zurückhaltung der Irokesen gegenüber Pater Jacques Bruyas von der Mission St. Francis Xavier mit gesteigerter Pietät erklären. In einem Brief, der ebenfalls auf das Jahr 1668 datiert ist, beschreibt Pater Bruyas seine Erfahrungen wie folgt:

> Sie haben eine solche Manie (für Branntwein), dass sie sich nicht beschweren, 200 Meilen weit zu gehen, um drei oder vier Kannen davon nach Hause zu bringen; und das Schlimmste daran ist, dass sie, wenn sie ihn getrunken haben, Dämonen sind. Letzten Sommer erschien ein betrunkener Mann an der Tür und fragte, wo der Schwarzkittel sei. »Ich werde ihn töten«, sagte er, »er ist ein Dämon, der uns verbietet, mehrere Frauen zu haben«, aber als er die Tür geschlossen sah, ging er nach Hause und schrie wie ein Verrückter. Das ist nicht das einzige Mal, dass sie versucht haben, mich zu töten, aber Gott hat mich immer beschützt …[224]

Wenn man sich nicht auf eine solche Vorstellung von göttlichem Eingreifen beruft, muss man zu dem Schluss kommen, dass diese »Versuche« weniger als halbherzig waren, denn ähnliche Berichte folgen in den nächsten Jahren. Im Jahr 1682 schrieb Pater Jean de Lamberville seitenweise über die Schreckensherrschaft betrunkener Irokesen, die er während seines Dienstes in der Mission Onnontagué erdulden musste.[225] Und in der gleichen Zeit schrieb Pater Thierry Beschefer:

> Diese Völker (die Irokesen) lehnen das Christentum stärker als alle anderen ab ... gleichzeitig sind sie den Franzosen gegenüber sehr böswillig eingestellt, was uns große Befürchtungen einflößt. ... Die Trunkenheit herrscht [unter ihnen] in einem solchen Ausmaß und so kontinuierlich, dass sie ihre Dörfer oft zu wahren Abbildern der Hölle macht. Dann sieht man nur Verrückte, die die Hütten und alles darin zerstören, die jeden schlagen, den sie treffen, und die aufeinander losgehen, einander mit ihren Zähnen in die Gesichter beißen und zerreißen, sodass viele unter ihnen Spuren dieser Auseinandersetzungen in denselben tragen. Viele sind bei Kämpfen solcher Art, die immer blutig sind, sogar getötet worden. Zu solchen Zeiten kann kein Hauptmann *[Chief]* oder Ältester diese gesetzlosen Handlungen unterbinden; diese selbst sind gezwungen, vor der Gewalt dieser Verrückten zu fliehen, um nicht von ihnen misshandelt zu werden. Bei solchen Gelegenheiten muss ein armer Missionar sein Haus für alle öffnen, die es betreten wollen, es sei denn, er geht das Risiko ein, dass es abgerissen oder verbrannt wird. Und er hat weder bei Tag noch bei Nacht Ruhe, während er sich all ihre unverschämten Worte anhört und all ihre Beleidigungen erträgt, zu denen oft nur noch der Todesstoß fehlt.[226]

Und doch, wie immer blieb der Todesstoß aus. Obwohl »viele in Kämpfen solcher Art getötet wurden«, berichtet Pater Beschefer, dass er und seine Mitbrüder nur »unverschämte Worte« und »Beleidigungen« ertragen mussten.

Und so blieb es auch. Dieses Muster selektiver Immunität wurde tatsächlich so selbstverständlich, dass etwa 75 Jahre später, als ein anderer Priester im Jahr 1757 über Erfahrungen mit seinen häufig betrunkenen indianischen Gemeindemitgliedern schrieb, er nicht ein einziges Mal die geringste Sorge um seine eigene Sicherheit zeigte. Dieser anonyme Priester begann seine Schilderung, die für die Anhängerinnen und Anhänger der konventionellen Auffassung wirklich bemerkenswert sein muss, mit der Feststellung, dass bei der fraglichen Gelegenheit seine Gemeindemitglieder zusammen mit einigen Gästen von anderen Gruppen zu trinken begannen und dass

> ... sehr bald ihre Gehirne verwirrt waren. Wilde Trunkenheit ist selten ruhig, fast immer ungestüm. Diesmal brach sie sofort in Lieder, Tänze und Lärm aus und endete schließlich mit Schlägen. Bei Tagesanbruch war sie auf dem Höhepunkt ihrer Wildheit; das war die erste Nachricht, die ich beim Erwachen erhielt. Ich lief sofort zu dem Ort, von dem der Tumult ausging. Dort war alles in Alarm und Aufregung. Das war das Werk betrunkener Männer. Bald war die Ordnung wiederhergestellt ... Ich nahm sie ohne Umstände bei der Hand, einen nach dem anderen, und führte sie widerstandslos zu ihren Zelten, wo ich ihnen befahl, sich auszuruhen.[227]

Und das ist noch nicht das Ende der Geschichte dieses unerschrockenen Priesters, denn er berichtet weiter:

> Der Tumult schien sich zu beruhigen, als ein Moraigan [Mohegan], der vom Stamm der Abnakis eingebürgert und adoptiert worden war, den Aufruhr auf eine ernstere Art und Weise erneuerte; nachdem er böse Worte mit einem Irokesen gewechselt hatte, der ebenfalls beim Trinkgelage zugegen gewesen war, kam es zu Schlägen. Der Erstere, der viel kräftiger war, warf seinen Gegner zu Boden, versetzte ihm einen Hagel

von Schlägen und riss seinen Gegner mit den Zähnen an der Schulter. Der Kampf war auf dem Höhepunkt, als ich sie erreichte. Ich konnte auf keine andere Hilfe als meine eigenen Arme zurückgreifen, um die Kontrahenten zu trennen, denn die Wilden fürchten einander zu sehr und mischen sich um keinen Preis in Streitigkeiten untereinander ein. Aber meine Kraft entsprach nicht der Größe des Unterfangens, und der Sieger war zu erregt, seine Beute sofort freizulassen. Ich war versucht, diese wütenden Kreaturen sich durch ihre eigene Hand für ihre Zügellosigkeit bestrafen zu lassen, aber ich fürchtete, dass die Szene durch den Tod eines der Kämpfer mit Blut befleckt werden könnte. Ich verstärkte meine Bemühungen, und als ich den Abnaki schüttelte, merkte er endlich, dass er geschüttelt wurde; dann drehte er den Kopf und erkannte mich nur mit Mühe. Dennoch kam er nicht wieder zu sich, sondern brauchte einige Augenblicke, um sich zu beruhigen. Daraufhin gab er dem Irokesen die Gelegenheit zu fliehen, wovon dieser bereitwillig Gebrauch machte.

Hier haben wir es also mit einem Fall zu tun, in dem zwei betrunkene Indigene allem Anschein nach so entschlossen waren, sich gegenseitig zu töten, dass ihre Kameraden es nicht wagten, einzugreifen. Doch ein einsamer und unbewaffneter Priester war in der Lage, dies erfolgreich und ungestraft zu tun. Obwohl betrunkene Indianer die »Schwarzkittel« manchmal misshandelten, töteten sie sie nicht nur nicht, sondern gewährten ihnen oft eine bemerkenswerte Immunität.

Dennoch könnte man annehmen, dass nach dem »Jahrzehnt des Gemetzels« (1646–1656), das die Jesuiten durch die (nüchternen) Irokesen erlitten, diese Gottesmänner in den Augen der Indianer auf eine unspezifische Weise unantastbar waren. Aber was ist mit den Pelzhändlern?

Obwohl diese Händler im Gegensatz zu den Priestern bewaffnet und im Allgemeinen gut beisammen waren, waren sie mit Handelswaren beladen, die die Indianer sehr begehrten; und bewaffnet oder nicht, sie waren nur eine kleine Handvoll unter buchstäblich Hunderten von bewaffneten Indianern. Außerdem waren sie bei ihren Ausflügen meist Dutzende, manchmal Hunderte von Meilen von der nächsten bewaffneten Unterstützung entfernt. Wir wollen nun zeigen, dass in der Regel auch die Pelzhändler vor betrunkenen Angriffen gefeit waren.

Wir beginnen unsere Dokumentation dieses Punktes mit einem Zitat aus dem Tagebuch des bereits zitierten Händlers John Long. In den späten 1770er-Jahren machte Long die folgende bemerkenswerte Beobachtung über den Charakter der Indianer und die Auswirkungen des Alkohols auf ihn:

> Es scheint das ständige Bestreben sowohl des männlichen als auch des weiblichen Teils der Indianer zu sein, der heranwachsenden Generation Vorstellungen von Heldentum einzuflößen, und diese Eindrücke tragen sie weit über die Grenzen von Vernunft oder Gerechtigkeit hinaus. Ist es da verwunderlich, dass jede Handlung ihres Lebens darauf abzielt, ihren Durst nach Rache für an ihnen begangene Vergehen zu stillen, und dass diese Gefühle ihr künftiges Verhalten so stark beeinflussen? Es gibt jedoch eine Ausnahme von diesen Beobachtungen – ihr Verhalten gegenüber den Händlern, die bei manchen Gelegenheiten, wenn die Trunkenheit überhandnimmt, gezwungen sind, sie sehr hart zu schlagen; zu ihrer Ehre muss ich gestehen, dass ich in diesen Fällen nie erlebt habe, dass sie diese Strenge im nüchternen Zustand übel nahmen. ... Was diese Strenge betrifft, wenn sie vollkommen nüchtern sind, so bin ich überzeugt, dass sie höchst

gefährlich wäre und unter allen Umständen vermieden werden sollte.[228]

In der Tat bemerkenswert! Betrunkene Indianer konnten ungestraft geschlagen werden, aber einen nüchternen Indianer zu schlagen war »höchst gefährlich« und sollte »unter allen Umständen vermieden werden«. Die Tatsache, dass der Händler in der Lage war, mit völliger Sicherheit in eine Gruppe betrunkener, tobender Männer zu dringen und nur so viel Gewalt wie nötig anzuwenden, um die Ordnung unter ihnen wiederherzustellen, wurde zu häufig und zu sachlich festgehalten, um an ihrer Richtigkeit zu zweifeln. So finden wir im Tagebuch des Händlers Thomas Connor aus den Jahren 1804–1805 Aufzeichnungen wie diese: »... sie waren sehr zänkisch untereinander. Ich war gezwungen einzugreifen, um zu verhindern, dass ein Mord begangen wurde«; »Indianer betrunken und friedlich, außer [einem], der sich so schlecht benahm, dass ich gezwungen war, ihn zu schlagen«; »Kaltes Wetter. Indianer betrunken & lästig. Drohen, mich zu verlassen, wenn ich ihnen [mehr] Rum verweigere. Trieb sie in die Enge. Sie griffen zu den Waffen. Wir waren bereit, ihnen entgegenzutreten, und sie hielten es für angebracht, friedlich zu sein.«[229]

In der Vielzahl von Pelzhändler-Tagebüchern wird nur selten erwähnt, dass betrunkene Indianer entweder die Händler selbst oder Mitglieder der Händlergruppen angegriffen haben. So berichten die Tagebücher der Händler McLeod, Harmon und Connor jeweils nur von einem einzigen Fall, in dem ein betrunkener Indianer versuchte, einen Weißen zu erstechen; und bezeichnenderweise »verfehlte« der Indianer in jedem dieser Fälle irgendwie sein Ziel.[230]

Doch anstatt wahllos von einem Händlerbericht zum nächsten zu springen, ist es vielleicht besser, eine solche Chronik im Detail zu betrachten. Zu diesem Zweck wählen wir das Tagebuch von Alexander Henry, dessen Erfahrungen im Alkoholhandel sich, wie bereits erwähnt, über zehn Jahre und einen Kontinent erstreckten und ihn in Kontakt mit Gesellschaften von den kanadischen Saulteaux im Osten bis zu den Lachszüchtern des pazifischen Nordwestens brachten. Neben der Länge und Vielfalt von Henrys Erfahrungen im Pelzhandel gibt es noch einen weiteren Grund, seinem Tagebuch besondere Aufmerksamkeit zu widmen. Obwohl der Vorwurf, er habe die Indianer gehasst,[231] zweifellos überzogen ist, könnte auch niemand vernünftigerweise behaupten, er sei ein Indianerfreund gewesen. Es ist daher unmöglich, Henrys Langlebigkeit auf die charismatische Kraft eines engelsgleichen Charakters zurückzuführen. In den detaillierten Aufzeichnungen über seine langjährige Handelstätigkeit sticht vor allem eine Tatsache hervor: Obwohl Henry zahlreiche Fälle von innerindianischer Gewalt während der Trinkgelage der vielen Indianer, mit denen er Handel trieb, beschrieb und sein Tagebuch oft als besonders ergiebige Quelle für solche Berichte empfohlen wurde,[232] waren sowohl er als auch seine frankokanadischen Assistenten vor Verletzungen bei solchen Vorfällen gefeit.

Das soll jedoch nicht heißen, dass der Umgang mit ihnen immer glücklich war. Die Mitglieder dieser oder jener Gruppe ärgerten Henry häufig durch infernalischen Lärm, den sie während ihrer nächtlichen Saufgelage machten, und wenn ihr Schnapsvorrat erschöpft war, drohten sie ihm oft mit dem Tod, wenn er ihren Forderungen nach mehr nicht nachkam. Aber wenn sie das taten, sagte Henry ihnen nur wortreich, sie sollten den Mund halten, sonst ...! Und in jeder Situation, einer nach der anderen, so berichtete Henry, taten sie genau das. Bei anderen Gelegenheiten waren die Indianer weniger bereit, auf die »Vernunft« zu hören, und Henry sah sich gezwungen, diesem oder jenem betrunkenen Indianer eine »ordentliche Tracht Prügel« zu verpassen – auch das stieß auf keinen ernsthaften Widerstand. So berichtet Henry, dass er einen besonders streitlustigen und unausstehlichen Indianer, der schon ziemlich betrunken war, an den Haaren packte und aus dem Fort zerrte, woraufhin der Indianer ihn mit einem Messer bedrohte, das er aber nicht benutzte.[233] Auch Berichte über Vorfälle wie den folgenden finden sich auf den Seiten seines Tagebuchs:

> Sie tauschten gegen Schnaps, und alle begannen zu trinken, Männer und Frauen. ... Die Indianer wurden viel lästiger als sonst. Ich stritt mich mit Maymiutch und nahm ihm sein Gewehr weg. Gegen Mitternacht hörte ich, wie einer von ihnen mit einer Axt auf das Tor einschlug und brüllte, man solle ihn hereinlassen, da er Schnaps wolle. Desmarais (einer von Henrys Männern) nahm ihm die Axt ab und sagte ihm, wenn er das Tor noch einmal aufhacke, könne er sich darauf verlassen, eine ordentliche Tracht Prügel zu bekommen.

Auch wenn es für Henry und seine Männer zum Alltag gehört haben mag, betrunkenen Indianern Gewehre, Äxte usw. abzunehmen, sollte man aus der Leichtigkeit, mit der sie dies taten, nicht schließen, dass die betreffenden »frei von aggressiven Impulsen« waren. In dem soeben zitierten Beispiel berichtet Henry weiter, dass Maymiutch, nachdem er hingenommen hatte, dass man ihm sein Gewehr abnahm, nur wenige Stunden später auf zwei andere Indianer losging und diese schwer verwundete.

In der Tat war ihre Immunität gegen betrunkene Übergriffe so groß, dass Henry in seinem gesamten Tagebuch nur von zwei Situationen berichtet, bei denen ein betrunkener Indianer ein Mitglied seines Gefolges entweder angriff oder tötete. Der erste Fall ereignete sich, als Henry mit einigen seiner Kollegen auf die Nachricht hin, dass ein Ojibwa einen Assiniboine während eines Trinkgelages außerhalb des Lagers erstochen hatte, zum Tatort eilte, wo der angeblich betrunkene Indianer dabei war, einen von ihnen zu erstechen. Als sie den Indianer mit Knüppeln zur Aufgabe zwingen wollten, erwies er sich jedoch als so flink, dass er ihren Schlägen zweimal auswich und dann »wie ein Reh« in den Wald rannte. Obwohl sie versuchten, ihn einzuholen, gelang es ihnen nicht, denn »er war zu schnell für uns«.[234] In Bezug auf den ersten der beiden von Henry geschilderten Fälle würden wir also nur andeuten (wie Henry selbst es implizit tat), dass es schwer vorstellbar ist, dass jemand, der so flink und leichtfüßig ist, sehr betrunken gewesen sein könnte.

Im zweiten Fall, von dem Henry berichtet, hat ein betrunkener Indianer tatsächlich einen seiner französischen Kollegen umgebracht. Wenn wir jedoch Henrys Bericht über diese Angelegenheit untersuchen, ergibt sich ein völlig anderes Bild, als diese bloße Tatsache vermuten lässt. Henry berichtet, dass mehrere Ojibwa und Assiniboine, mit denen er zuvor Handelsbeziehungen aufgebaut hatte, ihm einen Besuch abstatteten und sich zusammen mit einigen Franzosen, die in seinen Diensten standen, und einer gehörigen Portion Rum zu einem Trinkgelage niederließen. Sie tranken und unterhielten sich eine Zeit lang in aller Ruhe, doch gegen Mitternacht begannen die Indianer, über ihre vergangenen Heldentaten gegen die

Sioux zu sprechen. Henrys Erzählung nimmt die Geschichte an dieser Stelle auf:[235]

> Während dieses Gesprächs sangen sie ihre Kriegslieder, erzählten von ihren Heldentaten und vollführten die im Kampf üblichen Manöver. Diese wiederholten Anstrengungen erregten ihre Gemüter so sehr und die Dämpfe des Alkohols hatten eine solche Wirkung, dass sie in einen Zustand der Raserei versetzt wurden. Sie konnten nicht sitzen bleiben ..., sondern versuchten, sich zu erheben ... um ihre Schlachten pantomimisch zu wiederholen.

> Währenddessen brannte das Lagerfeuer nieder, und mit der Dunkelheit wurden die Indianer immer unruhiger. Plötzlich, als einer von ihnen gerade die Sioux beschimpfte, ging ein Gewehr los und ein Franzose wurde schwer verwundet. Henry eilte zum Ort des Geschehens, bereit, schnelle Gerechtigkeit walten zu lassen, aber was er vorfand, war nicht der wütende Indianer, den er erwartet hatte. Stattdessen berichtete er Folgendes:

> Der Indianer war zwar sehr betrunken, aber als er sah, was für ein Unheil er angerichtet hatte, weinte und klagte er und versicherte den Umstehenden, dass er es nicht absichtlich getan habe und dass sie ihn gerne töten könnten, wenn sie anderer Meinung seien. ... Der Indianer blieb völlig nackt, mit dem Kopf zwischen den Beinen, auf der Erde sitzen und erwartete jeden Moment, dass man ihm das Gehirn herausschlagen würde ...

Nachdem er die Anwesenden befragt und sich versichert hatte, dass es sich um einen Unfall gehandelt hatte, und nachdem er das Gewehr untersucht hatte (es hatte einen Direktabzug), schloss Henry seinen Bericht über diesen zweiten und letzten Fall von »betrunkener Gewalt« mit der Feststellung, dass »ich den Burschen nicht mit dem Tod bestrafen konnte, da es mir schien, dass es sich eindeutig um einen Unfall gehandelt hatte«. Obwohl die Indianer, mit denen Henry Handel trieb, über einen Zeitraum von zehn Jahren immer wieder betrunken waren, während sie in der Nähe seines Handelspostens lagerten, und obwohl sie sich bei solchen Gelegenheiten oft gegenseitig verstümmelten und manchmal töteten, war der einzige Tod eines seiner eigenen Männer eindeutig ein Unfall. Henry selbst wurde in all den Jahren nicht ein einziges Mal verletzt, und als er schließlich doch den Tod fand, geschah dies in einem kleinen Boot, das während eines Sturmwinds auf dem Columbia River kenterte. Weder Alkohol noch Indianer hatten etwas mit seinem Ableben zu tun.

Sicherlich war der Pelzhandel nicht ungefährlich, und einige Händler wurden während der vielen Jahrzehnte, in denen der Handel florierte, von Indianern getötet. Wenn es jedoch zu Todesfällen kam, dann aus den unterschiedlichsten Gründen, die bis auf seltene Ausnahmen einen erkennbar praktischen Charakter hatten. Politische Intrigen, wirtschaftlicher Wettbewerb, Kriege zwischen Völkern usw. waren für die Händler von lebenswichtiger Bedeutung, während die Bedrohung durch betrunkene Indigene eine weitaus geringere Rolle spielte. Wenn die Händler also ihre Stimme gegen den übermäßigen Alkoholkonsum im Handel erhoben, wie es einige von ihnen in späteren Jahren taten, dann nicht, weil sie ihr Leben durch enthemmte Betrunkene gefährdet sahen. Vielmehr lag es entweder an den Verwüstungen, die der Alkohol ihrer Meinung nach unter den Indianern anrichtete, oder daran, dass diese zu faul und allgemein zu betrunken geworden waren, um genügend Felle für den Handel zu beschaffen.

Wir sind nicht die Ersten, die die generelle Unverletzlichkeit der Händler gegenüber Übergriffen durch Betrunkene feststellen. Phillips verweist in dem vielleicht besten Überblick über den Pelzhandel auf dem gesamten Kontinent mehr als einmal auf die Tatsache, dass die Händler ein »angenehmes Leben« zu führen schienen; Bailey kommt nach einem Überblick über die ersten zwei Jahrhunderte des Pelzhandels unter den östlichen Algonkin zu dem Schluss, dass die Franzosen unter den Indianern »ohne Angst, Waffen oder Gefahr« reisten; und Barnouw fasst die Erfahrungen der Pelzhändler mit den Anishinabe zusammen, indem er über deren betrunkene Gewalttätigkeit bemerkt, dass »die Opfer immer Indianer waren. Die betrunkenen Chippewa wandten sich gegen ihre eigenen Verwandten, Frauen und Kinder, aber nicht gegen die weißen Männer.«[236] Die generelle Unverletzlichkeit des weißen Mannes – ob Jesuit oder Pelzhändler – gegenüber den Übergriffen betrunkener Indianer ist also keine originäre Entdeckung von uns. Genauso wenig ist sie unsere eigene Erfindung.

In diesem Kapitel haben wir versucht zu zeigen, dass wir in der Geschichte des Alkoholkonsums bei den indigenen Gesellschaften Nordamerikas all die Rätsel finden, auf die wir bereits in anderen Teilen der Welt gestoßen sind. Und wieder einmal stellen wir fest, dass angesichts einer Vielzahl von Fällen, die in wesentlichem Widerspruch zu den grundlegendsten Prinzipien der konventionellen Auffassung stehen, deren Anhänger es vorgezogen haben, einfach wegzusehen.

Wir sind jedoch der Meinung, dass die hier vorgestellten Widersprüche viel zu allgegenwärtig und allumfassend sind, als dass man sie als unbedeutende Kuriositäten im Alltag von Eroberern abtun könnte. Im nächsten Kapitel werden wir versuchen, die von uns in Kapitel 5 entwickelte Argumentation zur Lösung dieser Widersprüche anzuwenden.

7

»Indianer vertragen keinen Schnaps.«
B. Unsere Argumentation auf dem Prüfstand

In Kapitel 5 haben wir als Alternative zur Enthemmungstheorie über die Wirkweise des Alkohols vorgeschlagen, dass die Menschen im Laufe ihrer Sozialisation genau das über das Betrunkensein lernen, was ihre Gesellschaft für richtig hält, und dass sie, indem sie sich in Übereinstimmung mit dem ihnen so Vermittelten betragen, zur lebendigen Bestätigung der Annahmen ihrer Gesellschaft werden. Aber wie kann diese Erklärung auf die indigenen Gesellschaften Nordamerikas zutreffen, die zum Zeitpunkt ihres ersten Kontakts mit den Europäern keine Erfahrung mit Trunkenheit hatten und daher ihren Mitgliedern unmöglich etwas zu diesem Thema vermitteln konnten? Wir behaupten, dass die Indianer Nordamerikas sich das betrunkene Betragen der Weißen, die den Alkohol bei ihnen einführten, zum Vorbild nahmen. Doch so entscheidend die Rolle der Saat ist, so wichtig ist auch der Boden, auf den sie fällt. Bevor wir also das Modell »Das passiert mit dir, wenn du betrunken bist« untersuchen, das diese frühen Händler und Grenzgänger lieferten, wollen wir etwas über die Empfänglichkeit der indigenen Gesellschaften für diese »Lehren« sagen.

Wir haben das letzte Kapitel mit einer Reihe von Berichten über das Chaos und die Ausschweifungen begonnen, die so häufig mit der Trunkenheit der Indianer einhergingen. In diesen Berichten wird implizit und manchmal auch explizit davon ausgegangen, dass ohne die fatale Verführungskraft des Alkohols auf die Indianer und die entsetzlichen Auswirkungen, die seine Einnahme auf sie hatte, ihr Schicksal sowohl ganz anders als auch weitaus besser verlaufen wäre, als es das letztendlich tat. Das heißt, man ging davon aus, dass die Indianer vor der Ankunft des weißen Mannes im Wesentlichen Menschen von edlem Charakter waren und ihr schändliches Verhalten darauf zurückzuführen war, dass der Alkohol ihre ursprüngliche Selbstbeherrschung erschütterte. Aus vielen Gründen – von denen Schuldgefühle zweifelsohne nicht der unwichtigste waren – wurde dieses Bild von den Indianern als »Edle Wilde« als unbestrittene Version dessen, was sie ursprünglich waren, propagiert und im Laufe der Jahre ständig erweitert. Wie die heutige Forschung weiß, führt jedoch selbst eine oberflächliche Untersuchung der frühen Literatur zu einer ganz anderen Schlussfolgerung.

Wie sahen also die Indianer dieses Kontinents im unverfälschten Zustand aus? Nicht anders, als wir es von jeder Gesellschaft erwarten würden, gab es auch bei den indigenen Völkern gruppeninterne Streitigkeiten, Mord, Verrat, Geiz, Eifersucht, Hass, sexuelle Unregelmäßigkeiten usw. – und das alles ohne das Zutun alkoholischer »Enthemmung«. Pater Le Jeunes Eindruck von seinen huronischen Gemeindemitgliedern – den tatsächlichen und den potenziellen – war beispielsweise so düster, dass er sich 1634 dazu veranlasst sah, über sie zu schreiben: »Ich wage nicht zu behaupten, dass ich bei einem Wilden auch nur einen Akt echter moralischer Tugend gesehen habe. Sie haben nichts als ihr eigenes Vergnügen und ihre eigene Befriedigung im Sinn.«[237] Dieses Urteil fand nicht nur bei seinen Jesuiten-Kollegen, sondern auch bei vielen weltlichen Schriftstellern großen Anklang. Darüber hinaus hatten viele Gesellschaften schon lange vor der Ankunft der Weißen Traditionen für zeremonielle Auszeiten entwickelt. Die Art dieser Auszeiten wird in der folgenden Beschreibung der huronischen Version des Traumfestes aus dem Jahr 1639 deutlich: »Sie ... haben während der Zeit des Festes, an allen Abenden und Nächten der drei Tage, die es dauert, die Freiheit, alles zu tun, und niemand wagt es, ein Wort zu ihnen zu sagen ...«[238]

Was die Beziehungen der Indianer untereinander anbelangt, so ist festzustellen, dass es überall Beispiele für gemeinen Verrat und Betrug gab. Und in ihren Beziehungen zu den Weißen war das Verhandeln in böser Absicht ganz klar keineswegs das ausschließliche Vorrecht der Letzteren; tatsächlich gab es in dieser Hinsicht wenig, in dem sich beide Parteien voneinander unterschieden hätten. Zusammenfassend könnte man vielleicht sagen, dass der Ausdruck vom »gewöhnlichen Menschen« wohl der Wahrheit deutlich näher gekommen wäre als das Bild des »edlen Wilden«. Und in dem Maße, in dem sie ihre Handlungen an das herrschende Kräfteverhältnis anpassten, erwiesen sich die Indianer als Meister der Realpolitik.

Wenn wir die Behandlung der Gefangenen durch die Indianer untersuchen, gibt es kaum Anzeichen dafür, dass ihre Nächstenliebe auch nur eine »primitive« Entwicklungsstufe erreicht hätte. Obwohl das Skalpieren in der

Regel ihre bevorzugte Art war, mit ihren Feinden umzugehen, unternahmen viele Gesellschaften große Anstrengungen, um Gefangene zu machen, damit sie den Prozess ihrer Tötung genießen konnten. Dieses Verfahren – das »Streicheln« der Gefangenen, wie es die Irokesen scherzhaft nannten – wurde in vielen Gesellschaften mit ausgeklügelter Raffinesse entwickelt, an der Männer, Frauen und Kinder gleichermaßen beteiligt waren, jeder auf seine Weise. Die Grausamkeiten, die sich die Indianer auf diese Weise gegenseitig antaten, sind kaum zu glauben.[239] Und die Behandlung, der die Irokesen die Patres Jean de Brébeuf und Gabriel Lalemant unterzogen, die das fatale Unglück hatten, in ihre Gefangenschaft zu geraten, ist in den Annalen der Unmenschlichkeit des Menschen gegenüber dem Menschen selten erreicht und eventuell nie übertroffen worden.[240] Obwohl die Wahrscheinlichkeit, dass ein Gefangener schließlich von seinen Entführern verzehrt wurde, von Gruppe zu Gruppe variierte, berichteten die wenigen Huronen, die den Aderlass durch die Irokesen überlebten, dass Pater Brébeuf die Gaumen seiner Entführer weitaus mehr erfreut habe als Pater Lalemant.

Wir wollen nicht weiter darauf eingehen, aber neben den barbarischsten Folterungen und manchmal auch der Kannibalisierung ihrer Gefangenen hatten viele indianische Gesellschaften außerdem Praktiken der Versklavung, der Menschenopfer, der rituellen Orgien, der Prostitution und all dessen institutionalisiert, was gewöhnlich als wenig edel für unsere Spezies angesehen wird. So klagte James Isham, ein Angestellter der Hudson's Bay Company:

> Ich denke, wie andere auch, dass es schade ist, dass man ihnen erlaubt hat, diesen betörenden Geist zu probieren, den

> man Brandy nennt, oder irgendein anderes geistiges Getränk, das der Ruin vieler Indianer gewesen ist und die Hauptursache für ihre Lasterhaftigkeit und schlechte Lebensweise, der sie jetzt verfallen sind …[241]

Wir würden anmerken, dass ihnen »Lasterhaftigkeit und schlechte Lebensweise« lange vor der Einführung des Alkohols zu eigen waren. Wir vermuten, dass Ishams Irrtum, ihren Ruin dem Alkohol als »Hauptursache« zuzuschreiben, aus dem Umstand resultiert, dass die Indianer zum Zeitpunkt seiner Aufzeichnungen längst gelernt hatten, ihre »Lasterhaftigkeit und schlechte Lebensweise« nur oder zumindest in erster Linie für die Gelegenheiten zu reservieren, bei denen sie betrunken waren. In Unkenntnis der Tatsache, dass ein solches oder ähnliches Verhalten vor der Einführung des Alkohols nicht unüblich war, und in Anbetracht dessen, dass ein solches Verhalten in den meisten Fällen nur dann auftrat, wenn sie betrunken waren, lag es natürlich nahe, dass Isham, wie so viele andere, annahm, dass der Alkohol dafür verantwortlich war. Im Gegensatz dazu sind wir der Meinung, dass, wenn an der Behauptung, der Alkohol habe den Fall des Edlen Wilden herbeigeführt, überhaupt etwas Wahres dran ist, der Sockel, von dem er fiel, sicherlich nicht besonders hoch war.

MODELLE FÜR MASSAKER

Dies ist jedoch nur die halbe Wahrheit, denn wenn der Indianer vor der Ankunft des weißen Mannes kein Ausbund an Tugendhaftigkeit war, so war es auch der weiße Mann nicht. Obwohl sich der Pelzhandel bis zum Jahr 1600 zumindest bis in die östliche Region der Großen Seen ausgedehnt hatte, sind die Aufzeichnungen über diese frühe Zeit sehr spärlich, und über diese ersten Händler und ihre Erfahrungen ist so gut wie nichts bekannt. Erst als die Priester mit ihrer Vorliebe für detaillierte Aufzeichnungen ihre Arbeit in Neufrankreich aufnahmen – in Huronia im Jahr 1625 und in Akadien sogar noch früher –, erfahren wir etwas über den Charakter dieser ersten Abgesandten des westlichen Handels. Und es besteht kein Zweifel daran, dass in den Augen dieser Kirchenmänner die Händler, mit denen sie in Kontakt kamen, im Großen und Ganzen ein höchst widerwärtiger Haufen waren.

Diese »Waldläufer« oder *coureurs de bois,* wie sie genannt wurden, rekrutierten sich größtenteils aus der verarmten Bevölkerung Europas und waren nur zu gern bereit, das elende Leben in ihrer Heimat für die ungehinderte Freiheit, die ihnen die Wildnis bot, aufzugeben. Denn wie es der Historiker Brebner formulierte, konnten sie in der Neuen Welt »jagen, wie das zu Hause nur die Aristokraten konnten; sie konnten sich häufig satt essen und über lange Zeiträume nichts tun; eine andere Sexualmoral lud zu endlosen Ausschweifungen ein …«.[242]

Nicolas Perrot, einer der wenigen frühen *voyageurs,* der Aufzeichnungen über seine Erfahrungen hinterließ, schrieb über das Leben der *coureurs de bois,* dass es »ein ständiger Müßiggang ist, der sie zu allen Arten von Ausschweifungen verleitet. Sie schlafen, sie rauchen, sie trinken Branntwein, koste es, was es wolle, und oft verführen sie die Frauen und Töchter der Wilden …«[243] Und Parkman verglich ihr Verhalten bei der Rückkehr von monatelangen Aufenthalten in der Wildnis mit dem »der Besatzung eines Kriegsschiffes, die nach einer langen Reise entlohnt wird. Solange ihre Biberfelle reichten, kannten ihre Ausschreitungen keine Grenzen ... Spielen und Trinken füllten den Tag und die Nacht.«[244]

So ist es nicht verwunderlich, dass die Jesuiten seit ihrer Ankunft in Neufrankreich in ständigem Konflikt mit diesen Männern der Wildnis standen. »Ich wünschte bei Gott«, sagte ein Priester über Samuel de Champlain, »dass alle Franzosen, die zuerst in dieses Land kamen, wie er gewesen wären; dann müssten wir nicht so oft vor unseren Wilden für sie erröten.«[245] Aber obwohl ihre Bemühungen, die Indianer zu bekehren, überall durch die unheiligen Beispiele ihrer Landsleute erschwert wurden, waren die Jesuiten weitgehend machtlos, deren Exzesse zu kontrollieren. Denn, wie Perrot es ausdrückte: »Sie leben in völliger Unabhängigkeit; sie müssen niemandem Rechenschaft über ihre Handlungen ablegen; sie erkennen weder Vorgesetzte noch Richter, weder Gesetze noch Polizei noch irgendeine Unterordnung an.« Weiterhin stellt Parkman fest, dass die Priester es nicht wagen konnten, »ihre widerspenstigen Büßer zu hart zu behandeln, damit sie nicht völlig mit der Kirche brachen und fortan auf ihre Sakramente verzichteten«.

Bei den Ermahnungen, die sie an ihre indigenen Gemeindemitglieder richteten, neigten die Jesuiten jedoch zu weniger Zurückhaltung, und diese faktische Doppelmoral blieb den Indianern nicht verborgen. So berichtete Pater Le Jeune 1636 pflichtbewusst von der nicht unvernünftigen Forderung der Huronen, dass die Jesuiten aufhören sollten, sich über die alkoholbedingten Überschreitungen der Indianer zu beschweren, solange sie nicht den Trinkexzessen ihrer eigenen Landsleute ein Ende setzten.[246] Ganz ähnlich schrieb Pater Lalemant neun Jahre später, dass sich die Algonkin »viel und hartnäckig darüber beschweren, dass die Franzosen sich betrinken und schlecht sind und dass kein Wort darüber gesagt wird«.

Die Jahre zogen ins Land und wirtschaftliche und geopolitische Erwägungen hatten weiterhin Vorrang vor geistigen Dingen, und auch wenn Neufrankreich unter französischer Kontrolle nie wirklich florierte, wuchs die einst angeschlagene Kolonie. Mit ihrem Wachstum rückte ein weiteres Beispiel für betrunkenes Chaos in das Blickfeld der Indianer: die französischen Soldaten, die zum Schutz von Frankreichs jungem nordamerikanischen Reich entsandt worden waren. So schrieb Schwester Morin – anscheinend in völliger Unkenntnis all dessen, was sich vor ihrer Ankunft in Neufrankreich ereignet hatte – über das betrunkene Betragen der Soldaten, die die Kolonie vor der fast sicheren Vernichtung durch die Irokesen bewahrt hatten, Folgendes: »Unser guter König hat Truppen geschickt, um uns vor den Irokesen zu verteidigen, und die Soldaten und Offiziere haben den Weinberg des Herrn ruiniert und Bosheit, Sünde und Verbrechen in unseren Boden in Kanada gepflanzt.«[247] Und in der Tat, auch wenn die Angelegenheiten in den Provinzen, in denen »Bosheit, Sünde und Verbrechen« herrschten, schon vorher nicht in einem besonders guten Zustand gewesen waren, trug die Ankunft einer relativ großen Zahl von Soldaten sicherlich nicht zur Verbesserung der Situation bei. Zumindest in einer Hinsicht scheinen sich die Dinge in den folgenden Jahren noch verschlimmert zu haben, denn 1699 sah sich der König gezwungen, seine Offiziere und Männer persönlich anzuweisen, ihre »Ausschweifungen und öffentlichen Skandale« mit den indianischen Frauen einzustellen – eine Praxis, die die Jesuiten von Anfang an angeprangert hatten, da der Branntwein allgegenwärtig war und somit stets die Atmosphäre eines Trinkgelages herrschte.

Aber Neufrankreich war sowohl geistig als auch organisatorisch weit von Paris entfernt; und drei Jahre nach Erhalt dieses Befehls ging Pater Etienne Carheil erneut zum Angriff über und schrieb einen langen Brief, in dem er das betrunkene Fehlverhalten zunächst der *coureurs de bois* und dann der Soldaten, die im französischen Fort und Handelsposten in Michilimackinac stationiert waren, streng verurteilte.[248] Den befehlshabenden Offizieren warf er vor, sie seien weit davon entfernt, die Unruhen zu unterdrücken, sondern vielmehr die schlimmsten Übeltäter – »insofern, dass alle unsere umliegenden Indianerdörfer Tavernen der Trunkenheit und Sodoms der Ungerechtigkeit sind, die wir dem gerechten Zorn und der Rache Gottes zu überlassen gezwungen sein werden«. Die vier »Beschäftigungen« der Offiziere und der Männer der Garnison, die Pater Carheil aufzählt, sind: (1) die Unterhaltung von Tavernen für die Indianer; (2) der Handel mit Branntwein in abgelegenen Indianersiedlungen; (3) die Umwandlung des Forts in wenig anderes als ein riesiges Bordell; und (4) das Glücksspiel bei Tag und Nacht. »Das, Monsigneur«, schließt er, »sind die einzigen Beschäftigungen der Soldaten, die hier über so viele Jahre stationiert sind. Wenn man dies als Dienst für den König bezeichnen kann, so gebe ich zu, dass ein solcher Dienst hier für ihn getan wird und immer für ihn getan wurde; aber ich habe in meinem Leben nie etwas anderes gesehen.« Über die vierte genannte »Beschäftigung«, das Glücksspiel, sagte Pater Carheil Folgendes:

Was aber ihr Fehlverhalten in dieser Hinsicht noch schlimmer

> macht, ist die Tatsache, dass eine derart hartnäckige Bindung an das Spiel fast nie unbegleitet bleibt von einer allgemeinen Berauschtheit aller Spieler; und auf die Trunkenheit folgen fast immer Streitigkeiten, die unter ihnen entstehen. Wenn sich diese öffentlich vor den Augen der Wilden zutragen, sind diese schändlich auf dreifache Weise: Die erste ist, dass diese sie betrunken sehen; die zweite, dass sie Zeugen davon werden, wie sie wütend miteinander streiten – manchmal so weit, dass sie ihre Gewehre ergreifen, um sich gegenseitig zu töten; und die dritte ist, dass sie beobachten, dass die Missionare diese Übel nicht beseitigen können.

Das Modell des betrunkenen Chaos, das die Franzosen den Indianern lieferten, war ganz offensichtlich an Eindeutigkeit kaum zu überbieten.

Aber nicht nur in Neufrankreich gaben die Weißen den Indianern ein solches Beispiel für betrunkene Veränderungen zum Schlechteren. Als 1643 eine Gruppe von Montauk den Leiter der niederländischen Siedlung in den Neu-Niederlanden bat, das Schicksal eines ihrer Mitglieder, der betrunken ein Massaker angerichtet hatte, mit Nachsicht zu behandeln, erinnerten sie ihn daran, dass »Ihre eigenen Leute, obwohl sie an Schnaps gewöhnt sind, mit Messern kämpfen und Dummheiten begehen, wenn sie betrunken sind«.[249] Das Gleiche gilt für die Engländer. So findet sich in den frühen Aufzeichnungen der Hudson's Bay Company ein Verweis, der einem gewissen Joseph Myatt erteilt wurde und der auf der Grundlage »mehrerer Berichte, die aus zu guten Händen stammten, als dass man ihnen nicht glauben könnte«, rügte, dass sich »viele Unregelmäßigkeiten und Ausschweifungen in den Stützpunkt eingeschlichen haben, in dem du dich aufhältst, was mit Sicherheit dazu führt, dass die

Eingeborenen angewidert und abgeschreckt werden, mit uns Handel zu treiben ...«.[250] Das ist, wie wir meinen, eine höchst interessante Wendung, denn hier geht es darum, dass betrunkene Weiße »die Eingeborenen abschrecken«, und nicht umgekehrt.

Dass dieses Beispiel alles andere als ein Einzelfall ist, beweist die Tatsache, dass, wenn Berichterstatter die Schwere der betrunkenen Veränderungen zum Schlechteren zwischen Weißen und Indianern verglichen, die Indianer nicht selten auf den zweiten Platz verwiesen wurden. So sah sich Alexander Henry 1809 veranlasst, über seine weißen Gefährten zu sagen: »Meine Jäger und andere Männer haben seit gestern getrunken und randaliert; sie machen mehr Lärm und Ärger als hundert Blackfeet.«[251] Einige Jahre zuvor hatte Henrys Onkel eine ähnliche Beobachtung gemacht. Als er 1760 mit mehreren frankokanadischen Führern, Bootsführern und Trappern durch Französisch-Kanada reiste, waren die betrunkenen Schlägereien und Ausschweifungen seiner Gefährten so häufig und so spektakulär, dass er folgendes Urteil über sie abgab: »Meine Männer übertreffen, wenn möglich, die betrunkenen Indianer in Gesang, Schlägerei und der Zurschaustellung wilder Gesten und Angeberei.« Auch der Händler Daniel Harmon war fest davon überzeugt, dass die Indianer, egal, wie gewalttätig sie in betrunkenem Zustand waren (und er berichtete von vielen Fällen von betrunkenem Chaos), die Frankokanadier ihnen mehr als ebenbürtig waren. Nachdem er viele bissige Kommentare über die betrunkene Wildheit dieser weißen Männer abgegeben hatte, kam er zu dem Schluss:

> Von allen Völkern der Welt halte ich die Kanadier, wenn sie betrunken sind, für die unangenehmsten; denn übermäßiger

Alkoholgenuss führt in der Regel dazu, dass sie sich streiten und bekämpfen. Tatsächlich hätte ich lieber fünfzig betrunkene Indianer im Fort als fünf betrunkene Kanadier.[252]

Entlang der texanischen Grenze sagte H. B. Cushman, der viel Erfahrung mit den Choctaw, Chickasaw und Natchez hatte, Folgendes über die relative »Boshaftigkeit« der beiden Gruppen:

Es ist viel gesagt worden, um zu beweisen, dass der betrunkene Indianer der fleischgewordene Unmensch ist; und obwohl ich betrunkene Indianer gesehen habe, hat mich doch meine Erfahrung gelehrt, dass ein betrunkener weißer Mann viel schlimmer ist als ein betrunkener Indianer und zehnmal mehr zu fürchten ist als dieser.[253]

Dass der weiße Mann während seines Marsches nach Westen den Indianern überall ein solches Beispiel für betrunkene Veränderungen zum Schlechteren lieferte, ist unbestritten. Kein Bericht über den Pelzhandel zum Beispiel kommt ohne einen ausführlichen Kommentar über die Trunkenheit der Händler selbst aus, und zwar unabhängig von ihrer Nationalität oder dem Gebiet, in dem sie ihre Waren anboten.[254] Um nur ein Beispiel für das zu nennen, was Phillips als »eine lange und schmutzige Geschichte« bezeichnet,[255] wenden wir uns dem Tagebuch des Händlers John Long zu, in dem er berichtet, dass er einmal, als er an Bord eines Flussschiffes betrunken war, so erzürnt über einen französischen Priester war, dass er ihn packte, bewusstlos schlug und über Bord warf.[256] Auch wenn die meisten Händler nicht so freimütig wie Long über ihre eigenen Alkoholexzesse berichteten, waren viele weniger zurückhaltend – wie wir gerade in den obigen Vergleichen zwischen dem betrunkenen Betragen von Indianern und Weißen gesehen haben –, wenn es darum ging, über die Alkoholexzesse anderer weißer Männer in ihrem Gefolge zu berichten.

Eine Vorstellung davon, was geschah, wenn viele Händler zusammenkamen, vermittelt Alexander Ross, der ein aktives Mitglied der *John Jacob Astor's Pacific Fur Company* war. Anfang des 19. Jahrhunderts schrieb Ross über dasselbe Michilimackinac, in dem schon das betrunkene Verhalten der französischen Soldaten Pater Carheil ein Jahrhundert zuvor so erzürnt hatte. Ross macht deutlich, dass die folgenden Jahre kaum eine Verbesserung gebracht hatten. Dieser einst abgelegene Handelsposten und diese Siedlung waren zu Ross' Zeiten zu einem wichtigen Zwischenstopp für Handel und Erkundung geworden und waren ein bedeutender »Ruhe- und Erholungsort« für Händler aus dem gesamten mittleren Kontinent und darüber hinaus. Was Ross sah, war das, was Carheil gesehen hatte, nur in einem viel größeren Maßstab:

> Um zu sehen, wie Trunkenheit und Ausschweifung mit allen dazugehörigen Lastern systematisch betrieben wurden, muss man Mackinac sehen. ... Man fand sie morgens trinkend, mittags betrunken, abends sturzbetrunken und nachts nur selten nüchtern. Hogarths Trunkenbolde in *Gin Lane* und *Beer Alley* waren nichts im Vergleich zu den Trunkenbolden von Mackinac zu dieser Zeit. In jedem Winkel der Insel wimmelte es zu jeder Tages- und Nachtzeit von bunt zusammengewürfelten Gruppen von Zechbrüdern und Whiskeyjägern. Mackinac glich zu dieser Zeit einem großen Tollhaus, dessen rasende Insassen in wilder Selbstvergessenheit hin und her rannten ...[257]

Die Händler jedoch waren nicht die einzigen Weißen, die den Indianern ein solches Beispiel für betrunkene Veränderungen zum Schlechteren lieferten. Das gesamte

Grenzland, das nach Westen vorrückte, war reich an solchen Beispielen, wie etwa aus dem Bericht von F.A. Michaux hervorgeht. Michaux war Mitglied der französischen Gesellschaft für Naturgeschichte und wurde von seiner Regierung beauftragt, eine Inspektionsreise durch das westlich der Allegheny Mountains gelegene Amerika zu unternehmen. Dies tat er 1802, und überall, wo er hinkam, war er entsetzt über die Trunksucht, die er sah. Ein Beispiel dafür ist seine Schilderung einiger weißer Einwohner des westlichen Pennsylvania, bei denen er übernachtete:

> Die Menschen der unteren Klasse ... machten den schrecklichsten Aufruhr und begingen so schreckliche Exzesse, dass es fast unmöglich ist, sich eine Vorstellung davon zu machen. Die Zimmer, die Treppen und der Hof waren mit betrunkenen Männern übersät, und diejenigen unter ihnen, die noch sprechen konnten, stießen nur noch Töne der Wut und des Zorns aus.[258]

Etwa zur gleichen Zeit (1807–1809) reiste der Engländer Fortescue Cuming weiter landeinwärts durch die Grenzgebiete von Ohio und Kentucky und stellte fest, dass die weißen Bewohner dieser Gebiete mindestens ebenso trinkfest waren, dass sie in ähnlicher Weise zu betrunkener Gewalt neigten und dass sie, kurz gesagt, den Indianern »ein Vorbild an Egoismus und Skrupellosigkeit lieferten, dem sie [die Indianer] *zu folgen versuchen*« (Hervorhebung d. Autoren).[259]

Noch weiter westlich waren die Bemerkungen von John K. Townsend über seine Beobachtungen des betrunkenen Verhaltens der weißen Grenzgänger und Fallensteller ebenso eindeutig. Townsend, ein Arzt und Naturforscher aus Philadelphia, durchquerte in den Jahren 1833–1834 die Ebenen bis zu den Rocky Mountains und berichtete, was er in Fort Hall in Idaho bei einem Anlass sah, als sich alle betranken:

> Die Folge war eine tagelange Szene von Krawall, Lärm und Schlägereien; einige waren so betrunken, dass ihnen ihre Sinne völlig verloren gingen, und sie waren daher harmlos; aber die weitaus größere Zahl stand so sehr unter dem Einfluss des abscheulichen Gesöffs, dass sie in ihrem Verhalten widerlich und tigerhaft wurden. Wir erlebten Stechen, Hauen, Beißen, Faustschläge, Schlagen und Trampeln in höchster »wissenschaftlicher« Perfektion; einige schossen sogar mit Gewehren und Pistolen aufeinander, aber diese Waffen waren in ihren schweren Händen meist harmlos. Ich hoffe, solche Szenen nie wieder zu erleben ...[260]

Und doch sollte er sie wieder erleben, denn im folgenden Jahr schrieb er über das trunkene Treiben einer anderen Gruppe:

> Diese Leute in ihrer aufsässigen Fröhlichkeit, ihrem Gejohle, Geheul und Gezänk ... ihr Gerenne in und durch unser Lager, ihr tierisches Geschrei, das Bellen und Kläffen wilder Wolfshunde und das unaufhörliche Knacken von Gewehren und Karabinern stürzen unser Lager in ein vollkommenes Durcheinander.

Dreißig Jahre später, im Jahr 1864, schloss der Indianer-Sonderagent H.T. Ketcham aus seinen Beobachtungen des Verhaltens der Soldaten und Bürger in den Forts Larned und Lyon im Colorado-Territorium einen Bericht an den damaligen Gouverneur Evans mit folgendem pessimistischem Vermerk:

> Solange es Bürgern und Soldaten erlaubt ist, ihre Dörfer tagsüber und nachts mit Whiskey zu betreten, die Männer betrunken zu machen und mit den Squaws das Bett zu teilen,

sodass sie geschlechtliche Krankheiten unter ihnen verbreiten, solange der befehlshabende Offizier von Fort Larned sich weiterhin jeden Tag betrinkt und die führenden Männer der Stämme beleidigt und beschimpft und ihre Frauen zu Prostituierten macht, können Sie keinen dauerhaften Frieden mit diesen Indianern erwarten ...[261]

Zur gleichen Zeit beschrieb ein ungenannter Reisender das Fort in Tucson als »das Hauptquartier des Lasters, der Ausschweifung und des Verbrechens«. Und er fügte hinzu: »Es gab weder eine Regierung noch ein Gesetz noch militärischen Schutz. Die Garnison in Tucson widmete sich ihrer rechtmäßigen Aufgabe, sich zu betrinken oder nichts zu tun«.[262]

Wir sehen: Von Beginn seiner Anwesenheit auf diesem Kontinent an und während seines gesamten Marsches nach Westen tranken die weißen Männer; und wenn sie betrunken waren, änderte sich ihr Betragen oft in einer Weise und in einem solchen Ausmaß, die dem aufmerksamen Blick der Indianer unmöglich entgehen konnten. Dass die ersten Beobachtungen der Indianer über die dramatischen Veränderungen, die oft eintraten, wenn der weiße Mann betrunken war, »Lektionen« waren, die man nicht so schnell vergisst, wird in einem Bericht von Daniel Harmon anschaulich dokumentiert, in dem dieser beschreibt, was geschah, als eine Gruppe von Carrier-Indianern (Sekani) 1811 erstmals Zeuge dieses Phänomens wurde:

Da dies der erste Tag eines neuen Jahres ist, haben unsere Leute ihn nach dem Brauch der Kanadier mit Trinken und Schlägereien verbracht. Einige der wichtigsten Indianer dieses Ortes baten uns, ihnen zu erlauben, im Fort zu bleiben, damit sie unsere Leute trinken sehen könnten. Sobald die

Weißen anfingen, sich ein wenig zu betrinken und untereinander zu streiten, begannen die Eingeborenen zu befürchten, dass auch ihnen etwas Unangenehmes zustoßen könnte. Sie versteckten sich deshalb unter den Betten und anderswo und sagten, dass sie dachten, die Weißen seien verrückt geworden, denn sie schienen nicht zu wissen, was sie taten. ... Die Indianer schienen über diese Veränderung nicht wenig erstaunt zu sein, denn es war das erste Mal, dass sie einen berauschten Menschen gesehen hatten.[263]

Aber was geschah dann? Eine bemerkenswert prägnante Zusammenfassung der Naturgeschichte eines Prozesses, von dem wir annehmen, dass er sich auf diesem Kontinent unzählige Male ereignet hat, nachdem die Indianer diese betrunkenen Veränderungen zum Schlechteren beobachtet hatten, findet sich im Tagebuch von George Simpson. Simpson, der für alle Operationen der Hudson's Bay Company im gesamten Nordwesten des Pazifiks verantwortlich war, machte Anfang des neunzehnten Jahrhunderts folgende Beobachtungen über die Indianer im Columbia-Tal:

Bis vor zwei oder drei Jahren war der Konsum von alkoholischen Getränken unter den Eingeborenen unbekannt, und nichts ließ sie so verächtlich von den Weißen denken, als wenn diese (die gewöhnlichen Menschen) sich dadurch bei bestimmten Gelegenheiten der Vernunft beraubten; aber ich muss voller Sorge sagen, dass sie, *als sie sich an diese Szenen gewöhnt hatten, eine Vorliebe dafür entwickelten, sich in gleicher Weise zu vergnügen,* und jetzt genauso der Trunkenheit verfallen sind wie die Stämme auf der Ostseite der Berge; diese verderbliche Gewohnheit entstand aus dem Brauch, ihnen jedes Mal, wenn sie Felle brachten, einen Schluck zu geben, *was sie anfangs nur mit Mühe akzeptieren konnten; es wurde ihnen jedoch sehr bald angenehm* und sie erhielten dann eine Flasche Rum für jeweils 10 Felle, die sie brachten, als Geschenk; und in letzter Zeit tauschten sie Lebensmittel und sogar Felle gegen diesen Artikel, der im ganzen Indianerland so schädlich war (Hervorhebung d. Autoren).[264]

Wir müssen gestehen, dass wir es nicht besser hätten sagen können. Denn in diesen wenigen Sätzen wird auf das Modell der trunkenen »Besinnungslosigkeit« verwiesen, das der weiße Mann präsentierte, auf die Verachtung, die diese Verwandlung anfangs bei den Indianern hervorrief, und auf ihre fortschreitende Begeisterung für die Idee, »sich selbst in gleicher Weise zu vergnügen«. Und parallel zu diesem Sinneswandel der Indianer in Bezug auf die Anziehungskraft des Rausches erfahren wir, dass der Rum ihnen zunächst praktisch aufgezwungen werden musste, dass er dann zu einer »Prämie« für gut geleistete Arbeit und schließlich ihr bevorzugtes Zahlungsmittel wurde.

Auf diese Weise beobachteten Indianer auf einem ganzen Kontinent die dramatische Veränderung, die der Alkohol bei den Weißen hervorzurufen schien, und kamen mithilfe der ihnen verfügbaren Erklärungen zu dem Schluss, dass, wie es der Historiker A. G. Bailey ausdrückte, »Brandy die Verkörperung oder das Medium war, durch das ein böses übernatürliches Wesen wirkte«.[265] So kamen Indianer zu der Einsicht, dass während der Trunkenheit betrunkene Veränderungen zum Schlechteren zu erwarten waren, da der Trinker in dieser Zeit vorübergehend von einem bösen, übernatürlichen Wesen bewohnt wurde. Daraus zogen sie die völlig rationale Schlussfolgerung, dass ihre Handlungen während der Trunkenheit nicht ihre eigenen und sie nicht dafür verantwortlich waren, da sie auf diese Weise »besessen« waren. Schließlich gab es in den Kulturen der

Indianer vor dem Kontakt mit westlichen Einflüssen bereits eine Fülle von Auszeit-Zeremonien und übernatürlichen Einflüssen (z. B. Hexerei, Träume, Geisterbesessenheit usw.), unter deren »Einfluss« ein Mensch für seine Handlungen weniger verantwortlich war. Mehr noch, die Vorstellung, dass der Zustand der Trunkenheit die Übertretungen entschuldigte, die man »unter Alkoholeinfluss« begangen hatte, stimmte mit dem Modell des weißen Mannes völlig überein, denn auch dieser ignorierte in Bezug auf seine eigenen betrunkenen Übertretungen und die seiner Mitmenschen vieles und verzieh noch mehr mit der Begründung, dass man, wenn man betrunken ist, »unter Alkoholeinfluss« steht. Kurzum, es lässt sich sagen, dass die Beispiele für betrunkenes Chaos so anschaulich waren und die Veränderungen zum Schlechteren so gut mit den Vorstellungen aus der Zeit vor dem Kontakt mit westlichen Einflüssen übereinstimmten, dass es schwer vorstellbar ist, wie ein bewusst konzipiertes Lernprogramm über den »Einfluss« des Alkohols auf das Betragen den »Lehrplan«, den die weißen Lehrer der Indianer vorlebten, noch hätte verbessern können.

TRUNKENHEIT ALS ENTSCHULDIGUNG

Dass die Indianer schon früh den Zustand der Trunkenheit als Entschuldigung wahrnahmen, wurde beizeiten von den Jesuiten erkannt. So notierte Pater Le Jeune bereits 1632, dass er, als er einen Huronen beschuldigte, einige indianische Gefangene getötet zu haben – eine Praxis, die vor der Ankunft des weißen Mannes durchaus üblich war –, dieser antwortete: »Du und die Deinen sind es, die ihn getötet haben; denn hättest du uns keinen Branntwein oder Wein gegeben, hätten wir es nicht getan.«[266] Der Pater fügte die folgende Beobachtung zum Ablauf der Versöhnung nach einer gruppeninternen Schlägerei hinzu:

> Wenn sie wieder zur Vernunft gekommen sind, sagen sie zu dir: »Nicht wir haben das getan, sondern du hast uns dieses Getränk gegeben.« Wenn sie ihren Rausch ausgeschlafen haben, sind sie untereinander so gut befreundet wie immer und sagen zueinander: »Du bist mein Bruder. Ich liebe dich; nicht ich habe dich verwundet, sondern das Getränk, das meinen Arm benutzt hat.«

Im darauffolgenden Jahr kam Pater Le Jeune erneut auf dieses Thema zurück, als er einige Indianer über den kürzlich geschehenen Mord an einem ihrer Gruppenmitglieder befragte. Er berichtete, dass die Indianer ihn zurückwiesen und sagten:

> Es war Brandy und nicht der Wilde, der diesen Mord begangen hatte, was bedeutet, dass [ihr Stammesangehöriger] betrunken war, als er den Schlag ausführte. »Sperrt euren Wein und euren Branntwein ins Gefängnis«, sagten sie, »eure Getränke sind es, die das ganze Übel anrichten, und nicht wir.« Sie glauben, dass die Verbrechen, die sie begangen haben, völlig entschuldigt sind, wenn sie sagen, dass sie betrunken waren.

Auch Pater Lalemant stellte 1659 mit Blick auf die Indianer in ganz Neufrankreich fest, dass »ihnen alles erlaubt ist, denn sie geben als zufriedenstellende Entschuldigung an, dass sie zu der Zeit ohne Verstand waren«.[267] Und im Jahr 1663 stellte Pater Francis Ragueneau in Bezug auf die Irokesen fest, dass »die Trunkenheit ... die Freiheit einführt, ungestraft diejenigen zu töten oder zu schlagen, gegen die sie irgendeinen Groll hegen«. Ein anderer Priester schrieb über die Irokesen in den späten 1660er-Jahren:

> Wenn unsere Wilden von irgendjemandem verletzt worden sind, betrinken sie sich halb und tun ungestraft alles, was die Leidenschaft ihnen einsagt. Die ganze Entschuldigung, die man von ihnen erhält, ist in zwei Worte gefasst: »Er war betrunken; er hatte den Verstand verloren.«

Und ein anderer Kommentator bemerkt über die Indianer in ganz Neufrankreich, dass »der Branntwein, den sie ohne Mäßigung trinken, sie zu Obszönitäten und Extremen der Wut und Grausamkeit treibt, die unvorstellbar sind«, und dass sie all diesem »ohne Bestrafung nachgehen, indem sie behaupten, dass die Trunkenheit alles entschuldigt«.[268] Im Tagebuch von Louis de Bougainville – demselben Bougainville, der später den Pazifik erforschte – finden wir schließlich diesen Eintrag über die Irokesen:

> Sie verzeihen Morde, die von Betrunkenen begangen werden. Ein betrunkener Mann ist eine heilige Person. Für sie ist es ein so delikater Zustand, dass man für seine Taten nicht verantwortlich ist. Hingegen bestrafen sie normalerweise gelassen kaltblütige Mörder mit einem schnellen Tod, dem keine Formalitäten vorausgehen oder folgen.[269]

Dass die Irokesen – die die Ausrede eindeutig bis zum Äußersten ausreizten – diesen Grundsatz der Verantwortungslosigkeit unter Alkoholeinfluss formell anerkannt hatten, wird in Pater Louis Hennepins Bericht über die bemerkenswerte Begründung für ihre Praxis im späten siebzehnten Jahrhundert, ihren Henker vor der Ausführung seiner Aufgabe betrunken zu machen, eindringlich belegt:

> Wenn sie jemanden für ein großes Verbrechen hinrichten wollen, von dessen Schuld sie überzeugt sind, heuern sie einen Mann an, den sie mit Branntwein betrunken machen (denn

diese Leute sind sehr gierig danach), damit die Verwandten des Verbrechers nicht versuchen können, seinen Tod zu rächen. Nachdem dieser betrunkene Mann denjenigen getötet hat, den sie für schuldig halten, erzählen sie, dass derjenige, der ihn getötet hat, wahnsinnig und betrunken war, als er zuschlug.[270]

Die Akzeptanz des entschuldigenden Charakters der Trunkenheit war keineswegs auf die indigenen Gesellschaften Neufrankreichs beschränkt. So berichtete Lieutenant Henry Timberlake in den frühen 1760er-Jahren von den Cherokee (die große Teile des amerikanischen Südostens bewohnten), dass »die Torheiten, ja der Unfug, den sie begehen, wenn sie betrunken sind, ganz und gar dem Alkohol zuzuschreiben sind; und niemand rächt irgendeine Verletzung (mit Ausnahme von Mord), die er von jemandem erhalten hat, der nicht mehr er selbst ist ...«. Und Alexander Mackensie, der bekannt dafür wurde, in den 1790er-Jahren als erster Weißer den Kontinent durchquert zu haben, bemerkte über die Indianer, denen er begegnete, dass »ein Zustand des Rausches alle Unregelmäßigkeiten sanktioniert«.[271] Im ersten Viertel des neunzehnten Jahrhunderts hatten sich sowohl die Trunkenheit als auch die Akzeptanz der Entschuldigung durch Trunkenheit über den größten Teil des Kontinents verbreitet. Im folgenden halben Jahrhundert berichtete eine Vielzahl von Entdeckern, Händlern, Trappern, Missionaren und Soldaten – manchmal nur am Rande, manchmal in aller Ausführlichkeit –, dass die Indianer in allen Teilen des Kontinents mit wenigen Ausnahmen dazu übergegangen waren, in der Trunkenheit zu schwelgen und die dabei auftretenden Veränderungen zu entschuldigen.

Auf der Grundlage dieser Fülle von Berichten aus erster Hand kam Reuben Gold Thwaites, ein bedeutender

Historiker des frühen Kontakts zwischen Weißen und Indianern, 1903 zu demselben Schluss wie die Jesuiten so viele Jahre zuvor:

> Trunkenheit wurde von den Indianern als ausreichende Entschuldigung für ein unter ihrem Einfluss begangenes Verbrechen angesehen; sie waren der Meinung, dass der Alkohol und nicht der Mann, der ihn getrunken hatte, für die Tat verantwortlich war.[272]

Zu dieser Schlussfolgerung möchten wir nur hinzufügen, dass, als die Indianer besiegt und in ihren vielen Reservaten angesiedelt wurden, der Zustand der Trunkenheit weiterhin, wie auch heute noch, als Entschuldigung beansprucht und anerkannt wurde.[273]

DIE AUSNUTZUNG DER AUSREDE

Es ist allgemein bekannt, dass die Weißen es oft vorteilhaft fanden, die Indianer betrunken zu machen, während sie selbst nur vorgaben, betrunken zu sein – um sie beim Handel zu betrügen, ihre Frauen zu verführen usw. Da die Indianer die Feinheiten einer solchen Täuschung schnell durchschauten, eiferten sie ihren weißen Lehrern auch in dieser Hinsicht bald nach. Ein bemerkenswert anschauliches Beispiel für dieses Phänomen aus der frühesten Zeit, aus der Aufzeichnungen vorliegen, findet sich im Bericht von Nicholas Denys, dem Besitzer einer Handelsstation, die er 1633 in Akadien errichtete. Nachdem er beschrieben hatte, wie die französischen Seemänner die indianischen Frauen mit Branntwein »in einen so günstigen Zustand versetzen, dass sie mit ihnen machen können, was sie wollen«, fügte er hinzu:

> Zusätzlich zu all der Bosheit, von der ich gesprochen habe,

haben die [französischen] Fischer sie gelehrt, wie man sich aneinander rächt. Wer seinem Gefährten Böses wünscht, lässt ihn in Gesellschaft so viel trinken, dass es ihn betrunken macht, und hält sich dabei zurück. Er tut so, als wäre er genauso betrunken wie die anderen, und fängt an zu streiten. Wenn die Schlägerei beginnt, hat er eine Axt oder eine andere Waffe, die er vor dem Trinkgelage versteckt hatte; diese zieht er und tötet damit seinen Gegner. Er fährt fort, betrunkene Orgie zu machen, und erwacht als Letzter. Am nächsten Tag erfährt er, dass er es war, der den anderen Mann getötet hat, worauf er sein Bedauern ausdrückt und sagt, dass er betrunken war.[274]

Aus den frühesten Jahren, über die wir Aufzeichnungen haben, geht also nicht nur hervor, dass die Indianer dazu übergegangen waren, Trunkenheit vorzutäuschen, um von der Schuldbefreiung Gebrauch zu machen, die dieser Zustand mit sich brachte, sondern auch, dass sie diese Praxis von den Weißen gelernt hatten. Es scheint sogar, dass die Schüler schon bald ihre Lehrer in Bezug auf vorgetäuschte Trunkenheit überholten, denn Denys berichtet, dass einige der Indianer, mit denen er zu tun hatte, ihren Alkoholkonsum während des Handels so gut zügeln konnten, dass sie den Spieß oft umdrehten und die Franzosen übervorteilten.

Auch die Jesuiten waren nicht so weltfremd, dass ihnen das Talent der Indianer zur Täuschung entgangen wäre. Nachdem Pater Le Jeune festgestellt hatte, dass sich die Indianer bei Verbrechen, die sie begangen hatten, ausschließlich mit ihrer Trunkenheit entschuldigten, fügte er hinzu: »Ich glaube nicht ohne Weiteres daran, weil sie diesen Wahnsinn sehr gut vortäuschen, wenn sie ihre Bosheit verbergen wollen.«[275] Die Äußerungen eines anderen französischen Priesters zeigen, dass die Indianer 1659 diese Strategie voll entwickelt hatten. Als dieser generell festgestellt hatte, dass alles, was sie in betrunkenem Zustand taten, entschuldigt wurde, schrieb er, dass »diejenigen, die irgendeinen Streit haben, vorgeben, betrunken zu sein, um ungestraft Rache zu üben«. Auch Dollier und Galinée ließen sich nicht täuschen. Auf ihren Reisen in den Jahren 1660–1670 berichteten die beiden zu Missionaren gewordenen französischen Adligen von Morden im Zustand der Trunkenheit unter den Algonkin in Ontario:

> Wenn sie Feinde haben, ist es bei ihnen üblich, sich zu betrinken und ihnen danach den Kopf einzuschlagen oder sie zu erstechen, um hinterher sagen zu können, sie hätten die böse Tat begangen, als sie nicht bei Sinnen waren.[276]

Und auch hier erwies sich das einmal etablierte Muster als beständig. So schrieb der Händler Duncan Cameron über die Anishinabe, dass sie, »wenn sie bösartig veranlagt sind, vortäuschen, betrunken zu sein, in der Annahme, dass ihnen niemand ihre in diesem Zustand begangenen Verbrechen zur Last legen wird«.[277] Und John Tanner erzählt in einem 1789 beginnenden Bericht über seine langjährige Gefangenschaft zunächst bei den Odawa und dann bei den Anishinabe von folgendem Erlebnis, als die Gruppe der Anishinabe, mit der er unterwegs war, auf eine große Gruppe von Cree traf, mit denen die Anishinabe »in längst vergangenen Zeiten« Streit gehabt hatten:

> Sie gehörten zu einer ansehnlichen Bande, die uns fremd war, und waren an sich viel zu mächtig für uns. Wir hörten von ihrer Absicht, Wa-me-gon-a-biew [Tanners »Bruder«] zu töten, und da wir es nicht vermeiden konnten, mehr oder weniger in ihre Gewalt zu geraten, hielten wir es für das Beste, ihr Wohlwollen zu gewinnen oder zumindest ihre Nachsicht durch ein

Geschenk zu erkaufen. Wir hatten zwei Fässer Whiskey, die wir der Bande schenkten, wobei wir eines davon dem Oberhaupt der Familie überreichten, die uns bedroht hatte. Als sie zu trinken begannen, bemerkte ich einen Mann, der mit großer Herzlichkeit Wa-me-gon-a-biew zum Trinken einlud und vorgab, mit ihm zu trinken. Um meinen Bruder noch mehr zu verwirren, begann dieser Mann mit der Zeit, sich wie ein Betrunkener zu benehmen, obwohl ich sehen konnte, dass er völlig nüchtern war, und wusste, dass er nur sehr wenig oder gar nichts getrunken hatte, seit wir zusammen waren. Es fiel mir nicht schwer, seine Absichten zu durchschauen, und ich beschloss, Wa-me-gon-a-biew, wenn möglich, vor dem Unheil zu bewahren, das ihm zugedacht war.[278]

Weitere Berichte über die Fähigkeit der Indianer, Trunkenheit vorzutäuschen, finden sich im Tagebuch des Händlers John Long.. Long hatte nie wirklich erkannt, dass die Indianer ihre Trunkenheit oft nur vortäuschten, und so war er wirklich erstaunt über die seiner Meinung nach einzigartige Fähigkeit, »im Handumdrehen nüchtern« zu werden, wenn es in ihrem Interesse lag. Er berichtet zum Beispiel von einer Gelegenheit, bei der er und ein Begleiter allein von einer Gruppe betrunkener Ojibwa bedroht wurden. Er kam dieser Bedrohung zuvor, indem er der Forderung der Ojibwa nach Rum stattgab, aber die Gefahr war nur vorübergehend abgewendet, denn

... nach etwa einer Stunde kehrten sie sehr betrunken zurück, sangen ihre Kriegslieder, und jeder Krieger war nackt und von Kopf bis Fuß schwarz bemalt. ... Da unsere Lage wirklich kritisch war, handelten wir so kaltblütig, wie es Männer tun würden, die ohnehin dem Untergang geweiht sind. Ein glücklicher Gedanke kam mir in den Sinn, den ich sofort in die Tat umsetzte. Ich ging in den Laden, ließ ein Fass mit

Schießpulver in den Vorraum rollen und öffnete den Deckel. Kaum war ich damit fertig, kamen die Wilden an, stürmten zur Tür, bewaffnet mit Speeren und Tomahawks, und sagten zueinander: »Du zuerst.« Wir standen bereit, sie zu empfangen, und gaben ihnen zu verstehen, dass wir keine Angst vor ihnen hatten. Einer von ihnen betrat das Haus, ich sagte streng zu ihm: »Wer von euch alten Weibern ist ein tapferer Soldat?«, und rief sogleich, indem ich meine Pistole auf das Pulverfass richtete, mit großem Nachdruck: »Wir werden alle heute sterben!« Als sie diese Worte hörten, rannten sie aus der Tür und riefen: »Der Meister des Lebens hat dem Biber große Kraft und großen Mut gegeben.« Die Frauen flohen mit größter Eile, stießen ihre Kanus ins Wasser und machten sich davon, so schnell sie konnten. *Die Männer, die zuvor berauscht gewesen waren, wurden nüchtern* und paddelten so schnell wie möglich zu einer gegenüber dem Haus gelegenen Insel (Hervorhebung d. Autoren).[279]

Anstatt weitere Berichte über solche Täuschungsmanöver vorzulegen, überlassen wir es Francis Parkman, einen zusammenfassenden Überblick über das Ausmaß zu geben, in dem die Indianer Nordamerikas diese Praxis anwendeten:

Ein betrunkener Indianer, der Waffen in Reichweite hatte, war sehr gefährlich, und alle vernünftigen Menschen gingen ihm aus dem Weg. Das gefiel ihm sehr, denn wenn er sah, dass alle vor ihm wegliefen, wähnte er sich als großer Häuptling und schwang seinen Tomahawk mit verdoppelter Wut. Wenn er, wie es oft geschah, einen Unglücklichen, der nicht flink genug entkam, verstümmelte oder tötete, sprachen ihn seine Landsleute von jeder Schuld frei und gaben nur dem Branntwein die Schuld. Wenn also ein Indianer sich an einem persönlichen Feind rächen wollte, *gab er vor, betrunken zu sein, und nicht nur Morde, sondern auch andere Verbrechen wurden oft von betrügerischen Nutznießern des bacchanalischen Privilegs begangen«* (Hervorhebung d. Autoren).[280]

Doch auch wenn die Bereitschaft der Indianer, Trunkenheit vorzutäuschen, um diesen Zustand als Ausrede zu nutzen, sehr real war und die Ausrede zweifellos oft geltend gemacht wurde, gibt es hier etwas sehr Rätselhaftes. Und wenn wir uns mit den frühen Quellen befassen, stellen wir fest, dass dieses Rätsel schon vor langer Zeit gesehen wurde. In der Tat können wir das, was uns vorschwebt, nicht besser einführen als mit einem Zitat aus Pater Bruyas' 1668 geäußerter Meinung über die Irokesen:

> Obwohl sie sich oft mit Absicht berauschen, um diejenigen zu töten, denen sie Böses wollen, so ist doch alles vergeben, und es gibt keine andere Erklärung als diese: »Was soll ich machen? Ich hatte keinen Verstand; ich war betrunken.« So sühnen sie den Tod eines Menschen. Unter ihnen gibt es weder Gefängnis noch Galgen; jeder lebt nach seiner Fasson, und *ich bin überrascht, dass sie sich nicht täglich ungestraft gegenseitig die Kehle durchschneiden* (Hervorhebung d. Autoren).[281]

Wäre nicht *irgendetwas* am Werk gewesen, um sie zu zügeln, hätte es weder die Kavallerie der Vereinigten Staaten noch das *Bureau of Indian Affairs* gebraucht – das »Indianerproblem« hätte seine endgültige Lösung durch die Indianer selbst gefunden. Im nächsten Abschnitt wollen wir uns mit diesem »Etwas« befassen, das die Indianer vor diesem selbst verursachten Völkermord »gerettet« hat.

Wenn Alkohol die Indianer tatsächlich in willenlose Schlächter verwandelt hat, wie die konventionelle Auffassung besagt, dann ist die Schlussfolgerung unausweichlich, dass die ursprünglichen Bewohner dieses Kontinents zu den unfähigsten Mördern gehörten, die die Welt je gesehen hat. Denn während Alexander Henry (1897) beispielsweise von einigen Indianern, mit denen er Handel trieb, sagen konnte, dass »Trunkenheitsmorde unter diesen Leuten so häufig sind, dass wir ihnen kaum Beachtung schenken«, wurde bei den meisten Gruppen selbst bei mehrtägigen Saufgelagen, die von massiver betrunkener Gewalt geprägt waren, nur selten einer der Teilnehmer tatsächlich getötet. So sagt Nicholas Denys zwar über die Mi'kmaq: »Sie nennen es nicht trinken, wenn sie nicht betrunken werden, und sie glauben nicht, dass sie getrunken haben, wenn sie nicht kämpfen und verletzt werden«, aber er berichtet ebenfalls, dass die Zahl der Indianer, die pro Jahr bei solchen betrunkenen Schlägereien an der gesamten Küste Nova Scotias getötet wurden, nur »etwa sechs, sieben oder acht« betrug.[282] Wie ist diese Tatsache zu erklären – dass in einem ganzen Jahr einige Hundert betrunkener, gewalttätiger Indianer keine »beeindruckendere« Bilanz vorweisen konnten?

Denys selbst lieferte uns, wenn auch unwissentlich, ein Element zur Lösung dieses Rätsels, wenn er über die Mi'kmaqs bemerkt:

> Wenn einer von ihnen verletzt wurde, bittet derjenige, der es getan hat, um Verzeihung, indem er sagt, dass er betrunken war, und dafür wird ihm verziehen. Ist aber jemand getötet worden, so muss der Mörder außer dem Geständnis sei-

ner Trunkenheit und der Bitte um Verzeihung außerdem der Witwe ein Geschenk machen, das alle anderen bestimmen. Und um den Frieden zu vervollständigen, muss er für ein weiteres Trinkgelage bezahlen.

Das heißt, bei einer Verletzung reichte die Trunkenheit als Entschuldigung, aber bei einem Todesfall war die Wiedergutmachung nicht so billig. Der Mörder musste sich nicht nur auf seine Trunkenheit berufen und sich für sein Verbrechen entschuldigen, er musste auch den Hinterbliebenen ein Geschenk machen (dessen Art und Wert von anderen bestimmt wurde) und persönlich alle Kosten tragen, die mit einem weiteren Trinkgelage verbunden waren. Mit einem Wort, bei den Mi'kmaq konnte der Trunkenbold nur im übertragenen Sinne »mit einem Mord ungestraft davonkommen«, nicht wörtlich, denn die entschuldigende Wirkung von Trunkenheit hatte ihre Grenzen.

Diese Praxis, sich die Vergebung des Geschädigten zu erkaufen, war bei vielen Völkern üblich. So erwähnte Daniel Harmon beispielsweise einen Fall, in dem ein Assiniboine dafür sühnen musste, einen Cree in einem betrunkenen Streit mit dem Messer verletzt zu haben, indem er dem Opfer ein Pferd schenkte, und berichtete, dass »sie jetzt so gute Freunde zu sein scheinen, wie sie es vor dem Streit waren«. Und er fügt hinzu:

> Sogar Mord wird manchmal auf diese Weise gesühnt, aber nicht in der Regel. In gewöhnlichen Fällen befriedigt nichts als der Tod des Mörders oder eines seiner nahen Verwandten die Rachegelüste eines Indianers, dessen Verwandter ermordet wurde.[283]

In dieser Bemerkung finden wir das zweite Element, das die Gewalttätigkeit der Betrunkenen einschränkte: die Existenz besorgter Angehöriger, auf deren Vergeltung man zählen konnte, wenn ein Verwandter zu Schaden käme. Sowohl die Stärke als auch die Allgemeingültigkeit dieses Faktors werden von Harmon in seinen Bemerkungen über die gefährlichen Umstände angedeutet, in denen sich ein Indianer ohne solche Verwandte in der Nähe oft wiederfand:

> Gestern kamen sechs Familien der Cree ins Fort, und seitdem trinken sie. Ein Indianer stritt sich mit einer Squaw, die einem anderen Mann gehörte, und verpasste ihr eine leichte Tracht Prügel. In diesem Moment kam der Häuptling, der mit dem Indianer befreundet war, vorbei und war so erzürnt darüber, dass die Frau seinen Freund beschimpfte, dass er ihr mit einem Knüppel auf den Kopf schlug, was ihr Leben beendete. Heute Morgen haben die indianischen Frauen ihren Leichnam begraben, und man nimmt von ihrem Tod nicht mehr Notiz, als wenn ein Hund getötet worden wäre, denn ihre Verwandten befinden sich in beträchtlicher Entfernung in einem anderen Teil des Landes. Ein Indianer wird von seinen Mitmenschen nicht besonders geachtet oder gefürchtet, es sei denn, er hat eine Reihe von Verwandten, die mit ihm zu Lebzeiten an seinen Kämpfen teilnehmen oder seinen Tod rächen, falls er ermordet werden sollte. Das gilt für alle Indianerstämme, die ich kennengelernt habe.

Ein weiteres Beispiel für die »ernüchternde« Rolle, die Verwandte oft spielten, finden wir bei den Irokesen. Wie aus einem früheren Abschnitt hervorgeht, neigten die Irokesen dazu, selbst einen Mord zu entschuldigen, wenn er von einem Betrunkenen begangen wurde, sofern die anderen Umstände gleich waren. Aber auch bei den Irokesen waren die Dinge nicht immer gleich, wie die folgende Erzählung von Pater Claude Dablon aus dem Jahr 1679 zeigt. In diesem Bericht wird nicht nur auf den entschuldigenden Charakter der Trunkenheit und die wahrscheinliche Vortäuschung dieses Zustandes hingewiesen, sondern zugleich darauf, dass es hier die Angehörigen zumindest manchmal auf sich nahmen, das Unrecht zu rächen, das Trunkenbolde einem oder einer Verwandten zugefügt haben könnten:

> Nachdem er eine andere Frau geheiratet hatte, machte er sich selbst betrunken – oder tat so, als wäre er es, wie es diejenigen tun, die andere ungestraft verletzen wollen. Er stürmte in die Hütte seiner ersten Frau, warf alle Möbel um und zerbrach sie, nahm ihr alle Kleider weg, schlug sie und drohte, sie zu töten. Sie entwand sich seinen Händen und konnte entkommen. Sie kam sofort in die Kapelle, um zu beten und um mir zu sagen, was ich oben erzählt habe. Diese Schandtaten dauerten mehrere Tage an und hörten nicht auf, bis die Verwandten dieser Christin, die ihren Unmut nicht länger zurückhalten konnten, sich ebenfalls betranken und sich für die grausame Behandlung ihrer Angehörigen rächten.[284]

Alexander Henry liefert noch ein weiteres Beispiel, bei dem die Ausrede der Trunkenheit nicht ausreichte. Offenbar wurde ein älterer Indianer, der seine junge Frau der Untreue verdächtigte, »blind betrunken« und fügte ihr »drei schreckliche Stiche« zu. Ihre Verwandten wurden deswegen sehr wütend, denn das Mädchen war schwer verwundet, aber sie zügelten ihre Wut und warteten ab. Nach einigen Monaten erholte sich das Mädchen von seinen Wunden, und mit Duldung ihrer Verwandten hielt

> ... sie ein Trinkgelage ab, bei dem die Frau ihren alten Ehemann mit einem Stock grausam verprügelte, ihn auf den Rücken warf, ein Brandzeichen auf sein Gemächt brannte und es einrieb, bis jemand dazwischenging und sie wegführte. Sie ließ ihn in einem schockierenden Zustand zurück, seine

Weichteile waren fast geröstet. Ich glaube, sie hätte ihn getötet, wenn sie nicht daran gehindert worden wäre; es wäre erstaunlich, wenn er sich davon erholt.[285]

Henry berichtete auch von anderen Fällen, in denen Indianer sich weigerten, die Entschuldigung anzuerkennen, die Trunkenheit normalerweise mit sich bringt. Ein solcher Fall betraf Henry, man könnte sagen, auf intime Weise, denn es ging um das Schicksal einer Ojibwa-Frau, die sich betrank und die Nacht mit ihm verbracht hatte. Am nächsten Morgen erfuhr ihr Ehemann, der inzwischen nüchtern war, von der nächtlichen Eskapade seiner Frau, und obwohl sie auf Trunkenheit plädierte, war er so empört, dass er ein Brandeisen in die Hand nahm und ihr Gesicht fürchterlich verbrannte. Offensichtlich hatte der Geschädigte auch in diesem Fall entschieden, dass für ihn die Grenzen der Entschuldigung überschritten worden waren.[286]

Doch während die Indianer untereinander Grenzen festlegten, bei deren Überschreitung die Entschuldigung der Trunkenheit nicht galt, wurde ihnen die Angelegenheit in Fällen, in denen ihre Trunkenheit die Gesundheit und das Wohlergehen des weißen Mannes beeinträchtigte, völlig aus der Hand genommen. Denn wenn die Weißen über genügend Kraft verfügten, um sich zu rächen – und manchmal auch dann, wenn das nicht der Fall war –, sorgten sie in der Regel dafür, dass die Rechnung in vollem Umfang beglichen wurde. Dabei spielte es keine Rolle, ob der Indianer betrunken oder nüchtern gewesen war, als er die Tat beging, die ihren Zorn hervorrief.

Betrachten wir zum Beispiel die Art und Weise, wie die Niederländer mit einer solchen Situation umgingen. Die Episode begann Ende 1642, als einige holländische

Händler einen Lenni Lenape mit Branntwein betäubten und dann mehrere seiner Biberfelle stahlen. Als das Opfer wieder zu sich kam, war es wütend über den Verlust und schwor, den ersten Weißen zu erschießen, der ihm begegnete. Der Lenni Lenape hielt sein Wort, tötete zuerst einen auf Staten Island lebenden Engländer und einige Tage später einen Holländer. Als die örtlichen Gruppen von diesem Ausbruch erfuhren, dessen schwere Folgen sie erahnten, sammelten die Anführer eine Menge Wampum und eilten mit einer Delegation nach New Amsterdam, um Wiedergutmachung zu leisten, bevor die Dinge außer Kontrolle gerieten. Mit dem Versöhnungsangebot in ihren Händen flehten sie: »Ihr solltet den Indianern keinen Branntwein verkaufen, um sie verrückt zu machen, denn sie sind nicht an eure Schnäpse gewöhnt.«[287] Ihr Plädoyer blieb jedoch erfolglos, die Niederländer verlangten, dass die Indianer den Mörder auslieferten. Diese weigerten sich, denn der Lenni Lenape war der Sohn eines Anführers. Und so blieb es zunächst dabei, während die Niederländer untereinander stritten, welche Politik sie verfolgen sollten.

Nach langen Debatten setzten sich schließlich die Falken durch, und im Februar 1643 schickte Gouverneur Kieft, der beschlossen hatte, Rache zu üben, zwei Gruppen von Holländern aus, um diese Morde zu rächen. Sie brachen im Schutz der Dunkelheit auf und schlachteten noch in der Nacht achtzig Indianer – Männer, Frauen und Kinder – in Pavonia und dreißig in Corlaer's Hook ab. Am nächsten Morgen bot sich denjenigen, die das nächtliche Gemetzel irgendwie überlebt hatten, folgendes Bild:

> Einigen waren die Hände abgehackt; einige hatten beide Arme und Beine verloren; einige hielten ihre Eingeweide mit

den Händen, während andere auf andere grausame Weise verstümmelt waren, zu grausam, um sie sich vorstellen zu können.

Die unmittelbare Folge dieses Gemetzels war, dass sich die umliegenden Völker in ihrer Empörung zusammenschlossen und die meisten der entlegeneren niederländischen Siedlungen zerstörten. Das darauffolgende Jahr brachte jedoch Frieden, und die längerfristige Folge dieser grausamen Vergeltungsmaßnahme bestand darin, dass man den Indianern klarmachte, dass die Tötung eines weißen Mannes nicht auf die leichte Schulter zu nehmen war.

Auch die Franzosen wendeten, wenn sie die nötige Schlagkraft hatten, gern das Talionsprinzip (»Auge um Auge ...«) an. So beschreibt Pater Nau in nüchternem Ton die folgende Episode aus dem Jahr 1735:

> Vor nicht einmal drei Monaten tötete ein Algonkin im Suff mit drei Messerstichen einen armen [französischen] Soldaten, der in einem Haus in Montreal ruhig arbeitete. Der Algonkin wurde an Ort und Stelle verhaftet und dachte, er würde der Strafe entgehen, weil er betrunken war und nicht wusste, was er tat. Er wurde dennoch zum Tode durch den Strang verurteilt, aber da der Henker nicht vor Ort war, wurde er durch einen Schlag auf den Kopf getötet.[288]

So lernten die indigenen Gesellschaften Neufrankreichs die Tugend der Zurückhaltung zu schätzen. Dass sie ihre Lektion gut gelernt hatten, zeigt ein Bericht, den W.W. Warren einige Jahre später verfasste und der beschreibt, was geschah, nachdem ein betrunkener Lenni Lenape einen Pelzhändler am Lac Courte Oreilles ermordet hatte. Die Franzosen warnten die Lenni Lenape, dass der gesamte Handel in diesem Gebiet sofort eingestellt würde, wenn sie den Mörder nicht auslieferten. Nach langen Diskussionen wurde der Mörder ausgeliefert und – sobald er in französischer Hand war – vor einer großen Schar der Mitglieder seiner Gruppe gehängt. Obwohl Jean Cadotte, ein erfahrener Händler, der den Posten leitete, sicher war, dass die Indianer nicht versuchen würden, Rache zu nehmen, waren andere im Posten weniger zuversichtlich. Daher schenkte er,

> ... um seine Männer zu befriedigen und um herauszufinden, ob die Verwandten des hingerichteten Indianers Rachegefühle hegten, ... den Indianern etwas *eau de vie* [Branntwein] ein, da er wusste, dass sie in ihrem Rausch jegliche harten Gefühle oder Racheabsichten wegen des Geschehenen offenbaren würden, sollten sie diese tatsächlich hegen.[289]

Dass die Lenni Lenape ihre Lage richtig eingeschätzt hatten, geht aus Warrens lakonischem Kommentar zu den nächsten Ereignissen hervor: »Das indianische Lager versank in dieser Nacht in einem trunkenen Gelage, kein Wort des Unmuts oder Hasses wurde gegen die Händler geäußert.«

Allgemein lässt sich über den Pelzhandel sagen, dass dort, wo die Weißen regelmäßige Handelsbeziehungen zu den Indianern aufbauten, einigermaßen fair handelten und über genügend Stärke und Organisation verfügten, um zu gewährleisten, dass ein mutmaßlicher Mord geahndet würde – wie es zum Beispiel bei der *Hudson's Bay Company* (in späteren Jahren) in ihrem riesigen Gebiet der Fall war –, die Wahrscheinlichkeit, dass ein Weißer einem betrunkenen Indianer zum Opfer fiel, äußerst gering war. Im Gegensatz dazu war dort, wo der Handel nur sporadisch stattfand und in den Händen weitgehend unorganisierter und oft rücksichtsloser einzelner Freibeuter lag – wie im größten Teil des amerikanischen Gebiets der Great Plains und der östlichen Ausläufer der Rocky Mountains –, das Leben der Ranger und Trapper in weitaus größerer Gefahr.

Diese Unterscheidung zwischen dem aus London gesteuerten Monopol-Paternalismus und der Freibeuterei auf St.-Louis-Art, wie sie im neunzehnten Jahrhundert aufkam, verdient eine nähere Erläuterung, denn sie enthält eine wichtige Lehre. Kurz gefasst war es zu einem erbitterten Handelskrieg zwischen der *Northwest Company* und der *Hudson's Bay Company* gekommen – einem Krieg, in dem beide Seiten indigene Gruppen zu Gewalt gegen die Posten und Händler der jeweils anderen Gesellschaft anstachelten und der schließlich beide an den Rand des Bankrotts brachte. Zuletzt setzten sich Erwägungen des Eigeninteresses (und der britischen Nationalpolitik) durch, und beide Gesellschaften fusionierten zu einer riesigen Monopolgesellschaft. Nach dem Zusammenschluss verlieh das Parlament 1821 diesem reorganisierten Riesen, der *New Hudson's Bay Company*, das ausschließliche Handelsrecht für fast ganz Kanada und den gesamten pazifischen Nordwesten Amerikas.

Während die Gesellschaft hundert Jahre zuvor von einer Vision geleitet worden war, die sich auf die Aufrechterhaltung einiger Handelsstationen und die Hoffnung auf eine Steigerung der unmittelbaren Rentabilität des Unternehmens beschränkte, erkannte sie nun, da sie eine Monopolstellung innehatte, ein *dauerhaftes* Interesse sowohl an den Indianern als auch an den Ressourcen des Landes. Im Gegensatz dazu betrachteten die unabhängigen amerikanischen Trapper ihr Interesse an dem Land und seinen Bewohnerinnen und Bewohnern als nur vorübergehend.

Sie sahen es als eine »Gelegenheit«, die genutzt werden sollte, solange sie vorhanden war. Das Ergebnis war relative Sicherheit für die einen und große Gefahr und nicht selten der Tod für die anderen.

Die Folgen dieser beiden unterschiedlichen Orientierungen waren tief greifend – nicht nur in der Blütezeit des Pelzhandels, sondern auch in späteren Jahren. Frederick Merk hat die langfristigen historischen Auswirkungen dieser beiden Ansätze zum »Geschäftemachen« wie folgt zusammengefasst:

> Dieser auffällige Kontrast in den Beziehungen zwischen Indianern und Briten einerseits und Indianern und Amerikanern andererseits war kein vorübergehendes Phänomen, das mit dem Ende des Pelzhandels verschwand. Er blieb bestehen, solange sich der rote und der weiße Mann in dem begehrten Land des Fernen Westens gegenüberstanden. Trapper und Händler ebneten auf beiden Seiten der internationalen Grenze den Bergleuten und Viehzüchtern den Weg und diese wiederum den Pionierfarmern. Diese Vorboten einer neuen Zeit betraten auf amerikanischer Seite eine Region, in der bereits Unruhen herrschten, und setzten dort zwei Jahrhunderte alte Traditionen von Indianermassakern und Vergeltungsmaßnahmen fort. Auf der kanadischen Seite betrat die Zivilisation ein Gebiet, das von der Hudson's Bay Company in einer Tradition von Recht und Gesetz geführt worden war, und die Geschichte dieses Grenzlandes war die eines fast nie gebrochenen Friedens.[290]

Auch wenn Merk die kanadische Geschichte im Interesse seiner Argumentation übermäßig glorifizierte, so sind die Grundzüge seines Vergleichs im Wesentlichen doch richtig. Wir möchten nur hinzufügen, dass dieser Kontrast für betrunkene Indianer nicht weniger galt als für nüchterne.

Nachdem wir festgestellt haben, dass die allgemeine Auffassung in Bezug auf die indianische Trunkenheit auf all die Rätsel stößt, denen wir schon zuvor begegnet waren, haben wir hier versucht, einen Hinweis auf die Relevanz unseres Lösungsansatzes zu geben. Wir vermuten, dass die Saat – das Modell der betrunkenen Veränderungen zum Schlechteren –, die weiße Händler, Trapper und Grenzer bei den Indianern säten, auf einem fruchtbaren Boden leicht aufgehen und gedeihen konnte. Angesichts der dramatischen Verwandlung, die der Alkohol bei den Weißen hervorzurufen schien, nahmen die Indianer – einige wörtlich, andere nur andeutungsweise – an, dass Alkohol einen bösen Geist enthielt oder verkörperte und dass dieser böse Geist von ihnen Besitz ergriff, sobald sie Alkohol tranken. Durch diese Gleichsetzung von Trunkenheit und Geisterbesessenheit betrachteten sich die Indianer als unschuldig an allem, wozu dieser Geist sie »anstiftete«, während sie unter seinem Einfluss standen. Wir haben gesehen, wie die Indianer sich diese Ausrede zunutze machten, indem sie Rauschzustände vortäuschten, um ungestraft Dinge zu tun, die unter normalen Umständen eine Strafe nach sich gezogen hätten. Wir haben darüber hinaus gesehen, dass der Vorwand der Trunkenheit zwar für ein breites Spektrum von Vergehen anerkannt wurde, aber dennoch Grenzen hatte. Und schließlich haben wir gesehen, dass diese Grenzen dort, wo sie konsequent durchgesetzt wurden, nur selten überschritten wurden.

Wir wollen nicht behaupten, dass diese Darstellung der indianischen Trunkenheit in irgendeiner Weise endgültig ist, und ebenso wenig, dass es (in diesem oder einem anderen Zusammenhang) viel Sinn ergibt, von den Indianern dieses Kontinents so zu sprechen, als wären sie alle aus einem Guss, auch wenn wir aus Gründen der Einfachheit manchmal so getan haben, als ob dies der Fall wäre. Vielmehr haben wir versucht, die Relevanz unserer Erklärung in einem sehr allgemeinen Sinne darzulegen. So gesehen war unser übermäßiger Rückgriff auf Beispiele aus dem französischsprachigen Kanada per se weder richtig noch unangemessen, denn *alle* von uns vorgestellten Berichte von betrunkenem Betragen sind nur als *Andeutungen* dessen gedacht, was unserer Meinung nach wirklich vor sich ging. Eine wirklich *definitive* Anwendung unserer Theorie wäre dagegen notwendigerweise sehr zeit- und gesellschaftsspezifisch gewesen und hätte den sozial organisierten Charakter des Verständnisses der Teilnehmenden von den Umständen, in denen sie sich befanden, viel stärker berücksichtigt.

Auch wenn unsere Untersuchung sicherlich nicht das letzte Wort zu diesem umfangreichen Thema ist, so hoffen wir doch gezeigt zu haben, dass es unmöglich ist, die Widersprüche, die unter der Phrase »Indianer vertragen nichts« zusammengefasst werden, mit dem einzigen Erklärungsansatz, den die herkömmliche Auffassung bietet, aufzulösen. Denn hier, wie auch anderswo, gelingt es der Enthemmungsformel nur, Fragen aufzuwerfen, nicht aber, sie zu beantworten.

Wenn dieser kurze Überblick über die Geschichte des betrunkenen Betragens der indigenen Gesellschaften dieses Kontinents etwas deutlich macht, dann dieses: Wirklich bedeutende Fortschritte in unserem Verständnis, warum Menschen tun, was sie tun, wenn sie betrunken sind, lassen sich nur durch ein umfassenderes Verständnis der unterschiedlichen Auffassungen der Gesellschaften von der Natur der Trunkenheit erzielen.

8

Schlussbemerkungen

In den vorangegangenen Kapiteln haben wir versucht, die Unzulänglichkeit des herkömmlichen Verständnisses von den Auswirkungen von Alkohol auf das menschliche Verhalten zu dokumentieren und stattdessen eine radikal sozialpsychologische These zu präsentieren. Anstatt das Betragen von Betrunkenen als eine Funktion toxisch enthemmter Gehirne zu betrachten, deren Trieben die Körper unterworfen sind, haben wir vorgeschlagen, dass es im Grunde um die erlernten Beziehungen geht, die zwischen Menschen bestehen, die in einer Gesellschaft zusammenleben. Genauer gesagt haben wir behauptet, dass die Art und Weise, wie sich Menschen verhalten, wenn sie betrunken sind, nicht durch den toxischen Angriff des Alkohols auf den Sitz des moralischen Urteilsvermögens, das Gewissen oder Ähnliches bestimmt wird, sondern durch das, was ihre Gesellschaft über den Zustand der Betrunkenheit denkt und ihnen vermittelt. Dies ist also unsere These, und sie steht und fällt mit den Quellen, die wir vorgelegt haben.

Einige Fragen sind der Leserin und dem Leser im Laufe unserer Argumentation zweifellos aufgefallen, und zumindest auf die offensichtlicheren dieser Fragen möchten wir in den abschließenden Betrachtungen eingehen. Zunächst einmal: Was wäre, wenn »das Schlimmste«

einträte? Was wäre, wenn eines Tages jemand überzeugend beweisen würde, dass Alkohol tatsächlich eine Art Fähigkeit zur Enthemmung besitzt? Tierversuche sind in diesem Punkt höchst uneindeutig, aber was wäre, wenn sie es nicht wären? Würde ein solcher Nachweis unsere Bemühungen überflüssig machen? Wir glauben das kaum, da die zahlreichen »Ausnahmen« von der Enthemmungstheorie, die wir in den vorhergehenden Kapiteln zusammengetragen haben, nicht ernsthaft ignoriert werden können. Und sobald man diese »Ausnahmen« anerkennt, ist die Schlussfolgerung zwingend, dass die Manifestationen einer solchen alkoholinduzierten enthemmenden Wirkung, was das Verhalten des Menschen betrifft, nachweislich einer sozialen Kanalisierung und sogar einem völligen Veto unterliegen, wenn das gesellschaftlich erworbene Verständnis vom Wesen der Trunkenheit dies gebietet. In Bezug auf das menschliche Betragen könnte man auf der Grundlage eines solchen Nachweises also höchstens behaupten, dass die Einnahme von Alkohol an bestimmten Orten, zu bestimmten Zeiten und unter bestimmten Umständen bestimmte Arten von enthemmtem Betragen hervorruft. Und das ist, wie wir meinen, in der Tat eine sehr schwache Behauptung. Da Sie uns bis hierher gefolgt sind, hoffen wir, dass Sie erkennen, dass, selbst wenn »das Schlimmste« eintreten sollte, es die Vorherrschaft der sozialen Faktoren gegenüber den physiologischen nicht ernsthaft infrage stellen würde.

Wenn aber die erlernte Praxis, die wir als Auszeit unter Alkoholeinfluss bezeichnet haben, nicht nur real, sondern auch sehr weit verbreitet ist, führt uns dies zu einer zweiten Frage: *Warum* ist sie so weit verbreitet? Sicherlich ist eine solche Praxis nicht im luftleeren Raum entstanden, und wir wollen nun ein paar Worte über den breiteren sozialen Kontext sagen, in dem sie auftritt. Zu diesem Zweck beginnen wir mit einer Binsenweisheit: In jeder Gesellschaft wird davon ausgegangen, dass die überwältigende Mehrheit sowohl über ausreichende Kompetenzen als auch über die Neigung verfügt, ihre Angelegenheiten in Übereinstimmung mit dem zu regeln, was als richtig und angemessen gilt. Gleichzeitig wird überall anerkannt, dass der Sozialisationsprozess in keiner Gesellschaft so vollständig wirksam ist, dass er Personen hervorbringt, die nur das tun und wollen, was die Gesellschaft von ihnen verlangt. Da diese Diskrepanz zwischen dem Ideal und der Realität universell ist, folgt daraus, dass das Leben in einer Gesellschaft – das Leben in *jeder* Gesellschaft – niemals frei von Konflikten ist. Und keine Gesellschaft kann die Möglichkeit völlig ausschließen, dass diese Konflikte jederzeit offen zutage treten könnten.

Wie reagieren die Gesellschaften auf diese konstante Herausforderung? Bevor wir uns dieser Frage direkt zuwenden, sollten wir zunächst ein Wort darüber verlieren, was sie *nicht* tun. Im Extremfall kann man sagen, dass keine Gesellschaft – zumindest keine, die heute noch existiert, und keine, von der Aufzeichnungen erhalten sind – jemals ihr Streben nach Ordnung einfach aufgegeben hat. Gesellschaften sind zerfallen, und zu solchen Zeiten entstanden manchmal Machtvakua; aber es bildeten sich immer neue Machtzentren, die sich sofort nach ihrem Entstehen der Aufgabe widmeten, eine gewisse Form der sozialen Ordnung wiederherzustellen. Niemals wurde einem Zustand der Anarchie gestattet, zum Lebensmodell zu werden. Andererseits hat auch keine Gesellschaft jemals eine langfristige Stabilität dadurch erreicht, dass sie auf die systematische Anwendung der Doktrin strikter Verantwortlichkeit zurückgriff. Menschen tun Dinge aus Versehen, unbedacht, unter Zwang usw., und ihnen das Recht zu verweigern, sich jemals auf die eine oder andere Verteidigung zu berufen, wäre in etwa so, als würde man einem Motor die notwendigen Schmiermittel verweigern. In beiden Fällen wäre das Ergebnis katastrophal. Wir sind daher der Ansicht, dass das soziale Gefüge von Natur aus viel zu zerbrechlich ist, als dass eine Gesellschaft es ihren Mitgliedern erlauben könnte, ihren ungezügelten Neigungen freien Lauf zu lassen (wie in der Anarchie), oder dass die Absicht eines Täters für die Beurteilung seiner Schuldfähigkeit und damit für die Festlegung, welches »Urteil« über seinen »Fall« zu treffen ist, keine Rolle spielt (wie in der Doktrin strikter Verantwortlichkeit*).

Zwischen diesen beiden nicht praktikablen Extremen gibt es jedoch viele Abstufungen, wie Gesellschaften mit dem Problem umgehen. Wir haben gesagt, dass das Leben in einer Gemeinschaft erfordert, dass sich die Menschen an Normen halten. Doch in jeder Gesellschaft steht den Menschen eine breite Palette von Optionen zur Verfügung, die man im weitesten Sinne des Wortes als »Entschuldigungen« bezeichnen könnte. Es würde zu weit führen, diesen Punkt hier zu vertiefen, aber wir behaupten, dass die alternativen Ansätze, auf die wir gerade hingewiesen haben, die verschiedenen Arten sind, in denen verschiedene Gesellschaften das Zusammenspiel zwischen ihren jeweiligen Systemen von Verantwortlichkeit und den Ent-

* Oder wie eine Tötung im deutschen Strafgesetz nur zum »Mord« wird, wenn ein »Mordmerkmal« auf sie zutrifft.

schuldigungen, die sie ihren Mitgliedern zur Verfügung stellen, organisiert haben.

Es gibt mehrere große Kategorien, in die diese alternativen Ansätze eingeteilt werden können, aber wir wollen uns hier auf eine kurze Betrachtung von zwei davon beschränken: Untauglichkeit und Auszeit. Jede Gesellschaft hat irgendeine Version der Untauglichkeit entwickelt, um mit bestimmten Gruppen von problematischen oder potenziell problematischen Personen (z.B. geistig stark zurückgebliebenen Menschen) umzugehen, die als chronisch oder dauerhaft unfähig angesehen werden, die minimalen Kompetenzstandards der Gesellschaft zu erfüllen. Da man von diesen Menschen annimmt, dass sie entweder »nicht wissen, was sie tun«, oder dass sie nicht in der Lage sind, etwas anderes zu tun, als sie tun, besteht der Ansatz, den wir als Untauglichkeit bezeichnet haben, darin, sie als eine eigene Klasse zu betrachten und ihnen eine Art von *langfristiger* oder *dauerhafter* Immunität gegenüber den Anforderungen des Rechenschaftssystems ihrer Gesellschaft zu gewähren.

Im Fall von Auszeiten – die in der einen oder anderen Form ähnlich universell sind – werden die Forderungen nach Rechenschaftspflicht ebenfalls außer Kraft gesetzt, allerdings nur vorübergehend. In Kapitel 5 haben wir gesehen, wie eine Auszeit durch eine zeremonielle Anordnung »ausgerufen« werden kann. Wir möchten nun anmerken, dass sie auch auf viele andere Arten eingeleitet werden kann. In einigen Gesellschaften ist es den Menschen erlaubt, eine Auszeit zu nehmen, indem sie vorübergehend ihre soziale Stellung verlassen. (Im Hochland von Neuguinea kann man sich beispielsweise in der Rolle als »wilder Mann« von lästigen wirtschaftlichen

Verpflichtungen befreien, und im hinduistischen Indien kann diese Flucht durch das Anlegen der orangefarbenen Roben des Sanyasi geschehen.[291] In anderen Gesellschaften kann ein bestimmtes Verhalten unter die Überschrift »Auszeit« fallen, und zwar entweder aufgrund der vorsätzlichen Handlung eines anderen (wie z.B. im Fall von Hexerei, Zauberei und dergleichen) oder aufgrund eines übernatürlichen Akteurs, der für »fremde« Zwecke vom Willen der Person vorübergehend »Besitz ergreift«. Obwohl die Möglichkeiten, eine Auszeit herbeizuführen, weitaus zahlreicher sind, als diese kurze Aufzählung vermuten lässt, möchten wir abschließend festhalten, dass in vielen Gesellschaften Menschen die Möglichkeit haben, eine Auszeit herbeizuführen, indem sie einen »veränderten Bewusstseinszustand« in sich selbst hervorrufen. Zu diesem letztgenannten Verfahren möchten wir folgende Bemerkung machen: (1) Eine solche »Bewusstseinsveränderung« kann zwar auf vielerlei Weise herbeigeführt werden, wird aber am häufigsten durch die Einnahme irgendeines vermutlich psychoaktiven Mittels erreicht, und (2) Alkohol ist die bei Weitem am häufigsten zu diesem Zweck verwendete Substanz.

Aber inwiefern kann man sagen, dass der Rückgriff auf die Möglichkeit einer Auszeit unter Alkoholeinfluss eine Lösung für die Konflikte darstellt, die das Leben in einer Gesellschaft unweigerlich mit sich bringt? Der Kern unserer Antwort wird durch die Worte eines australischen Aborigine sehr schön veranschaulicht, der auf die Frage nach der Praxis des obligatorischen Frauentauschs, der den Höhepunkt der jährlichen *Gunabibi*-Zeremonie seiner Gesellschaft darstellt, sachlich erklärte: »Es ist besser, wenn jeder mit seinen Frauen kommt und sich alle bei einem *Gunabibi* treffen und miteinander spielen, dann fängt niemand an, in der restlichen Zeit Liebschaften zu haben.«[292] Im Prinzip sagt dieser Aborigine: Wenn die Menschen ihre konfliktbeladenen Übertretungen für Anlässe reservieren, die unter die eine oder andere Form der sanktionierten Auszeit fallen, sind nicht nur die negativen Auswirkungen, die sich normalerweise daraus ergeben würden, entweder beseitigt oder deutlich verringert, sondern auch die Wahrscheinlichkeit, dass solche Störungen zu anderen Zeiten auftreten. Überträgt man diese Einsicht auf das Phänomen der betrunkenen Auszeit, so könnte man argumentieren, dass Menschen, die in dem Glauben erzogen wurden, dass man »nicht wirklich man selbst« ist, wenn man betrunken ist, ihre betrunkenen Veränderungen zum Schlechten als rein episodische Ereignisse und nicht als beabsichtigte Handlungen, die ihrem moralischen Charakter entspringen, interpretieren können. Auf diese Weise kann nicht nur die trinkende Person ihr Fehlverhalten im betrunkenen Zustand vor sich selbst rechtfertigen (»Das hätte ich nie getan, wenn ich nüchtern gewesen wäre«), sondern auch die Menschen in ihrer Umgebung können beschließen oder zu der Einsicht gebracht werden, dass ihre betrunkenen Übertretungen nicht in vollem Umfang ernst genommen werden sollten – oder zumindest nicht müssen (»Sie war ja betrunken«). Wir argumentieren also, dass die Option einer Auszeit im betrunkenen Zustand den Menschen die Möglichkeit bietet, »es aus sich herauszubekommen« mit einem Minimum an negativen Konsequenzen.

Es geht hier jedoch nicht darum, eine vereinfachte Version des soziokulturellen Funktionalismus zu vermitteln, denn Gesellschaften sind nicht immer »bei Verstand«, wenn sie die Grenzen für solche Überschreitungen setzen, und manchmal werden sie dadurch an den Rand des Ruins gebracht. Wie das Beispiel der Kaingang in Kapitel 4 so anschaulich zeigt, kann die Möglichkeit einer Auszeit unter Alkoholeinfluss zwar eine Lösung für ein Problem bieten, gleichzeitig aber auch zu anderen, noch schwerwiegenderen Problemen führen.

Abgesehen von den Überlegungen zur allgemeinen Auswirkung einer Auszeit unter Alkoholeinfluss stellt sich die Frage: »Warum *Alkohol?*«. Denn wenn wir mit unserer Behauptung richtigliegen, dass die Veränderungen nicht durch den toxischen Angriff des Alkohols auf die höheren Gehirnzentren verursacht werden, sondern dadurch, dass dem Zustand der Trunkenheit der Status einer Auszeit verliehen wird – warum sollte dann Alkohol mehr als jede andere Substanz als Auszeitmittel so weit verbreitet sein, da doch seine Einnahme nicht zu einer Enthemmung führt?

Die Antwort hängt natürlich von der Tatsache ab, dass Alkohol *nicht* einfach ein inaktives Placebo ist. Wir wissen alle, dass Alkohol auf der sensomotorischen Ebene Inkompetenzen hervorruft. Wir alle wissen auch, dass zumindest einige der sensomotorischen Einschränkungen, zu denen die Einnahme von Alkohol führt, das Verhalten der Trinkenden oft in einer Weise beeinflussen, die eindeutig unangemessen ist. Die Auswirkungen auf das Gleichgewicht der trinkenden Person können zum Beispiel dazu führen, dass sie stolpert, gegen Dinge stößt, diese umwirft, hinfällt usw. Darüber hinaus können Dinge fallen gelassen oder auf andere Weise zerbrochen werden, Zeit- und Entfernungseinschätzungen können verschoben sein, Aufgaben können schlecht ausgeführt werden usw.; und wenn der komatöse Zustand erreicht ist, kann der betrunkene Mensch sogar die zwingendsten Verpflichtungen nicht erfüllen. Außerdem wissen wir alle, dass diese Form des alkoholbedingten Versagens bei einer betrunkenen Person ebenso unbeabsichtigt wie auch durch reine Willenskraft unüberwindbar ist. Von der Akzeptanz einer so offensichtlichen Tatsache des Lebens wie dieser ist es kein großer Schritt mehr zur Annahme, dass alle anderen Arten von betrunkenen »Unfähigkeiten« in ähnlicher Weise durch Alkohol verursacht werden und somit in ähnlicher Weise ungewollt sind und sich der freiwilligen Kontrolle der trinkenden Person entziehen. Der Mensch ist nun einmal ein Mensch, und graue Zellen sind graue Zellen. Warum also, so könnte man argumentieren, sollte man annehmen, dass eine Art physiologischer Eiserner Vorhang die Wirkungen des Alkohols nur auf bestimmte »Bereiche des Gehirns« begrenzen kann, sodass nur bestimmte »Funktionen« beeinträchtigt werden?

Die Argumente für Alkohol beruhen auch nicht nur auf diesem Plausibilitätsargument. Viele zusätzliche Faktoren haben zweifelsohne dazu beigetragen, dass er weithin als Mittel zur Erzeugung von Auszeiten eingesetzt wird. Auf der technologischen Seite muss nur erwähnt werden, dass geeignete Materialien für seine Herstellung fast überall zur Hand sind und dass ihre Gärung in der Regel nur wenig Zeit, Mühe oder Können erfordert. Und weil diese Technologie so einfach ist, lässt sie sich leicht weitergeben – sowohl von einer Generation zur anderen als auch von Gesellschaft zu Gesellschaft. Um auf die nachteiligen Auswirkungen des Alkohols auf die sensomotorischen Leistungen der trinkenden Person zurückzukommen, möchten wir an dieser Stelle anmerken, dass diese

Beeinträchtigungen die wichtige Eigenschaft haben, dass sie von allen Beteiligten leicht erkannt werden können. Das Vorhandensein des Rauschzustandes ist insofern selbst überprüfbar, als die trinkende Person einfach »in sich hineinschauen« und feststellen kann, ob – und wenn ja, in welchem Ausmaß – sie »unter Alkoholeinfluss« steht oder nicht. Da viele der Auswirkungen des Alkohols auf diese Person für ihre Umgebung gut sichtbar sind, ist ihr »Zustand« öffentlich kontrollierbar. Wir sollten auch nicht die Vorteile übersehen, die mit dem Beginn und der Dauer dieser Wirkungen verbunden sind. Da Alkohol im Körper leicht löslich ist, setzt seine Wirkung relativ schnell ein. Und da die trinkende Person nicht lange warten muss, bis sich diese Wirkungen bemerkbar machen, entscheidet sie mit dem Entschluss, wann und wo sie trinkt, auch gleichzeitig, wann und wo sie betrunken ist. Was die Dauer anbelangt, so weiß sie, dass, wenn sie sich dafür entscheidet, ihren »Bewusstseinszustand durch die Einnahme von Alkohol zu verändern«, diese Veränderung nicht von langer Dauer sein wird, es sei denn, sie beschließt, sie durch weiteres Trinken herbeizuführen. Außerdem hat der Akt des Trinkens selbst die Qualität eines »Warnzeichens«, und auch das ist sehr vorteilhaft. Da in den Gesellschaften, in denen Trunkenheit zu schlimmen Veränderungen führt, jeder weiß, dass Trinken oft zu Trunkenheit führt und dass diese häufig mit unangemessenem Verhalten einhergeht, haben diejenigen, die nicht in die Sache »verwickelt werden« möchten, reichlich Gelegenheit, den Ort des Geschehens zu verlassen. Und da alle vorgewarnt sind, haben diejenigen, die bleiben, in gewissem Sinne nur sich selbst zu verantworten, wenn ihnen ein Missgeschick widerfährt.

Hinzu kommt die Tatsache, dass weder ein einzelnes Saufgelage noch eine Reihe solcher Anlässe bei der trinkenden Person eine leicht festzustellende langfristige Beeinträchtigung ihrer Gesundheit hervorruft. Man sieht also, wie gut Alkohol die Kriterien erfüllt, die man vernünftigerweise für eine *ideale* Substanz zur Erzeugung von Auszeiten vorschlagen könnte. Da Alkohol ein vorhersehbarer, relativ harmloser und leicht zu kontrollierender Erzeuger sensomotorischer Inkompetenz ist, bleibt den Gesellschaften gar nichts anderes übrig, als zu »erklären«, dass seine Einnahme auch eine unwillkürliche und damit unkontrollierbare moralische Inkompetenz erzeugt. Das ist, kurz gesagt, unsere Antwort auf die Frage: »Warum Alkohol?«

Wir sind daher der Ansicht, dass wir uns, wenn wir jemals betrunkenes Betragen verstehen wollen, auf die gemeinsamen Auffassungen über das Wesen der Trunkenheit konzentrieren müssen, die die in Gesellschaften zusammenlebenden Menschen haben. Des Weiteren sind wir der Meinung, dass in den Gesellschaften, in denen betrunkene Veränderungen zum Schlechteren geschehen, diese im Hinblick auf die größere (wenn auch unterschiedlich definierte und niemals unbegrenzte) Freiheit betrachtet werden müssen, die diese Gesellschaften ihren Mitgliedern gewähren, wenn sie betrunken sind. Aber wenn Auszeiten in so vielen Gesellschaften so ein wichtiger Faktor sind, wirft dies noch eine weitere Frage auf: Müssen wir daraus schließen, dass die Menschen in solchen Gesellschaften nur oder vor allem deshalb trinken, um die größere Freiheit zu nutzen, die ihnen die Trunkenheit bietet? Unsere Antwort auf diese Frage ist ein klares Nein! Auch wenn wir mehrere Beispiele dafür angeführt haben, folgt daraus nicht, dass die meisten Trinkenden in der Regel in böser Absicht handeln, weder sich selbst noch ihren Mitmenschen gegenüber, wenn sie betrunkene Übertretungen begehen. In der Tat würden wir argumentieren, dass die Annahme, dass Trunkenheit nichts anderes als ein institutionalisiertes Betrugsspiel ist, noch einseitiger ist als die (weitaus üblichere) Annahme, dass der »betrügerische Sinn« bei einer trinkenden Person niemals am Werk ist.[293]

Noch eine letzte Frage und wir sind fertig. Die soziale Kanalisierung des Verhaltens von Betrunkenen in relativ kleinen und homogenen Gesellschaften wie denjenigen, aus denen wir unsere Beispiele gezogen haben, ist zwar überdeutlich – wie sieht es aber mit der Anwendung unserer These auf die großen und polymorphen nationalen Gesellschaften der Moderne aus? Wie sieht es speziell mit der Anwendung auf unsere eigene, ethnisch, religiös, beruflich und in vielerlei anderer Hinsicht heterogene Gesellschaft aus? Obwohl es ein dickeres Buch als das vorliegende bräuchte, um dieser Frage auch nur ansatzweise gerecht zu werden, wäre es nachlässig, wenn wir nicht zumindest die großen Linien andeuten würden, entlang derer unsere Antwort verlaufen würde. Kurz gesagt ist unsere Grundthese die folgende: Menschen lernen über Trunkenheit das, was ihre Gesellschaften ihnen vermitteln, und werden dadurch, dass sie sich in Übereinstimmung mit diesem Verständnis verhalten, zu lebendigen Bekräftigungen der Lehren ihrer Gesellschaften. Wir schlagen nun vor, dass sich diese Formulierung in ähnlicher Weise auf unsere eigene Gesellschaft anwenden lässt, jedoch mit dem Unterschied, dass unsere Gesellschaft keine klare und konsistente Position bezüglich des

Umfangs der Entschuldigung hat und daher weder klar noch konsistent in ihren Lehren ist. Da die Lehren unserer Gesellschaft weder klar noch konsistent sind, fehlt es uns an Einstimmigkeit im Verständnis; und wo es an Einstimmigkeit im Verständnis mangelt, so würden wir argumentieren, kann es keine einheitliche Praxis geben. Obwohl wir also alle wissen, dass der Zustand der Trunkenheit in unserer Gesellschaft mit einer »größeren Freiheit, sein anderes Selbst zu sein«, einhergeht, sind die Grenzen vage und werden nur sporadisch durchgesetzt; daher ist auch unklar, was (wenn überhaupt) die Ausrede der Trunkenheit in einem bestimmten Fall entschuldigt. In einer solchen Situation würde unsere Formulierung zu der Erwartung führen, dass das, was Menschen in betrunkenem Zustand tatsächlich tun, enorm variiert; und genau das ist es, was wir beobachten, wenn wir uns umschauen. So paradox es auch klingen mag, wir würden argumentieren, dass in unserer Gesellschaft gerade diese Unvorhersehbarkeit der deutlichste Beweis dafür ist, dass unserer These im Wesentlichen richtig ist.

Damit schließen wir unsere Ausführungen zum Thema ›Der Mensch als Trunkenbold‹. Die Moral der ganzen Geschichte – und es gibt eine Moral – wird in der folgenden englischen Anekdote aus dem frühen 17. Jahrhundert treffend veranschaulicht. Die Geschichte besagt, dass nicht lange nach der Thronbesteigung von Jakob I. als König von England und Schottland ein gewisser englischer Adliger eine Dinnerparty gab, zu der er eine große Anzahl wichtiger Persönlichkeiten einlud. Nachdem die Kelche mehrmals geleert und wieder gefüllt worden waren und der Alkohol die Gesellschaft im Griff hatte, erhob sich ein englischer General namens Somerset von seinem Stuhl und verkündete: »Meine Herren, wenn ich meinen Becher leere und der großzügige Wein mein Blut zu erwärmen beginnt, habe ich die absurde Angewohnheit, gegen das schottische Volk zu wettern. Da Sie nun meine Schwäche kennen, hoffe ich, dass keiner der Herren es mir übel nehmen wird.«

Nachdem er so gesprochen und sich wieder gesetzt hatte, erhob sich der schottische Heeresführer Sir Robert Blackie von Blair-Atholl und wandte sich mit einzigartiger Gelassenheit mit folgenden Worten an seine Mitfeiernden: »Meine Herren, wenn ich meinen Becher leere und der großzügige Wein mein Blut zu erwärmen beginnt, habe ich die absurde Angewohnheit, einen Mann, der gegen das schottische Volk schimpft, sofort aus der Gesellschaft zu werfen und ihm dabei oft ein paar Knochen zu brechen. Da Sie nun meine Schwäche kennen, hoffe ich, dass die Herren es mir nicht übel nehmen werden.«

Wir brauchen wohl kaum hinzuzufügen, dass General Somerset an diesem Abend nicht seiner üblichen Gewohnheit folgte, das schottische Volk zu verunglimpfen.

Die Moral ist also die folgende: Da Gesellschaften wie auch Einzelpersonen die Art von betrunkenem Betragen bekommen, die sie zulassen, verdienen sie, was sie bekommen.

Anmerkungen

1 Group for the Advancement of Psychiatry, Committee on the College Student: *Sex and the college student.* New York 1966, S. 95.

2 Harger, R. N.: The pharmacology and toxicology of alcohol. In: American Medical Association, Committee on Medicolegal Problems (Hg.): *Chemical tests for intoxication: Manual.* American Medical Associaton 1959, S. 13.

3 Greenberg, L.A.: Alcohol in the body. In: *Scientific American,* 189 (12)/1953, S. 86–90, hier S. 88.

4 Neil, W. H.: Influence of drugs on driving. In: *Texas State Journal of Medicine* 58/1962, S. 2–7.

5 Chafetz, M. E. & Demone, H. W.: *Alcoholism and society.* New York 1962, S. 9.

6 Block, M.A.: *Alcoholism: Its facets and phases.* New York 1965, S. 219–220.

7 Kessel, N. & Walton, H.: *Alcoholism.* Harmondsworth 1965, S. 26–27.

8 McKinley, A. P.: The Roman attitude toward women's drinking. In: *Classical Bulletin* 22/1945, S. 14–15.

9 Society of Friends: *Alcohol: our personal responsibility.* London 1935, S. 11.

10 Nash, T.: *Pierce Peniless, His Supplication to the Divell.* London 1592, S. 467.

11 Rush, B.: *An inquiry into the effects of ardent spirits upon the human body and mind.* 6. Aufl., New York 1811, S. 2, das folgende Zitat S. iii.

12 Hobson, R. P.: The Truth about Alcohol. House of Representatives 1914, zitiert in: Sinclair, A.: *Prohibition: the era of excess.* Boston 1962, S. 29.

13 Washington, B.T. in der *New York Times* vom 2. März 1908, zitiert nach Sinclair, 1962, a.a.O., S. 30.

14 Davis, C.N.: Human equation in alcoholism. In: *Malvern News*, 1/1962, S. 1.

15 Hans-Lukas Teuber argumentierte ähnlich, als er 1959 auf einem Symposion in Washington D.C. den aktuellen Wissensstand der Beziehungen zwischen Hirnläsionen und Verhaltensänderungen zusammenfasste: »Die größte Schwierigkeit in der Nutzung abnormaler Physiologie resultiert in der unvollständigen oder unzutreffenden Beschreibung von Verhaltensänderungen. Wir neigen dazu, statt notwendiger Analysen veränderter Fertigkeiten zufällige Beobachtungen oder klinische Überzeugungen aufzuführen.« Aber die adäquate Beschreibung von Betragen benötigt nicht nur Menschen mit ausreichender Energie und Hingabe, die rausgehen und »es machen«. Für eine kurze Betrachtung der im Wesentlichen philosophischen Schwierigkeiten, die einem solchen Vorhaben innewohnen, kann Peter Winchs Buch *The idea of a social science and its relation to philosophy* (1958) herangezogen werden. Eine allgemeinere Behandlung des Themas findet sich in Ludwig Wittgensteins *Philosophischen Untersuchungen* (1953). Die radikal ernsthafte Schwierigkeit mit diesem Problem – der Beschreibung menschlicher Handlungsweisen – ist das Kernproblem von dem, was Harold Garfinkel et al. *Ethnomethodologie* (1967) genannt haben.

16 Dobrizhoffer, M.: *Geschichte der Abiponer, einer berittenen und kriegerischen Nation in Paraguay*. Wien 1783, Bd. 3, S. 136; das folgende Zitat Bd. 2, S. 436–437.

17 Aber sogar bei den Abiponen sind diese Veränderungen selektiver Natur, wie wir in Kapitel 4 sehen werden.

18 Nimuendajú, C.: Tribes of the lower and middle Xingú River. In: Steward, J.H. (Hg.): *Handbook of South American Indians*, Bd. 3 *The tropical forest tribes*. Washington, D.C. 1948, S. 238.

19 Mangin, W.: Drinking among Andean Indians. In: *Quarterly Journal of Studies on Alcohol* 18/1957, S. 58, das folgende Zitat S. 63.

20 Heath D.B.: Drinking patterns of the Bolivian Camba. In: *Quarterly Journal of Studies on Alcohol* 19/1958, S. 498, die folgenden Zitate S. 499–501.

21 Reichel-Dolmatoff, G. & A.: *The people of Aritama.* London 1961, S. xvii.

22 Ebd., S. 186.

23 Ebd., S. 190.

24 Ebd., S. 89.

25 Ebd., S. 103, S. 102.

26 Ebd., S. 112–113.

27 Ebd., S. 196–197.

28 Ebd., S. 197; die folgenden Zitate S. 113, S. 383.

29 Burrows, E. G. & Spiro, M. E.: *An atoll culture: Ethnography of Ifaluk in the Central Carolines.* New Haven 1953, S. 257, das folgende Zitat S. 245.

30 Dieses und die folgenden Zitate: ebd., S. 275–278.

31 Bates, M. & Abbott D. P.: *Coral island: Portrait of an atoll.* New York 1958, S. 77.

32 Stevenson, R. L.: *In the South Seas.* London 1912, S. 238.

33 Christian, F. W.: *The Caroline Islands. Travel in the sea of the little lans.* London 1899, S. 165.

34 Vgl. Toomin, P. R. & Toomin, P. M.: *Black robe and grass skirt.* New York 1963, S. 88–94.

35 Bates & Abbott, 1958, a. a. O., S. 77.

36 Burrows & Spiro, 1953, a. a. O., S. 44.

37 Ebd.

38 Burrows, E. G.: From value to ethos on Ifaluk atoll. In: *Southwestern Journal of Anthropology* 8/1952, S. 24.

39 Bates & Abbott, 1958, a. a. O., S. 121–122.

40 Norbeck, E.: *Takashima: A Japanese fishing community.* Salt Lake City 1954, S. 51.

41 Dieses und das folgende Zitat: ebd., S. 115.

42 Ebd., S. 117.

43 Ebd., S. 162. Die folgenden Zitate des Absatzes S. 173, S. 85.

44 Ebd., S. 87–88.

45 Ebd., S. 155.

46 Ebd., S. 85. Das folgende Zitat S. 206.

47 Ebd., S. 72.

48 Romney, K. & R.: The Mixtecans of Juxtlahauca, Mexico. In: Whiting, B. B. (Hg.): *Six cultures: Studies of child rearing.* New York 1963, S. 563, die beiden folgende Zitate S. 585, S. 561.

49 Ebd., S. 565.

50 Ebd., S. 611.

51 Ebd., S. 609. Das folgende Beispiel vgl. ebd., S. 686.

52 Underhill, R. M.: *Singing for power: the song magic of the Papago Indians of Southern Arizona.* Berkeley 1938.

53 Anscheinend waren es doch nicht »alle«, sondern nur die männlichen Bevölkerungsteile. JH

54 Davis, E. H.: *The Papago ceremony of Vikita.* New York 1920, S. 174–175.

55 Underhill, 1938, a. a. O., S. 31.

56 Lumholtz, C.: *New trails in Mexiko.* New York 1912, S. 125.

57 Davis, 1920, a. a. O., S. 176.

58 Underhill, 1938, a. a. O., S. 22

59 Underhill, R. M.: *Social organization of the Papago Indians.* New York 1939, S. 197.

60 Underhill, 1938, a. a. O., S. 40.

61 Underhill, R. M.: *The autobiography of a Papago woman.* Menasha 1936, S. 47, S. 51.

62 Underhill, 1938, a. a. O., S. 21.

63 Joseph, A., Spicer, R. B. & Chesky, J.: *The desert people: A study of the Papago Indians.* Chicago 1949, S. 26.

64 Ebd., S. 73, das folgende Zitat S. 76–77.

65 Underhill, 1936, a. a. O., S. 10.

66 Joseph et al., 1949, a. a. O., S. 129.

67 Poe, C.: *Angel to the Papagos.* San Antonio 1964, S. 148.

68 Obwohl Tahiti eigentlich nur eine Insel der Gesellschaftsinselgruppe ist, wird »Tahiti« manchmal als Begriff für das ganze Archipel verwendet und auch wir werden das tun.

69 Und auch später nicht. Siehe Lemert, E.: Secular use of kava in Tonga. In: *Quarterly Journal on the Studies of Alcoholism* 27/1967, S. 328–341.

70 Rowe, N.A.: *Voyage to the amorous islands.* London 1955, S. 171.

71 Banks, J.: *The Endeavor Journal of Joseph Banks, 1778–1771.* Wellington 1963, Bd. 1, S. 346.

72 Amich, J.: An account of the first voyage of the Aguila under Captain Don Domingo de Boenechea to Tahiti: 1772–1773. In: Haykluyt Society. *Quest and occupation of Tahiti by emissaries of Spain in 1772–1776.* London 1914, S. 85.

73 Vgl. Haykluyt Society. *Quest and occupation of Tahiti by emissaries of Spain in 1772–1776.* London 1914.

74 Langdon, R.: *Island of love.* London 1959, S. 74.

75 Godwin, G.: *Vancouver – a life, 1757–1798.* London 1930, S. 50–51.

76 Turnbull, J.: *A voyage round the world.* London 1813, S. 135; die folgenden Zitate S. 146–147, S. 149.

77 Shapiro, H. L.: *The heritage of the Bounty.* New York 1964.

78 Morrison, J.: *The journal of James Morrison.* London 1935, S. 79.

79 Ellis, W.: *Polynesian researches.* London 1853, Bd. 2, S. 130–132.

80 Moerenhout, J.A.: *Voyages aux îles du Grand Ocean.* Paris 1837, Bd. 1, S. 312.

81 Williams, J.A.: *Narrative of missionary enterprises in the South Sea Islands.* London 1837, S. 405.

82 Bennett, F.D.: *Narrative of a whaling voyage round the globe, from the year 1833 to 1836.* London 1840, Bd. 1, S. 125, das folgende Zitat ebd.

83 Mortimer, T.: *The night of toil: Or, a familiar account of the labours of the first missionaries in the South Sea Islands.* London 1838, S. 401.

84 Belcher, Sir E.: *Narrative of a voyage around the world.* London 1843, Bd. 2, S. 10.

85 Conrad, B.: *Tahiti.* New York 1962, S. 148.

86 Lemert, E. M.: Forms and pathology of drinking in three Polynesiean societies. In: *American Anthropologist* 66/1964, S. 367–368.

87 Levy, R. I.: Ma'ohi drinking patterns in the Society Islands. In: *Journal of the Polynesiean Society* 75/1966, S. 314.

88 Ashton, H.: *The Basuto.* London 1952, S. 93, das folgende Zitat S. 94.

89 Krige, E.J. & Krige J.D.: *The realm of a rain-queen: A study of the pattern of Lovedu society.* London 1943, S. 26.

90 Ebd., S. 297.

91 Hellmann, E.: *Rooiyard. A sociological survey of an urban native slum yard.* Kapstadt 1948, S. 91, das folgende Zitat S. 92.

92 Ebd., S. 17 und 45–46; das folgende Zitat S. 72.

93 Longmore, L.: *The dispossessed.* London 1959, S. 228.

94 Richtchie, J.E.: *The making of a Maori: A case study of a changing community.* Wellington 1963, S. 80, die folgenden Zitate ebd. und S. 88.

95 Maretzki, T.W. & Maretzki, H.: Taira: An Okinawan village. In: Whiting, B.B.: *Six cultures: Studies of child rearing.* New York 1963, S. 411.

96 Ebd., S. 389. Die folgenden Zitate S. 451–453.

97 Madsen, W.: *Acculturation and drinking patterns in a Mexican Indian village.* 1967 [unveröffentlichtes Manuskript].

98 Huxley, F.: *Affable savages: An anthropologist among the Urubu Indians of Brazil.* New York 1957, S. 98.

99 Ebd., S. 112; die folgenden Zitate S. 110.

100 Ruey, Y. et al.: Ethnographical investigation of some aspects of the Atayal Chin-shui Ts'un Miaoli Hsien. In: *Bulletin of the Department of Archeology and Anthropology, Taiwan* 5/1955, S. 122.

101 Junot, H.: *The life of a South African tribe.* New York 1962, Bd. 1, S. 401–402.

102 Rutter, O.: *The pagans of North Borneo.* London 1929, S. 78.

103 Bunzel, R.: The role of alcohol in two Central American cultures. In: *Psychiatry* 3/1940, S. 385; die folgenden Zitate ebd. und S. 372, S. 375, S. 376.

104 Es ist an dieser Stelle erwähnenswert, dass die männlichen Chamula im betrunkenen Zustand nie zögerten, andere Erwachsene, einschließlich ihrer Frauen, anzugreifen. Bunzel jedoch berichtet, »Kenntnis von keinem Fall von Aggression gegen Kinder von betrunkenen Personen zu haben«.

105 LeVine, R. & B.: *Nyansongo: A Gusii community in Kenya.* New York 1963, S. 80; das folgende Zitat S. 80–81.

106 Barton, R.F.: *The half-way sun: Life among the headhunters of*

the Philippines. New York 1930. Ders.: *The religion of the Ifugaos.* Menasha 1946; ders.: *Autobiographies of three pagans in the Philippines.* New York 1963.

107 Barton, 1946, a.a.O., S. 133–134.

108 Barton, 1963, a.a.O., S. 153; das folgende Zitat S. 170.

109 Barton, 1946, a.a.O., S. 131; das folgende Zitat S. 134.

110 Barton, 1930, a.a.O., S. 212–213.

111 Barton, 1963, a.a.O., S. 169; die folgenden Zitate S. 170–171.

112 Henry, J.: *Jungle people: A Kaingáng tribe of the highlands of Brazil.* Richmond 1941, S. 69.

113 Ebd. S. xii-xiii.

114 Wafer, L.: *A new voyage and description of the isthmus of America.* Oxford 1934, S. 92–93, die folgenden Zitate ebd. und S. 98.

115 Beals, R.: *Ethnology of the Western Mixe.* Berkeley/Los Angeles 1945, S. 29.

116 Holmberg, A.: *Nomads of the long bow: The Sirionó of Eastern Bolivia.* Washington 1950, S. 62.

117 Ramos, E., Apilis, A.: Nabukyag, an Ifugao hero. In: *The Philippine Magazine* 37/1940, S. 104–106.

118 Netting, R. McC.: *Beer as a locus of value among the West African Kofyar.* Arlington 1964, S. 376, das folgende Zitat S. 381.

119 Meinertzhagen, R.A.: *Kenya diary, 1902–1906.* Edinburgh 1957, S. 32, das folgende Zitat S. 50.

120 Dobrizhoffer, M.: *An account of the Abipones, an equestrian people of Paraguay.* London, Bd. 2, S. 103; das folgende Zitat ebd., S. 66.

121 Hunter, M.: *Reaction to conquest: Effects of contact with Europeans on the Pondo of South Africa.* London 1961, S. 369–370.

122 Bennett, W. C. & Zingg, R. M.: *The Tarahumara: An Indian tribe of Northern Mexiko.* Chicago 1935, S. 15, die folgenden Zitate S. 328, S. 361 und S. 230.

123 Gorer, G.: *Himalayan village: An account of the Lepchas of Sikkim.* London 1938. Morris, J.: *Living with Lepchas: A book about the Sikkim Himalayas.* London 1938.

124 Morris, 1938, a.a.O., S. 220; Gorer, 1938, a.a.O., S. 260 und S. 170.

125 Morris, 1938, a. a. O., S. 234, das folgende Zitat S. 237.
126 Gorer, 1938, a. a. O., S. 174.
127 Ebd., S. 152.
128 Morris, 1938, a. a. O., S. 183.
129 Gorer, 1938, a. a. O., S. 242.
130 Morris, 1938, a. a. O., S. 235, das folgende Zitat S. 269.
131 Gorer, 1938, a. a. O., S. 259–260, die folgenden Zitate ebd. und S. 262.
132 Vgl. Kuhn, T.: *The structure of scientific revolutions.* Chicago 1962.
133 Ruey et al., 1955, a. a. O., S. 122.
134 Junod, 1962, a. a. O., Bd. 1, S. 402.
135 Rutter, 1929, a. a. O., S. 163.
136 Simmons, O. G.: *Drinking patterns and interpersonal performance in a Peruvian mestizo community.* New Brunswick-Piscataway 1959, S. 108–109.
137 Bunzel, 1940, a. a. O., S. 379.
138 Bohannan, P.: *Homicide and suicide in North Kavirondo.* Princeton 1960, S. 161.
139 Wilson, G.: *Homicide and suicide among the Juluo of Kenya.* Princeton 1960, 180.
140 Horton, D.: *The functions of Alcohol in primitive societies: A cross-cultural study.* New Brunswick-Piscataway 1943, S. 255. In Hortons Ausdrucksweise werden alle Sanktionen gegen den trunkenen Aggressor unter der Rubrik »Gegenangst« zusammengefasst, die er für den Affekt hält, den solche Sanktionen in der Person auslösen, gegen die sie gerichtet sind. Auch wenn er feststellt, dass, indem man versäumt, ein zwingendes Ausmaß von Angst zu erzeugen, die nachlässige Verhängung von Strafen eine »Art von Freibrief« darstellt, lassen ihn seine theoretischen Vorannahmen die volle Bedeutung seiner Ausführungen nicht erkennen, da er unerschütterlich daran festhält, dass »wir es hier mit durch Intoxikation freigesetzter Aggression zu tun haben« (ebd., S. 256).
141 Washburne, C.: *Primitive drinking: A study of the uses and functions of alcohol in preliterate societies.* New York 1961,

S. 262. Wie schon Horton scheint auch Washburne nicht die volle Relevanz dieser Angelegenheit zu erfasssen. Obwohl er das konventionelle Enthemmungs-Paradigma nur für fragwürdig angemessen hält, empfiehlt er wahlweise diese Formulierung durch Bestimmungen bezüglich des Grades der Unterdrückung der »gehemmten oder unterdrückten Triebe«, die Möglichkeit des Auslebens solcher »Triebe« und der Schwere der Bestrafung, die infolge ihres Auslebens verhängt wird, zu ergänzen. Er schlägt auch (1) eine Regressionstheorie vor als Alternative zur »Theorie der Befreiung von Hemmungen«, in der »das Trinken ein weniger kompliziertes Individuum nach vorn rückt, das nicht im gleichen Maße mit Frustrationen umgehen kann wie im nüchternen Zustand« (S. 264) und deshalb auf Frustrationen mit physischer Aggression reagiert; (2) eine soziale Rollentheorie; und (3) eine Angst- und/oder Spannungs-Reduktions-Theorie. Nach der Vorstellung dieses Mischmaschs konzeptioneller Lösungen schließt Washburn mit folgenden Worten: »Da die vorliegende Studie nicht dazu angelegt war, eine bestimmte Hypothese zu untersuchen, kann sie auch nicht zu spezifischen Schlussfolgerungen kommen« (S. 274). Und dabei belässt er die Angelegenheit.

142 Zingg, R. M.: *The genuine and spurious values in Tarahumara culture.* Hoboken 1942, S. 90.

143 Lumholtz, C.: *Unknown Mexiko.* New York 1902, Bd. 1, S. 342.

144 Kennedy, J. G.: *Tesguino-complex: The role of beer in Tarahumara culture.* Hoboken 1963, S. 622, S. 629, S. 625, das folgende Zitat S. 629.

145 Ebd., S. 627, das folgende Zitat S. 632, alle weiteren S. 627.

146 Wobei zu bedenken ist (siehe Kapitel 4), dass auch für die Tarahumara der Zustand der Betrunkenheit den Status einer *Auszeit in Grenzen* hat.

147 Goldmann, I.: *The Cubeo: Indians of the Northwest Amazon.* Urbana 1963, S. 158.

148 Suggs, R. C.: *Marquesan sexual behavior.* New York 1966, S. 170.

149 Suggs, R. C.: *The hidden worlds of Polynesia.* New York 1962, S. 120, S. 123, das folgende Zitat S. 116.

150 Dubois, J.A.: *Hindu manners, customs and ceremonies.* Oxford 1897, S. 286–287.

151 Das Wort Orgie selbst leitet sich vom griechischen Wort *orgia* ab, was »geheimer Ritus, geheime Anbetung« bedeutet.

152 Suggs, 1962, a.a.O., S. 125. Für die Berichte der frühen Entdecker über das marquesanische Leben siehe Quiros, P.F. de: *The voyages of Pedro Fernandez de Quiros 1595 to 1606.* London 1904; Krusenstern, A.J. von: *Voyage round the world, in the years 1803, 1804, 1805 & 1806, by order of His Imperial Majesty Alexander the First, on board the ships Nadeshda and Neva, under the command of Captain A.J. von Kursenstern.* London 1813; und Porter, D.: *Journal of a cruise made to the Pacific Ocean, by Captain David Porter, in the United States Frigate Essex, in the years 1812, 1813, and 1814.* New York 1822. Für die Kolonialzeit siehe die Berichte der Patres Gracia, M.: *Lettres sur les îles Marquises, ou memoirs pour servir à lʼétude religieuse, morale, politique et statistique des îles Marquises et de l'Océanie Orientale.* Paris 1843, und Delmas, S.: *La religion ou le paganisme des Marquisiens d'après les notes des anciens missionaires.* Braine-le-Comte 1927. Für neuere anthropologische Berichte siehe Handy, E. S. C.: *The native culture in the Marquesas.* Honolulu 1923, und die bereits zitierten Berichte von R.C. Suggs.

153 Evans-Pritchard, E.E.: *Some collective expressions of obscenity in Africa.* London 1929.

154 Norbeck, E.: *African rituals of conflict.* Salt Lake City 1963.

155 Gennep, A. van: *Les rites de passage. Étude Systématiques der rites.* Paris 1909.

156 Frazer, J.: *The Golden Bough. A study in magic and religion.* New York 1907–1915.

157 Le Clercq, C.: *New relations of Gaspesia: With the customs and religion of the Gaspesian Indians.* Toronto 1910, S. 257, das folgende Zitat S. 255.

158 *Collection de manusrits contenant lettres, mémoires, et autres documents historiques relatifs à la nouvelle-France.* Quebec 1883, Bd. 1, S. 541.

159 Zitiert in: Eastman, M.: *Church and state in early Canada.* Edinburgh 1915, S. 274–275.

160 Zitiert in: Blair, E. H.: *The Indian tribes of the upper Mississippi Valley and region of the Great Lakes.* Cleveland 1911, Bd. 1, S. 208.

161 Zitiert in: Parkman, F.: *The old régime in Canada.* Boston 1901, Bd. 2, S. 119.

162 *Jesuit Relations and Allied Documents.* Hg. von R. G. Thwaites. 74 Bände. Cleveland 1896, Bd. 69, S. 201–203.

163 Long, J.: John Long's journal: 1768–1782. In: Thwaites, R. G.: *Early western travels 1748–1846.* Bd. 2. Cleveland 1904, S. 86–97, S. 93, S. 142.

164 Harmon, D. W.: *A journal of voyages and travels.* New York 1903, S. 17, das folgende Zitat S. 35–36.

165 Jones, P.: *History of the Ojebway Indians.* London 1861, S. 167.

166 Schoolcraft, H. R.: *Inquiries respecting the history, present condition and future prospects of the Indian tribes of the United States.* Washington D. C. 1847, S. 241–242.

167 Zitiert in: Blair, E. H.: *The Indian tribes of the upper Mississippi Valley.* Cleveland 1911, Bd. 1, S. 209.

168 Kurz, R. F.: *Journal of Rudolph Friedrich Kurz.* Washington D. C. 1936, S. 177.

169 Zitiert in: Rich, E. E.: *The history of the Hudson's Bay Company 1670–1870.* London 1958, Bd. 2, S. 479, das folgende Zitat ebd., S. 857.

170 Howay, F. W.: *The introduction of intoxicating liquors amongst the Indians of the Northwest Coast.* Fort Langley 1942, S. 159.

171 De Forest, J. W.: *History of the Indians of Connecticut from the earliest known period to 1850.* Hartfort 1851, S. 203, S. 271.

172 Schoolcraft, H. R.: *Inquiries respecting the history, present condition and future prospects of the Indian tribes of the Unitesd States.* Washington, D. C., 1847, S. 192.

173 Zitiert in: Lindquist, G. E. E.: *The Indian in American life.* New York 1944, S. 85.

174 Eine Zusammenstellung solcher Statistiken, die sich auf indianische Trunkenheit beziehen, findet sich in Stewart, O.: *Questions regarding American Indian criminality.* Oklahoma

1964. Für eine allgemeinere Darstellung des Problems der betrunkenen Übertretungen unter den heutigen Indianern in den Reservaten siehe Dozier, E.P.: *Problem drinking among American Indians: The role of sociocultural deprivation.* Farmington 1966.

175 Vgl. die folgenden Studien zu den genannten indigenen Gesellschaften. Hurt, W.R. & Brown, R.M.: *Social drinking patterns of the Yankton Sioux.* Oklahoma 1965; Slotkin, J.S.: *Social psychiatry of a Menomini community.* Pittsburgh 1953; Curley, R.T.: *Drinking patterns of the Mescalero Apache.* Farmington 1967; Lemert, E.M.: *Alcohol and the Northwest Coast Indians.* Berkeley 1954; Heath, D.B.: *Prohibition and post-repeal drinking patterns among the Navaho.* Farmington 1964; Kluckhohn, C.: *Navaho witchcraft.* Cambridge 1944; Whittaker, J.O.: *Alcohol and the Standing Rock Sioux Tribe.* Farmington 1963; Oswalt, W.: *This land was theirs. A study of the North American Indian.* New York 1966; Helm, J.: *The Lynx Point people: the dynamics of a Northern Athapaskan band.* Ontario 1961; Hamer, J.H.: *Acculturation stress and the functions of alcohol among the Forest Potawatomi.* Farmington 1965; Barnouw, V.: *Acculturation and personality among the Wisconsin Chippewa.* Menasha 1950.

176 Hallowell, A.I.: *Culture and experience.* Philadelphia 1955, S.141–142. Auch wenn wir hier aus einer relativ neuen Darlegung von Hallowells These zitieren, waren seine Ansichten zu diesem Thema bereits einflussreich, als Donald Horton 1943 in seiner viel gelesenen, bereits erwähnten kulturübergreifenden Studie über Trinkpraktiken ausführlich auf eine unveröffentlichte Version von Hallowells Arbeit Bezug nahm. Seitdem sind in der anthropologischen Literatur verschiedene Verweise auf Hallowells These erschienen.

177 Vgl. Driver, H.E.: *Indians of North America.* Chicago 1961.

178 Vgl. Lindquist, G.E. E.: *The Red Man in the United States.* New York 1963, S.65–66, und Curley, R.T.: *Drinking patterns of the Mescalero Apache.* New Brunswick 1967.

179 Vgl. Driver, 1961, a.a.O., S.93–97.

180 Der sogenannte Kensington-Stein, von dem lange Zeit behauptet wurde, er sei eine nordische Rune, die von einer Gruppe belagerter Nordmänner 1362 in Minnesota zurückgelassen wurde, ist mit ziemlicher Sicherheit ein Schwindel (vgl. Wahlgren, E.: *The Kensington Stone: A mystery solved.* Madison 1958).

181 Vgl. Biggar, H.P.: *The voyages of Jacques Cartier.* Ottawa 1924, S. 66 und S. 122–123.

182 Juet, R.: *Juet's journal. The voyage of the Half Moon from 4 April to 7 November 1609.* Newark 1959, S. 32.

183 Asher, G.M.: *Henry Hudson the navigator. An original document in which his career is recorded.* London 1860, S. 177.

184 Vgl. Schoolcraft, H.R.: *The Indian in his wigwam, or characteristics of the red race of America.* New York 1848.

185 Vgl. Warren, W.W.: *History of the Ojibways.* Saint Paul 1885; und Skinner, A.B. & Satterlee, J.V.: *Folklore of the Menomini Indians.* New York 1915.

186 *Jesuit Relations,* a.a.O., Bd. 3, S. 75–77.

187 *Jesuit Relations,* a.a.O., Bd. 48, S. 63. Die ersten Erfahrungen der Indianer mit Alkohol führten zwar nicht immer zu »Abscheu«, aber auch nicht immer zu einer »Enthemmung«. In den Tagebüchern verschiedener Händler und Entdecker finden sich viele kryptische Kommentare wie der folgende von Alexander Henry (*New lights on the early history of the greater Northwest. The journals of Alexander Henry and David Thompson.* New York 1897, Bd. 2, S. 627): »Wir gaben ihnen ein halbes Fass Schnaps, und sie begannen das erste Trinkgelage, das die Eingeborenen hier je genossen haben; aber sie waren sehr ruhig.«

188 Zitiert nach Howay, F.W.: The introduction of intoxicating liquors amongst the Indians of the Northwest Coast. In: *British Columbia Historical Quarterly* 6/1941, S. 157–169.

189 Siehe Cook, J.: *Voyage to the Pacific Ocean 1776–1780.* London 1784, Bd. 2, S. 323; Marchand, E.: *Voyage autour du monde, pendant les années 1790, 1791, et 1792.* Paris 1798, Bd. 1, S. 221; Vancouver, G.: *A voyage of discovery.* London 1801, Bd. 5, S. 162;

Langsdorff, G.H.: *Voyages and travels in various parts of the world during the years 1803, 1804, 1805, 1806, and 1807;* Carlisle, 1817, a.a.O., S. 396; Cox, R.: *The Columbia River.* London 1831, Bd. 1, S. 291–292.

190 Swan, J.G.: *The Northwest Coast; or, three years residence in Washington Territory.* New York 1857, S. 155.

191 Macdonnell, J.: The diary of John Macdonnell. In: Gates, C.M.: *Five fur traders of the Northwest.* St. Paul 1965, S. 101.

192 Vgl. z.B. Berry, D.: *A majority of scoundrels. An informal history of the Rocky Mountain Fur Company,* New York 1961; Chittenden, H.M.: *The American fur trade of the far west.* Stanford 1954; Lavender, D.: *The fist in the wilderness.* New York 1964.

193 Phillips, P.: *The fur trade.* Norman 1961, Bd. 1, S. 109. Pater Jacques Bigot schrieb 1685 von der Mission in Sillery bei Quebec, dass ein Ältester der Abenaki, der gerade seine Gruppe zur Mission gebracht hatte, um Schutz vor den Schnapshändlern bat und sagte: »Pass gut auf die Franzosen auf, damit sie keinen unserer Leute berauschen. Wir gehen nur deshalb von den Engländern weg, weil sie uns zu sehr gequält haben und uns nichts als Schnaps für alle unsere Pelze geben wollten; und wir sehen hier viele Franzosen, die dasselbe tun wollen« (*Jesuit Relations,* a.a.O., Bd. 63, S. 117). Die Verwendung von Alkohol im Pelzhandel hatte jedoch schon zu Beginn gewisse Nachteile, und diese Tatsache, über die wir weiter unten noch sprechen werden, wurde im Laufe der Jahre immer offensichtlicher.

194 *Jesuit Relations,* Bd. 62, S. 249.

195 Ebd., Bd. 62, S. 127.

196 Ebd., Bd. 63, S. 255. Zur Spezifizierung fügte Pater Crepieul hinzu: »Ich habe erlebt, dass die großen Kerle besser standhielten als die Franzosen und es sogar an andere weiterverkauften. Ich habe gesehen, wie Medartchis, ein Etechemin, ihn ablehnte, ebenso wie einige der Frauen der Wilden, obwohl sie schon etwas getrunken hatten; und es gibt viele, die nicht mehr als ein oder zwei Schlucke nehmen würden. ... Ich habe gesehen, wie Louys Kestabistichit, mein Gastgeber, einen Pint mehr als zehn Tage lang behielt – und das bei mehr als vier

oder fünf Gelegenheiten – und das nicht anrührte, was ich, um ihn zu testen, in eine Flasche getan hatte, obwohl er wusste, wo es war.«

197 Ebd., Bd. 68, S. 269.

198 Ebd., Bd. 68, S. 45–47.

199 Siehe Lewis, M. & Clark, W.: *The original journals of the Lewis and Clark expedition 1804–1806.* New York 1904, Bd. 1, S. 306 und S. 199; Schoolcraft, H. R.: *Narrative journal of travels through the northwestern regions of the United States, extending from Detroit through the great chain of American lakes to the sources of the Mississippi River, in the year 1820.* East Lansing 1953, S. 448; Denig, E. T.: *Indian tribes of the upper Missouri.* Washington D. C. 1928, S. 529.

200 Farnham, T. J.: *Travels in the great western prairies.* London 1843, Bd. 1, S. 263. Trotz der Anführungszeichen handelt es sich hier eindeutig nicht um eine wörtliche Wiedergabe. Andere Reisende aus dieser Zeit haben jedoch bestätigt, dass die Shoshonen dem Alkohol in der Regel aus Gründen dieser allgemeinen Art fernblieben. Siehe z. B. den Bericht des Händlers Josiah Gregg: Commerce of the prairies, or, the journal of a Santa Fé trader. In: Thwaites, R. G. (Hg.): *Early western travels 1748–1846*, Cleveland 1904, Bd. 20, S. 342–343.

201 Belknap, J. & Morse, J.: *Report on the Oneida, Stockbridge, and Brotherton Indians, 1796.* New York 1955, S. 17.

202 Zitiert in: Keesing, F. M.: *The Menomini Indians of Wisconsin.* Philadelphia 1939, S. 123–124.

203 Zitiert in: McKenney, T. L. & Hall, J.: *Indian tribes of North America.* St. Paul 1934, Bd. 3, S. 53–54.

204 Vgl. Skinner, A. B.: *Associations and ceremonies of the Menomini Indians.* New York 1915.

205 Laut Skinner beschrieb der erste Menominee, der betrunken wurde, die Erfahrung in Begriffen, die in etwa mit denen vergleichbar sind, die wir heute oft zur Beschreibung eines »guten« LSD-Trips verwenden: »Es ist sehr schön und gut. Es gibt lustige Gefühle und ein lustiges Treiben des Gehirns, und man kann mehr wissen, als man je wusste.« Skinner, A. B. & Sat-

terlee, J.V.: Folklore of the Menomini Indians. New York 1915, S. 496–497.

206 Pond, P.: The narrative of Peter Pond. In: Gates, 1965, a. a. O., S. 35–36.

207 Für weitere Beispiele dieses Phänomens vgl. Cameron, D.: *The Nipigon Country 1804 – with extracts from his journal.* New York 1960; Cox, R.: *The Columbian River.* London 1831; Du Ru, P.: *Journal of Paul Du Ru.* Chicago 1934; Harmon, D.W.: *A journal of voyages and travels.* New York 1903, Henry, A.: *Alexander Henry's travels and adventures in the years 1760–1776,* Lewis und Clark 1904; Lederer, J.: *The discoveries of John Lederer.* Rochester 1902; Long, J.: John Long's journal: 1768–1782. In: Thwaites, R.G. (Hg.): *Early western travels, 1748–1846,* Cleveland 1904, Bd. 2; und Masson, L.R.: *Les bourgeois de la Compagnie du Nord-Ouest, recits des voyages, lettres et rapports inédits relatifs au Nord-Ouest Canadien.* New York 1960.

208 McLeod, A.: The diary of Archibald McLeod. In: Gates, 1965, a. a. O.

209 Connor, T.: The diary of Thomas Connor. In: Gates, 1965, a. a. O., S. 257, S. 258, S. 277, S. 266.

210 Henry, A.: *New light on the early history oft the greater Northwest. The journals of Alexander Henry and David Thompson.* New York 1897, die Zitate in den folgenden Passagen: Bd. 1, S. 209, 205, 238–239, 21, 57; Bd. 2, S. 553, 643.

211 Siehe Harmon, 1903, a. a. O., S. 45–46, S. 34, S. 55.

212 Cuming, F.: Sketches of a tour to the Western County. In: Thwaites, 1904, a. a. O., Bd. 4, S. 283–284. Auch Alexander Henry berichtet von mehreren Erlebnissen, die ein im Wesentlichen ähnliches Muster widerspiegeln. Er erzählt zum Beispiel immer wieder von Indianerbanden, die anmaßend und fordernd waren, solange sie nüchtern waren, die aber, sobald er ihnen den geforderten Alkohol gab, ruhig wurden. So lesen wir etwa Folgendes über seine »Zähmung« einer Bande von Kainai und Sarcee: »Ich gab ihnen Schnaps, den sie in der Nacht tranken; alle waren ruhig.« Und über eine Gruppe von Blackfoot: »Ich gab ihnen Schnaps und sie tranken die ganze

Nacht laut, waren aber nicht lästig.« Siehe Henry, 1897, a. a. O., Bd. 2, S. 653, S. 656.

213 Schultz, J.: *Blackfeet and buffalo. Memoirs of life among the Indians.* Norman 1962, S. 56–57.

214 Vgl. Long, 1904, a. a. O., S. 182–184.

215 Frederickson, O. F.: *The liquor question among the Indian tribes in Kansas, 1804–1881.* Lawrence 1932, S. 5–6.

216 Der Anthropologe I. S. Slotkin schrieb beispielsweise über die Menominee: »Wenn die Ehepartner betrunken sind, streiten sie sich gewöhnlich oder prügeln sich. (Aber) dies geschieht nicht zwischen Eltern und Kindern« (Slotkin, 1953, a. a. O., S. 14). Und Dwight Heath fasst seine Beobachtungen von 405 Trinkgelagen bei den Navajo zusammen und stellt fest, dass Streit zwar das »normalerweise zu erwartende Ergebnis längeren Trinkens« war und dass »Schießereien, Knüppeleien und ostentativ boshafte Zerstörung von Eigentum bei solchen Gelegenheiten nicht unüblich waren«, dass aber, »obwohl sie oft zusammen tranken, Cousins und leibliche Brüder niemals stritten« (Heath, 1964, a. a. O., S. 131). Weitere Beispiele für die Begrenzungsklausel bei den betrunkenen Veränderungen zum Schlechteren der innerindianischen Trinkgelage in der heutigen Zeit finden sich bei Hamer (1965, a. a. O., S. 294), Helm (1961, a. a. O., S. 104–106), Honigmann J. J. & I. (*Drinking in an Indian-white community,* New Brunswick-Piscataway 1945, S. 180 ff.), Hurt und Brown (1965, a. a. O., S. 223–228) und Lemert (1954, a. a. O., S. 347 ff.).

217 Denig, E. T.: *Indian tribes of the upper Missouri.* Washington D. C. 1928, S. 530.

218 *Jesuit Relations,* Bd. 5, S. 49 und S. 231.

219 Zitiert in: ebd., Bd. 6, S. 328.

220 Zitiert in: Parkman, F.: *The Jesuits in North America in the seventeenth century.* Boston 1885, S. 126.

221 *Jesuit Relations,* Bd. 17, S. 227.

222 Vgl. Parkman, 1885, a. a. O., S. 408–410; Du Creux, F.: *The history of Canada or New France.* Toronto 1951, Bd. 2, S. 551–555.

223 *Jesuit Relations,* Bd. 51, S. 217–219.

224 Ebd., Bd. 51, S. 125.

225 Vgl. ebd., Bd. 62, S. 65–101.

226 Ebd., Bd. 62, S. 223–225.

227 Ebd., Bd. 70, S. 133–135, das folgende Zitat ebd.

228 Long, 1904, a. a. O., S. 114–115.

229 Connor, 1965, a. a. O., S. 261, 257, 260.

230 Vgl. McLeod, 1965, a. a. O., S. 172; Hamon, 1903, a. a. O., S. 89; und Connor, 1965, a. a. O., S. 261.

231 Vgl. Saum, L.: *The fur trader and the Indian.* Seattle 1965, S. 212.

232 Vgl. Wissler, C.: *Indians of the United States: four centuries of their history and culture.* Garden City, NY 1940, S. 266; sowie Saum, 1965, S. 211.

233 Vgl. Henry, 1897, a. a. O., Bd. 1, S. 250–251, das folgende Zitat S. 105–106.

234 Henry, 1897, Bd. 1, S. 257–258.

235 Dieses und die folgenden Zitate siehe: Henry, 1897, a. a. O., Bd. 1, S. 270–272.

236 Siehe Phillips, P. C.: *The fur trade.* Oklahoma 1961; Bailey, A. G.: *The conflict of European and Eastern Algonkian cultures, 1504–1700.* St. John, New Brunswick 1937, S. 11; Barnouw, V.: *Acculturation and personality among the Wisconsin Chippewa.* Menasha 1950, S. 60–61.

237 *Jesuit Relations*, Bd. 16, S. 239.

238 Ebd., Bd. 17, S. 179. Francis Parkman hat mehrere Berichte aus erster Hand über dieses Fest, das die Huronen *Ononhara* (»Wendung des Geistes«) nannten, wie folgt zusammengefasst: »Die Zeit und die Art und Weise, wie es abgehalten wurde, wurden in einem feierlichen Rat beschlossen. Diese Szene des Wahnsinns begann in der Nacht. Männer, Frauen und Kinder, *die alle vorgaben, den Verstand verloren zu haben,* stürmten schreiend und heulend von Haus zu Haus, warfen alles um, was sich ihnen in den Weg stellte, warfen Fackeln, schlugen jeden, den sie trafen, oder übergossen ihn mit Wasser und nutzten diese Zeit der Freiheit, um sich an allen zu rächen, die sie jemals beleidigt hatten. Dieses wilde Treiben dauerte bis zum Tagesanbruch. Kein Winkel des Dorfes war

vor der wahnsinnigen Bande sicher. ... Es fand gewöhnlich im Februar statt, dauerte etwa drei Tage und war oft mit großer Unzucht verbunden« (Parkman, 1885, a. a. O., S. 67–68; Hervorhebung d. Autoren). Nahezu identische Versionen dieses Festes wurden von den Völkern der Irokesen-Konföderation und von Algonkin-sprechenden Gesellschaften praktiziert; über ähnliche zeremoniell gestaltete (und alkoholfreie) zeitlich begrenzte Auszeiten wurde schon früh aus weiten Teilen des nordamerikanischen Kontinents berichtet.

239 Falls die Leserinnen und Leser diesbezüglich Zweifel hegen und einen starken Magen haben sollten, enthält Thwaites' Register zu den *Jesuit Relations* (Bd. 72, S. 399–401) zwei ganze Seiten mit Zitaten zum Thema der Behandlung der Gefangenen durch die Indianer, deren Konsultation alle Unklarheiten beseitigen wird.

240 Siehe z. B.: Talbot, F. X.: *Saint among the Hurons, the life of Jean de Brébeuf.* New York 1949; Du Creux, 1951, Bd. 2, S. 518–525.

241 Isham, J.: *James Isham›s observations on Hudson›s Bay 1743.* London 1949, S. 103.

242 Brebner, J. B.: *Canada: A modern history.* Ann Arbort 1960, S. 32.

243 Zitiert in: Blair, 1911, a. a. O., Bd. 1, S. 229.

244 Parkman, 1901, a. a. O., Bd. 2, S. 112.

245 Zitiert in: Brebner, 1960, a. a. O., S. 36; die folgenden Zitate dieses Absatzes: Perrot, zitiert in: Blair, 1911, a. a. O., Bd. 1, S. 229; Parkman, 1901, a. a. O., Bd. 2, S. 112.

246 *Jesuit Relations,* Bd. 9, S. 145; das folgende Zitat von Lalemant ebd., Bd. 27, S. 101.

247 Zitiert in: Parkman, 1901, a. a. O., Bd. 2, S. 171.

248 *Jesuit Relations,* Bd. 65, S. 189–253. Die folgenden Zitate ebd., S. 193 und S. 199.

249 O'Callaghan, E. B.: *History of New Netherland: Or, New York under the Dutch.* New York 1846, Bd. 1, S. 264.

250 Zitiert in: Rich, E. E.: *Introduction to James Isham's observations on Hudson's Bay.* London 1949, S. xxix.

251 Henry, A.: *New lights on the early history of the greater Northwest. The journals of Alexander Henry and David Thompson.*

New York 1897, Bd. 2, S. 574; das folgende Zitat in: Henry, A.: *Alexander Henry's travels and adventures in the years 1760–1776.* Chicago 1921, S. 18.

252 Harmon, 1903, a. a. O., S. 73.

253 Cushman, H. B.: *History of the Choctaw, Chicasaw and Natchez Indians.* Greenville 1899, S. 105.

254 Zeugnisse für das Fehlverhalten der Händler gibt es überall. Für einige repräsentative Berichte siehe die folgenden allgemeinen historischen Überblicke über den Pelzhandel: Berry, 1961, a. a. O.; Chittenden, 1954, a. a. O.; Lavender, 1964, a. a. O.; Phillips, 1961, a. a. O.; Rich, 1958, a. a. O.; Saum, 1965, a. a. O.; und Sunder, J. E.: *The fur trade on the upper Missouri.* Norman 1965.

255 Philips, 1961, a. a. O., Bd. 1, S. 402.

256 Vgl. Long, 1904, a. a. O., S. 195.

257 Ross, A.: *Adventures of the first settlers on the Oregon or Columbia River.* Chicago 1923, S. 186.

258 Michaux, F. A.: Travels to the west of the Alleghany Mountains. In: Thwaites (Hg.), 1904, a. a. O., S. 144.

259 Cuming, 1904, a. a. O., S. 285.

260 Townsend, J. K.: Narrative of a journey across the Rocky Mountains In: Thwaites (Hg.), 1904, a. a. O., S. 324, das folgende Zitat S. 363–364.

261 Zitiert in: Berthrong, D. J.: *The Southern Cheyennes.* Norman 1963, S. 174.

262 Zitiert in: Lumholtz, 1912, a. a. O., S. 3.

263 Harmon, 1903, a. a. O., S. 162–163.

264 Simpson, G.: *Fur trade and empire. George Simpson's journal.* Cambridge 1931, S. 109.

265 Bailey, A. G.: *The conflict of European and Eastern Algonkian cultures, 1504–1700.* St. John, New Brunswick 1937, S. 73.

266 *Jesuit Relations*, Bd. 5, S. 49. Die folgenden Zitat ebd. und S. 231.

267 Ebd. Bd. 46, S. 101. Die folgenden Zitate ebd., Bd. 48, S. 67; Bd. 53, S. 257.

268 Zitiert in: *Collection de manuscrits contenant lettres, mémoires, et autres documents historiques relatifs à la nouvelle-France.* Québec 1883, Bd. 1, S. 541–542.

269 Bougainville, L.A.: *Adventure in the wilderness. The American journals of Louis Antoine de Bougainville 1756–60*. Norman, Oklahoma 1964, S. 224–225.

270 Hennepin, L.: *A new discovery of a vast country in America*. Chicago 1903, Bd. 2, S. 513–514.

271 Siehe Timberlake, H.: *Memoirs, 1756–1765*. Johnson City 1927, S. 78–79; und Mackensie, A.: *First man West: Alexander Mackensie's journal of his voyage to the Pacific Coast of Canada in 1793*. Berkeley 1962, S. 76.

272 Thwaites, R.G. (Hg.): L. Hennepin, *A new discovery of a vast country in America*. 2 Bände. Chicago 1903, Bd. 2, S. 514.

273 Belege dafür, dass Indianer in Reservaten weiterhin betrunkenes Fehlverhalten entschuldigen, finden sich beispielsweise bei: Curley, 1967, a.a.O., S. 121–122; Hamer,1965, a.a.O., S. 293–298; Helm, 1961, a.a.O., S. 105; Hurt & Brown, 1965, a.a.O., S. 229; Lemert, 1954, a.a.O., S. 336–357; Lemert, E.M.: The use of alcohol in three Salish Indian tribes. In: *Quarterly Journal of Studies on Alcohol* 19/1958, S. 101; und Whittaker, 1963, a.a.O., S. 89.

274 Denys, N.: *The description and natural histroy of the coasts of North America (Acadia)*. Toronto 1908, S. 450 und S. 448.

275 *Jesuit Relations*, Bd. 5, S. 231, das folgende Zitat ebd., Bd. 46, S. 105.

276 Zitiert in: Kellogg, L.P. (Hg.): *Early narratives of the Northwest, 1634–1699*. New York 1917, S. 183.

277 Cameron, 1960, a.a.O., S. 248–249.

278 Tanner, J.: *A narrative of the captivity and adventures of John Tanner, during thirty years residence among the Indians of the interior of North America*. San Francisco 1940, S. 88–89.

279 Long, J.: *John Long's voyages and travels in the years 1768–1788*. Chicago 1922, S. 90–92.

280 Parkman, 1901, a.a.O., Bd. 2, S. 123–124. Dass das Prozedere des »Vortäuschens von Trunkenheit, um ...« nicht nur bei den indigenen Gesellschaften dieses Kontinents üblich war, wird beispielsweise in Paul Bohannans Untersuchung über afrikanische Morde deutlich: »Morde, die auf Trinkgelagen

geschehen, sind selten zufällig. Selten, wenn die Informationen vollständig sind, ist ein Opfer seinem Mörder fremd. Die Beziehung zwischen Mörder und Opfer wird in den Aufzeichnungen solcher Fälle allzu oft nicht angegeben – wir glauben, weil das Stereotyp des mutwilligen Tötens in einer betrunkenen Schlägerei unter europäischen Fachleuten so weit verbreitet ist, dass es als Erklärung ausreicht. Zumindest einige Stämme wissen das und nutzen es vielleicht aus.« Bohannan, P.: *Patterns of murder and suicide.* Princeton 1960, S. 257.

281 *Jesuit Relations,* Bd. 51, S. 125.

282 Siehe Henry, 1897, a. a. O., Bd. 1, S. 429, und Denys, 1908, a. a. O., S. 444, das folgende Zitat ebd., S. 444–445.

283 Harmon, 1903, a. a. O., S. 104, das folgende Zitat S. 69.

284 *Jesuit Relations,* Bd. 61, S. 173.

285 Henry, 1897, a. a. O., Bd. 1, S. 105–106; das folgende Zitat S. 71–72.

286 Und natürlich lag es zumindest im Prinzip immer im Ermessen des Einzelnen, ob die Ausrede der Trunkenheit in einem bestimmten Fall anerkannt wurde oder nicht. Solange jedoch die allgemein vereinbarten Grenzen nicht überschritten wurden, wurde die Entschuldigung in der Regel anerkannt – zumindest bis zum nächsten Trinkgelage.

287 Zitiert in: O'Callaghan, 1846, a. a. O., Bd. 1, S. 264, das folgende Zitat S. 268.

288 *Jesuit relations,* Bd. 68, S. 267–269.

289 Warren, W. W.: History of the Ojibways. In: *Collections of the Minnesota Historical Society* 5/1885, S. 297, das folgende Zitat ebd.

290 Merk, F.: *Introduction to George Simpson's journal. Fur trade and empire.* Cambridge 1931, S. xxxiv.

291 Vgl. Newman, P.: *»Wild man« behavior in a New Ginea highlands community.* Arlington 1964, und Dumont, L.: *World renunciations in Indian religions.* Thousand oaks 1960.

292 Zitiert in: Warner, W. L.: *A black civilization. A social study of an Australian tribe.* New York 1958, S. 308.

293 So schlagen wir beispielsweise *nicht* vor, »Alkoholismus« aus-

schließlich (oder in den meisten Fällen in erster Linie) auf der Grundlage der chronischen Neigung von Personen mit dieser Diagnose zu verstehen, die Ausrede der Trunkenheit auszunutzen. Zu diesem Punkt siehe MacAndrew, C.: »On the notion that certain persons who are given to frequent drunkenness suffer from a disease called alcoholism.« In: Plog, S. & Edgerton, R.: *Changing perspectives in mental illness.* New York 1969.

Nachwort

von Prof. Dr. Dr. Andreas Heinz, Direktor der Klinik für Psychiatrie und Psychotherapie an der Charité, Berlin

Als Jakob Hein mich ansprach, dass er den über 50 Jahre alten Text ins Deutsche übersetzt hat, und nach einem Nachwort fragte, war ich etwas erschrocken. Kann man einen so respektlosen, ironischen und dabei in seiner inhaltlichen Kritik doch ausgesprochen wichtigen Text heute übersetzen, ohne an alle möglichen Aussagen eine Distanzierung anzufügen oder zu versuchen, die Sprache und die dahinterstehenden Bilder zu »glätten«? Und verfälscht man dann nicht gerade deswegen den Text und dessen problematische Aspekte erst recht?

Warum der Text heute noch wichtig ist, ja es verdient, immer noch gelesen zu werden, ergibt sich aus seinem Generalangriff auf ein veraltetes Bild der Wirkung des Alkohols und anderer Drogen als Auslöser einer vermeintlichen Primitivierung, einer »kortikalen Enthemmung« und eines angeblich generellen Kontrollverlusts. Die Autoren MacAndrew und Edgerton zeigen nicht nur, wie unterschiedlich die Menschen in verschiedenen kulturellen Settings auf Alkohol reagieren – eben durchaus nicht immer enthemmt oder gar aggressiv –, sie erklären auch, wie die jeweils sozial vorherrschende Rollenerwartung der »betrunkenen Person« deren Verhalten prägt. Sie greifen mit ihrer Kritik rassistische Stereotype an, die bis heute unterschwellig vorherrschen und bestimmten sozial benachteiligten Gruppen fälschlich unterstellen, besonders anfällig für solche drogeninduzierten Enthemmungen zu sein. Menschen – darauf verwies schon die Philosophische Anthropologie eines Helmuth Plessner – sind eben nicht einfach im Zentrum des körperlichen Geschehens befangen, sondern reagieren auch immer innerhalb der vielfältigen Perspektiven ihrer Mitwelt auf ihre jeweiligen Erlebnisse. Und diese Perspektiven und Rollenerwartungen prägen das Erleben und Verhalten auch im Alkoholrausch.

Deshalb ist eine der entscheidenden Pointen der Arbeit von MacAndrew und Edgerton, dass die vermeintliche Unfähigkeit der Ureinwohner Amerikas, mit Alkohol umzugehen, auf das (schlechte) Beispiel der europäischen Kolonisatoren zurückzuführen ist und eben nicht auf eine vermeintlich kategorial (»rassisch«) andere Biologie. Zu derart rassistischen, falsch generalisierenden biologischen Erklärungen gibt es bis heute immer noch viel zu wenige kritische Erwiderungen, und die vorliegende ist in dieser Hinsicht ein ganz entscheidender Text.

Dass die Autoren bei ihrem kritischen Unterfangen dennoch oft lange und genüsslich in den durchaus abschätzigen Einschätzungen der weißen Kolonisatoren bezüglich der Ureinwohner Amerikas schwelgen, macht den Text aber heute einigermaßen unverdaulich. Dass die europäischen Kolonisatoren kaum besser wegkommen, ja dass sie eigentlich für das ganze Desaster verantwortlich sind, macht es kaum besser. Denn im Rahmen der Unterwerfung, Vertreibung und Ermordung der amerikanischen Ureinwohner ist ein Bestand an Vorurteilen entstanden, der – wie ein Flaschengeist –, sobald freigesetzt, kaum wieder eingefangen werden kann.

Deutsche Leserinnen und Leser, die zur älteren Generation zählen und noch durch Karl May geprägt sind, könnten sich hier über jede Kritik erhaben fühlen. Aber auch hier hat ein Nachdenken eingesetzt, das die vielfältigen Projektionen des sächsischen Imaginators auf die ihm zutiefst unbekannten »Apachen« und deren Nachbarn zunehmend kritisch reflektiert. Auch positive Rassismen sind Rassismen – im menschlichen Miteinander, zumindest beim Erstkontakt, aber manchmal leichter erträglich. So erzählte mir ein persönlicher Freund aus dem Volk der Mohawk, einer Nation der Irokesen-Föderation, die auch im hier übersetzen Text erwähnt wird, von einer denkwürdigen Begegnung an der deutsch-deutschen Grenze im Jahre 1985. Er und seine Begleiter wurden von den Grenzbeamten ziemlich unfreundlich abgefertigt und als »Amerikaner« bezeichnet. Als er aber hoheitsvoll erwiderte, sie wären keine »Americans«, sondern »Native Americans«, sei ein Strahlen über die Gesichter der Beamten gegangen: »These guys are Indians!« Ab da wären sie mit ausgesuchter Höflichkeit behandelt worden. Mein Freund konnte den rassistischen Lapsus, die Fehlverortung nach Asien, verzeihen, so überraschend komisch war die späte Auswirkung der romantischen Imaginationen eines sächsischen Stammesgenossen der Grenzer.

Von daher wünsche ich dem Buch viele kritische Leserinnen und Leser.

Andreas Heinz
Berlin, Februar 2024

MIX
Papier | Fördert gute Waldnutzung
FSC® C014496

1. Auflage 2024

Titel der Originalausgabe Drunken Comportment.
A Social Explanation
© 1969 by Craig MacAndrew und Robert B. Edgerton
Aus dem Englischen von Jakob Hein
Verlag Galiani Berlin
© 2024, Verlag Kiepenheuer & Witsch, Köln
Alle Rechte vorbehalten.
Die Nutzung unserer Werke für Text- und Data-Mining
im Sinne von § 44b UrhG behalten wir uns explizit vor.
Covergestaltung Lisa Neuhalfen
Gesetzt aus der Questa und der Questa Sans
Satz Buch-Werkstatt GmbH, Bad Aibling
Druck und Bindung GGP Media GmbH, Pößneck

ISBN 978-3-86971-303-8

Weitere Informationen zu unserem Programm
finden Sie unter www.galiani.de

Von grünen Feen, gepfefferten Mönchen und Götterspeisen

112 Seiten, 22 €

Ein Streifzug durch die psychoaktive Pflanzenwelt – ein Trip der besonders farbprächtigen Art.

»Der wilde, leuchtende Farbenrausch hat wie der Text Suchtpotenzial.« *Bild der Wissenschaft*

Galiani Berlin
www.galiani.de

»Ein Ratgeber, der nicht nur lebensnah ist, sondern auch klug.« *Die Zeit*

Panikattacken, Burn-out, Beziehungsstress – viele Menschen greifen im Laufe ihres Lebens einmal auf die Hilfe eines Psychiaters oder Psychologen zurück, weil ihnen das Wasser bis zum Hals steht. Doch wie ergeht es eigentlich dem Psychiater, wenn der Patient vor ihm sitzt und von seinem Kummer erzählt?

Leseproben und mehr unter www.kiwi-verlag.de
KiWi

Wie verreist man,
wenn man nicht darf?

Ein Dorf, irgendwo im unteren Odertal. Jeder kennt jeden, man fühlt sich am Rand des Landes und ein wenig auch am Rand der sozialistischen Gesellschaft. Doch die schillerndsten Gerüchte bringen Unruhe: Eine Sekte sei am Entstehen. Vom Bauernhaus aus würden Westreisen organisiert. Tatsächlich hat Micha eine Gabe: Er kann Menschen hypnotisieren und ihnen so ihren Traum von Frankreich oder Kalifornien erfüllen. Doch sein Unternehmen für Reisen im Kopf, das sogar der LPG-Vorsitzende aufsucht, wird von der Stasi argwöhnisch beäugt ...

Leseproben und mehr unter www.kiwi-verlag.de KiWi